Leonardo Boff
Und die Kirche ist Volk geworden

Leonardo Boff
Und die Kirche ist Volk geworden
Ekklesiogenesis

Patmos Verlag
Düsseldorf

Die Originalausgabe dieses Bandes erschien 1986
unter dem Titel »E a Igreja se fez povo« im Verlag Vozes, Petrópolis.
Übersetzung aus dem Portugiesischen: Horst Goldstein (Kapitel I–III und
V–XIII), Michael Lauble (Kapitel IV).
Redaktion der Anmerkungen: Dirk Ansorge

CIP-Kurztitelaufnahme der Deutschen Bibliothek

Boff, Leonardo:
Und die Kirche ist Volk geworden: Ekklesiogenesis / Leonardo Boff.
[Übers. aus d. Portug.: Horst Goldstein; Michael Lauble]. –
1. Aufl. Düsseldorf: Patmos Verlag, 1987.
   Einheitssacht.: E a igreja se fez povo ⟨dt.⟩
   ISBN 3-491-77685-6

Inhalt

Zweiter Teil
Gefährten auf dem Weg der Befreiung

Und die Kirche ist Volk geworden: Lied der Befreiung

Lieber Bruder Leonardo, Friede und Heil im Herrn Jesus!

Weggefährte mit dir auf derselben Reise und wie du Pilger der Hoffnung, teile ich deine Freuden und Schmerzen. Unsere Zeit, die in Geburtswehen der Befreiung liegt, ist ja voller Schmerzen und Freuden.

Im Schweigen der Nacht betrachtest du das Geheimnis des Wortes, das Fleisch wird und in einem Zelt wohnt, das die Pilger des Lebens in ihren Lagern aufgeschlagen haben.

Wie Maria besingst du den Besuch des Herrn bei seinem Volk. Voller Zärtlichkeit und Ehrfurcht verkündest du, in der Kraft und Weisheit des Geistes sei *die Kirche Volk geworden:* Samenkorn einer neuen Gesellschaft und Sakrament des Lebens in Würde und Freiheit.

Prophet der Veränderung und Evangelist einer neuen Zeit, geh deinen Weg, Bruder, und diene in Einfachheit, ohne Anmaßung oder Niedergeschlagenheit der Sache der Befreiung!

Nimm die Gewißheit mit auf den Weg, daß der Tag anbrechen wird, an dem das Volk auf den Trümmern von Tyrannei und Unterdrückung jubeln und tanzen wird.

Du bist nicht allein. In jeder Generation loben die kleinen und einfachen Leute mit dem Lied Marias (Lk 1,39–56) den Herrn der Geschichte.

Während Große und Heuchler unsicher werden, wachsen wir in der Hoffnung, an der Seite der Armen der Welt. Im Glauben, im Zeugnis und in der Dienstbereitschaft Marias finden wir Stärke und Stärkung, um freudig und treu der Sache des Reiches Gottes und dem Weg des Volkes zu dienen, das aus der Kraft des Evangeliums lebt.

Einfach und arm, fand Maria Wohlgefallen in den Augen Gottes. Voller Gnade und Schönheit, ohne Dünkel und Anmaßung besingt sie die Wunder der Anwesenheit Gottes in der Geschichte.

Großes hat der Herr an mir getan,
heilig ist sein Name!

Maria betrachtet das Geheimnis des Lebens, aber nicht mit romantischen Augen, sondern mit dem scharfen Blick eines gründlichen Menschen, der sich für Wahrheit, Gerechtigkeit und Solidarität einsetzt. Ihr Bewußtsein und Engagement bringt sie in Worten ebenso wie in schlichten und diskreten Taten der Schwesterlichkeit zum Ausdruck. In ihren weiblichen Schoß nimmt sie die Gabe des Lebens auf. Das Leben sprießt und bringt Frucht, wo Aufnahmebereitschaft und Treue herrschen.

Mir geschehe
nach deinem Wort!
Ich bin deine Magd.

Mit ihrem Ja zum Leben handelt sich Maria Demütigung, Verfolgung und Verbannung ein. Jedoch: Aufgrund des Ja, das Maria sagt, gelangt die Kraft Gottes in die Welt, damit Leben auf der Erde sprießen kann.

Das Wort, das Maria in ihr Herz und in ihren Schoß aufnimmt, weckt in ihr eine Energie, die die Welt verändert. Eilig bricht sie ins Gebirge auf. Mit ihrer Eile dient Maria dem Leben. Dagegen gebiert die Hast der Welt nur Gewalt.

Gottes Reich wird in der Welt sichtbar, wenn Menschen und Völker Brüderlichkeit pflegen. In der Schwesterlichkeit Marias erkennt Elisabet, daß Gott sein Volk besuchen wird.

Gesegnet bist du unter den Frauen,
und gesegnet ist die Frucht deines Leibes!

Maria ist eine glückliche Frau. Sie wird ein Kind gebären, das den Kleinen und Armen der Erde große Freude bringen wird.

Meine Seele preist die Größe des Herrn,
und mein Geist jubelt über Gott,
meinen Retter!

Maria ist eine glückliche Frau. In der Geschichte der Welt wird das Unterste zuoberst gekehrt. Die Kleinen werden die Träger des Friedens. Die Weisheit Gottes hat auf eine Frau aus dem kleinen Volk geschaut. Gott tritt in die Geschichte durch die Tür eines ärmlichen Hauses, durch die Behausung eines Zimmermanns ein. Der Herr des Himmels und der Erde hat kein Interesse an Königspalästen. Der Schöpfer des Alls läßt sich von den Werken der Großen der Welt nicht beeindrucken. Mit Palästen, Tempeln und Heeren will er nichts zu tun haben.

Er hat auf die Niedrigkeit seiner Magd geschaut!
Gott sucht sich eine Frau aus dem armen Volk aus. Damit durchbricht er gleich zweimal das Protokoll des Imperiums. Einmal sucht er seine Partner unter den Schwachen und Kleinen, unter Leuten, die das Leben lieben. Und dann entscheidet er sich für eine Frau – als Mutter. Von der Weisheit und der Stärke derer, die Tod fabrizieren, hält er nichts.
Von nun an preisen
mich selig alle Geschlechter!
Die Erde seufzt in Erwartung des Heils. In Marias Lied indes bricht die ganze Erde in Freude aus, weil auf Gottes Wegen Frieden in die Welt kommt. Geschäft und Gewinn werden sie nicht mehr vergewaltigen. Mutter des Lebens wird sie sein. Sie wird aufhören, Wüste zu sein; ein Garten voller Blumen, Vögel und gesunder Kinder wird sie werden. Ausbeutung durch den Tod wird sie nicht mehr zu erleiden haben; Ströme des Lebens werden aus ihrem Schoß quellen und Samenkörner der Vitalität keimen.
Machtvolle Taten vollbringt der Herr an mir!
Heilig ist sein Name.
Maria streicht mit den Händen über ihren lebensschwangeren Leib, Angst vor der Zukunft hat sie nicht. Kraftvoll tritt Gott in die Geschichte ein. Er hat das Schreien seines Volkes gehört. Ungerechtigkeiten und Unterdrückung werden ein Ende haben. Mit Stumpf und Stiel wird er den Baum des Todes entfernen. Die Riesen der Welt, die die Kleinen unterdrücken und das Leben auf der Erde vernichten, werden zu Boden stürzen.
Mit seinem Arm vollbringt er machtvolle Taten:
Er zerstreut, die im Herzen
voll Hochmut sind;
er stürzt die Mächtigen vom Thron
und erhöht die Niedrigen.
Marias Lied von der Befreiung, in das sie ihre ganze Freude und Hoffnung legt, ist eine Prophetie, die uns sagt, wie Gott die Welt will: eine Welt ohne Herren und Sklaven, eine Welt von Brüdern und Schwestern. Gott will, daß Leben auf der Erde gedeiht.
Maria – die ich von Kindesbeinen an zu verehren und zu lieben gelernt habe und unter den Armen der Welt als eine Frau entdecken konnte, die ihren Weg im Glauben geht, die mit dem

Evangelium beauftragt und Dienerin des Reiches Gottes ist – sagt die wahre Revolution an: daß den Kindern der Erde Gleichheit, Beteiligung und Mitbestimmung zuteil werden wird. Wir alle werden Brüder und Schwestern untereinander und Bürger und Bürgerinnen im Reich Gottes sein.

Sei gegrüßt, Maria, Mutter Jesu! So grüßt dich jede Generation aufs neue. Es ist mir eine Freude, dich mit den Armen der Erde zu begrüßen. Nicht immer verstehe ich alles, und manchmal ärgert mich der Gruß, den dir einige Dichter und Filmemacher entbieten. Noch weniger unterschreibe ich die frommen Lieder und Lobsprüche, die andere Stimmen singen – zum Schrecken der Welt und der Geschichte, in die dein Sohn eingetaucht ist.

Sei gegrüßt, Maria, Mutter Jesu! Gedichte, Blumen und Weihrauch entbieten dir die Leute, als wärest du die Göttin einer Religion.

Sei gegrüßt, Maria, Mutter Jesu! Inmitten des Volkes hörst du das Wort, das die Befreiung ansagt.

Sei gegrüßt, Maria, Mutter Jesu! Unter dem Kreuz, das den Tod besiegt, erblickst du in deinem Leiden den Anbruch der neuen Welt.

Sei gegrüßt, Maria, Mutter Jesu! Weggefährtin aller, die auf dem Weg zu einem Leben in Freiheit sind.

Sei gegrüßt, Maria, Mutter Jesu! Im Halbdunkel des zwanzigsten Jahrhunderts glaube und verkünde ich: Es wird der Tag kommen, an dem niemand mehr Hunger zu leiden braucht; kein Kind, das geboren wird, wird mehr zum Tode verurteilt sein; und die Bewohner von Elendsquartieren werden schmucke Häuser mit Licht und Wasser haben – so schmuck wie die Motels, die an Straßen und Alleen den Blick auf die Favelas dahinter verwehren.

Sei gegrüßt, Maria, Mutter Jesu! Die Großgrundbesitzer und die großen Landeigentümer werden am Tag des Jubels ihre Länder abgeben müssen. Es wird eine echte Bodenreform geben. Der Grund und Boden wird zum Bestellen, zum Bewohnen und zur Freizeitgestaltung dasein. Gott wird nicht mehr gelästert und die Würde des Menschen nicht mehr angegriffen werden.

Sei gegrüßt, Maria, Mutter Jesu! Alle werden Arbeit haben. Arbeit wird eine Sache freier Menschen sein, die damit ihr tägliches Brot verdienen.

Sei gegrüßt, Maria, Mutter Jesu! Gott wird treu an der Seite seines Volkes stehen – des Volkes des Evangeliums, des Volkes der Geschwisterlichkeit.

Sing, Bruder Leonardo, Marias Lieder! Schweigend, betend, prophetisch auftretend, offenbare überall in der Welt, daß das nach Leben hungernde Volk in Stadt und Land aufsteht und zur Suche nach einer neuen Zeit aufgebrochen ist.

Sag, Bruder Leonardo, den Großen von Imperium, Tempel und Heer, daß das lebenshungrige Volk Kinder, die da geboren werden, liebevoll annimmt, daß es noch die Brotkrumen teilt und daß es nie aufhören wird, dafür zu kämpfen, daß alle zu leben haben.

Verkünde, Weggefährte, daß das lebenshungrige Volk das Volk des Evangeliums ist.

Das Volk des Evangeliums erfährt – in seinen Häusern wie in seinen Gemeinden –, daß Gott Vater ist, der mit dem Herzen einer Mutter liebt.

Das Volk des Evangeliums geht den Weg, den ihm das Licht Jesu Christi erhellt.

Das Volk des Evangeliums steht im Bündnis mit dem Herrn des Lebens und ist hier auf der Erde unterwegs zum Hause des Vaters.

Das Volk des Evangeliums betet weder Götzen an, noch verbeugt es sich vor der Macht des Goldes und der Eitelkeit.

Das Volk des Evangeliums ist ein Volk von Brüdern und Schwestern. Das Land des Evangeliums hat Platz und Leben für alle.

Das Volk des Evangeliums sammelt keine Schätze; es teilt sein Brot mit Kindern, Jugendlichen und alten Menschen.

Das Volk des Evangeliums ist Herr über nichts und macht niemanden zu seinem Sklaven.

Das Volk des Evangeliums glaubt daran, daß die Erde Gott gehört. Die Erde ist Besitz dessen, der sie zum Unterhalt seines Lebens bearbeitet.

Das Volk des Evangeliums ist davon überzeugt, daß der Ertrag der Arbeit die Gesundheit und das Leben der Kinder überall auf der Erde ist.

Das Volk des Evangeliums räumt in seinen Gemeinschaften den Kleinen und Schwachen, den Kranken und Alten den ersten Platz ein.

Das Volk des Evangeliums, das auf den Namen Jesu getauft ist, pilgert über die Erde – als Zeichen einer neuen Zeit.

Das Volk des Evangeliums, kraft der Taufe Gemeinschaft der Bürger und Bürgerinnen des Gottesreichs, weiß, daß es in der von Schmerz und Freude geprägten Geschichte des Alltags den Auftrag Jesu fortführt.

Das Volk des Evangeliums, das in Gemeinschaft mit Christus lebt, kennt, lebt, feiert und verkündet das Reich des Lebens.

Im Volk des Evangeliums haben alle die gleiche Würde. Jeder ist Minister und Diener des Lebens.

Im täglichen Gebet, aus der Kraft des Wortes, im Mittun in seinen Basisgemeinden und engagiert in der Welt, verkündet und schafft das Volk des Evangeliums die Zukunft.

Bruder und Hirt, im Zusammenleben mit dem Volk spüre ich Freude und Hoffnung; denn ich bin mir sicher, daß die Erde ein Ort des Lebens ist.

Leonardo, Gefährte und Bruder, komm! Zusammen wollen wir alle Menschen in Stadt und Land, in den Favelas und an den Stadträndern aufrufen, die Erde zu erobern, damit sie der ganzen menschlichen Familie zur Verfügung stehe.

Machen wir uns also auf! Gemeinsam wollen wir eine gerechte und brüderliche Gesellschaft bauen, die ein Zeichen für das Reich Gottes sein kann. In der Liebe Christi werden wir unsere Angst ebenso besiegen wie alle Kräfte, die das Leben in der Welt bedrohen. Dann wird Friede auf der Erde sein.

Als Bruder und Freund umarme ich dich und wünsche dir Frieden und Heil im Herrn.

† *Mauro Morelli*
Erster Bischof der katholischen und apostolischen Kirche in Duque de Caxias und São João de Meriti im Staat Rio de Janeiro, Brasilien

Am Fest der Erscheinung des Herrn, 6. Januar 1986

Einleitung

»Und das Wort ist Fleisch geworden« (Joh 1,14). Mit dieser Glaubensaussage beginnt im eigentlichen Sinn das Christentum. Wir glauben, daß der Sohn Gottes nicht nur die menschliche Natur angenommen hat und dadurch unser aller Bruder geworden ist, sondern daß er sich auch unser Elend und unsere Schwachheit zu eigen gemacht hat – in der Absicht, unser sterbliches Dasein zu befreien und mit Gottes Wirklichkeit zu durchdringen. Die Sendung Jesu besteht darin, diesen wahrlich messianischen Auftrag auszuführen.

Und die Kirche ist Volk geworden. Mit dieser Aussage bekräftigen wir, daß die Sendung Christi weiter, bis in unsere Tage hinein, dadurch Gestalt gewinnt, daß sich weite Kreise des Christentums in das verarmte Volk eingliedern und dazu beitragen, daß die Kirche wirklich zu einem Volk Gottes mit den spezifischen Merkmalen von kleinen Leuten wird. Nach und nach hat sich die Kirche in ihrem pastoralen Engagement jener großen Mehrheit von Menschen zugewandt, die man wirtschaftlich vernachlässigen zu können meint, die politisch entfremdet sind, kulturell ein Randdasein führen und religiös im Synkretismus leben. Der Weg, sie zu evangelisieren, besteht darin, daß man ihnen die Möglichkeit eröffnete, ausgehend von den Bedingungen der Unterdrückung und Verarmung, in ihren eigenen Kreisen kirchliche Gemeinschaften, neue Dienste, bisher nicht gekannte religiöse Feiern und neue Veränderungsstrategien in die Wege zu leiten. Mit ihrem gemeinschaftlichen befreienden Einsatz verleihen diese Christen der Glaubensaussage, die Kirche sei Volk Gottes in der Geschichte, einen konkreten und historischen Inhalt. Erst als aufgrund von Mitsprache, Mitbestimmung und gemeinschaftlicher Anteilhabe aus der Masse Volk wurde, wurde es diesen Menschen möglich, vermittels des Glaubens Volk Gottes zu werden.

Diese Form, Kirche zu sein, will mit ihren spezifischen Zügen von Volkskultur absolut kein Gegenmodell zu anderen Formen von Kirche sein, als ginge es um ein Parallelgebilde, das mit den Einheitsinstanzen, so wie sie uns in der hierarchischen Kirche begegnen, nichts zu tun haben wollte. Es ist eine Ermutigung, zu sehen, daß in der sogenannten Kirche aus dem Volk bzw. in der Kirche, die aus dem Glauben des Volkes geboren wird, auch Kardinäle, Bischöfe, Priester, Ordensleute, Theologen und viele engagierte Laien mitmachen. Dies wird auch von Papst Johannes Paul II. als rechtmäßig anerkannt, wenn er sagt: »Eine Gemeinschaft von Menschen ... öffnet sich für die Frohe Botschaft Jesu Christi und beginnt, sie in der Gemeinschaft des Glaubens, der Liebe, der Hoffnung, des Gebetes und der religiösen Feier zu leben« (L'Osservatore Romano, 8. August 1982).

Das so beschriebene Phänomen bedeutet eine wahre Ekklesiogenesis, das heißt: einen aus der Kraft Gottes und der Antwort der Menschen resultierenden Prozeß, in dem – eingetaucht in die Bedingungen des menschlichen Lebensweges – Kirche wird.

Die hier zusammengetragenen Texte stellen Entwürfe theologischer Reflexion dar, die in den letzten Jahren entstanden sind. Sie wollen Hilfestellungen sein für Gemeinden, Treffen von Mitarbeitern der Pastoral und Diskussionen unter Theologen oder sind Auftragsarbeiten für verschiedene Gruppen aus dem In- und Ausland. Alle Arbeiten wurden bereits in Zeitschriften veröffentlicht, sind aber nicht immer leicht greifbar. Im vorliegenden Band versammelt, können sie vielleicht als Anregung für die dienen, die auf diese an der Seite des Volkes engagierte Kirche ihre Hoffnung setzen und an ihr unermeßliches evangelisatorisches und befreiendes Potential glauben.

Erster Teil
Die Kirche aus dem Volk: ihre Theologie, ihre Begründung und ihre Sendung

I. Hunger nach Gott: Ja!
Hunger nach Brot: Nein!
Die zwei Pole einer Theologie der umfassenden Befreiung

Wer die Ansprachen des Papstes bei seinen Reisen durch Lateinamerika aufmerksam liest, erkennt bald, daß der Heilige Vater klar die beiden für das Entstehen der Theologie der Befreiung unerläßlichen Bedingungen sieht: das Ärgernis der Armut
und den tiefen Glauben des Volkes. Das *Ärgernis der Armut* verursacht – in einem ersten Schritt – sittliche Empörung: »Solch
eine Armut ist unannehmbar«; denn »der Luxus einiger weniger
wird zur Beleidigung der großen Volksmassen, die im Elend leben«. Papst Wojtyla macht seinem Herzen Luft: »Die Armut ist
so groß, daß wir uns fragen müssen, wie diese Menschen überhaupt noch leben können.« Wer nicht sittlich empört ist, fühlt
sich auch nicht veranlaßt, irgend etwas zu verändern. So fließt
hinter jedem revolutionären Prozeß – und die Geschichte ist
selbst der Beweis dafür – ein Strom von Hochherzigkeit und
prophetischem Zorn, der die Menschen die Welt, so wie sie sie
vorfinden, einfach nicht mehr hinnehmen läßt. Wie kein Papst
zuvor prangert Johannes Paul II. die Ungerechtigkeiten und die
weltweite Tragödie von Hunger und sozialer Sünde an. Aber mit
Anklage und erhobenem Finger ist es nicht getan. Auf das Engagement für die Armen und gegen die soziale Ungerechtigkeit,
die diese Armut als kollektives Phänomen verursacht, kommt es
an. Verschiedene Male hat der gegenwärtige Papst erklärt, er
persönlich habe seine vorrangige Option für die Armen getroffen. Diese Option ist die Entscheidung Jesu Christi, der Apostel,
des Evangeliums, also nicht nur der lateinamerikanischen, sondern der ganzen Kirche, ohne Ausnahme, also auch der Kirche,
die in den reichen Ländern ihren Pilgerweg geht. In der Enzyklika »Laborem exercens« über die Arbeit schreibt der Papst sogar, die Kirche erweise ihre Treue zu Christus darin, daß sie Kirche der Armen werde (Nr. 8). Mit anderen Worten: Eine Orts-
kirche, in der die gesellschaftlich Armen in der kirchlichen Gemeinde nicht vorkommen, mit ihrem Willen zur Beteiligung
nicht gehört werden und nie von ihrem Pfarrer Besuch erhalten,

verhält sich Christus gegenüber untreu, soviel sie auch Rechtgläubigkeit und bedingungslosen Gehorsam gegenüber dem Lehramt im Munde führen mag.

Das zweite Element, der *tiefe christliche Glaube* des Volkes, stellt eine Quelle von Motivationen dar, die aus den Inhalten des Glaubens selbst sprudeln und die Menschen dazu bringen, sich für die Veränderung der ungerechten Verhältnisse einzusetzen. Das ganze zweite Kapitel des Jakobusbriefs soll sagen, daß ein bloßer Glaube ohne Engagement für die Veränderung der Lage von Armen und Bedürftigen steril und tot ist. So einen Glauben haben auch die Dämonen, trotzdem aber bleiben sie, wo sie sind: in der Hölle. Und sie sind dort, nicht weil ihnen der Glaube fehlte, sondern weil sie keine Liebe haben; denn die Liebe ist der Weg, der wirklich in Gottes Himmel führt.

Unermüdlich betont Johannes Paul II. die soziale Sendung der Kirche, wobei ihre evangelische Identität freilich immer gewahrt bleiben müsse. So ruft er die Regierungen auf, gründliche und wirksame Reformen in die Wege zu leiten. Von den Reichen verlangt er, »alles zu tun, damit die Armen Brot, Würde und Arbeit bekommen«. Und die Armen lädt er ein, »sich als erste für ihre Besserstellung und Befreiung einzusetzen«.

Als der Papst auf seiner Perureise im April 1985 vor annähernd einer Million indianischer Landarbeiter und Kleinbauern sprach, die in ihrer großen Mehrzahl arme, unterernährte Leute sind, ließ er seine Textvorlage beiseite und rief, getroffen von dem paradoxen Bild tiefen Glaubens und skandalösen Elends, aus: »Hunger nach Gott: Ja! Hunger nach Brot: Nein!«

Diese pathetische Formulierung verbindet jene beiden Pole mitcinander, welche die wahre Befreiungstheologie ausmachen – so wie sie von Theologen in Lateinamerika und auch sonst in der Dritten Welt getrieben wird. Der Hunger nach Gott setzt menschliche und geistige Kräfte für den Kampf gegen den Hunger nach Brot frei. Das Ineinanderklingen dieser beiden Leidenschaften ist der Mutterschoß, der die Theologie der Befreiung gebiert.

1. Die Strategien des Paternalismus und der Befreiung

Der Zusammenprall zwischen dem Glauben und der ärgerniser-regenden Armut kann zu zwei unterschiedlichen Haltungen mit unterschiedlichen Auswirkungen führen: zu einer paternalisti-schen ebenso wie zu einer befreienden Position. In den Äuße-rungen des Papstes vermischen sich beide, und die Unterschei-dungslinien sind fließend.

Die ganze Kirchengeschichte hindurch hat der Glaube stets ein Gespür für die Erniedrigten und Beleidigten gehabt. Wie der gute Samariter hat sich die institutionelle Kirche (Bischöfe, Prie-ster, Ordensleute, Laienverbände) zu den Tausenden am Rande der Straßen des Lebens Liegengebliebenen gebeugt. So entstan-den Krankenhäuser, Schulen und Hilfswerke für jede Art von Notleidenden. Es gab Zeiten, in denen sich die Kirche mit den Vermögenden zusammentat, um denen zu helfen, die nichts hat-ten. Lang ist die Geschichte der Nächstenliebe und der Barm-herzigkeit, deren zahlreiche Verdienste niemand bestreiten kann. Es gibt Notsituationen, in denen der Hunger und die Hilflosig-keit so groß sind, daß niemand gegen fürsorgerische Maßnah-men Bedenken haben kann. In dem Maße jedoch, in dem man sich kritisch der Zusammenhänge bewußt wird, werden auch die Grenzen dieser Strategie sichtbar. Diese hinterfragt nämlich nicht das soziale Gefälle und will auch nicht die Verhältnisse der Ungleichheit überwinden. Ihr geht es lediglich darum, daß der reiche Prasser ein paar Krümel mehr für den armen Lazarus fallen läßt, der da zusammen mit den Hunden unterm Tisch sitzt. Nach der Fürsorgestrategie muß der Reiche gut und das bürgerliche Individuum hochherzig sein. Der eine wie der ande-re müssen für die Armen Vater und Fürsorger sein. Genau des-halb nennt man diese Strategie fürsorgerisch (assistentialistisch) und paternalistisch. Das Ausmaß des gesellschaftlichen Elends ist heute so groß, daß ein solches Verhalten – wenn es als Ziel an sich gilt – wirkungslos wird. Nach diesem Verständnis bringt der Glaube karitative Werke hervor, die der Person des Armen zugu-te kommen sollen, die aber nicht bis an die Ursachen reichen, welche bis in alle Ewigkeit immer wieder neue Arme produzie-ren. Dagegen gerät im Lichte von Idealen, nach denen der Glau-be eine Gesellschaft unter aktiver Beteiligung aller, mit immer deutlicher geschwisterlichen Konturen und mit zunehmend besserer Konfliktbewältigung entwirft, der Dualismus zwischen Reich und Arm zwangsläufig selbst auf den Prüfstand. Ist denn der arme Lazarus nicht dazu berufen, sich zusammen mit dem, der einst der reiche Prasser war, an einen Tisch zu setzen? Dazu aber bedarf es struktureller Veränderungen in den Arbeitsverhältnissen und im Stil des Zusammenlebens. Nur: Wo haben diese Veränderungen zu beginnen? Wer sind die verantwortlichen Träger des Veränderungsprojektes? Hier nun setzt die zweite Strategie in der Beziehung zwischen Glauben und Armut ein: das befreiende Modell. Dieses geht vom historischen Block der Armen und Unterdrückten aus. Es vertraut auf die geschichtegestaltende und -verändernde Kraft dieser Menschen, auf ihre Bewegungen, Organisationen und Kämpfe. Es rechnet mit Bündnispartnern aus anderen gesellschaftlichen Klassen, die sich mit den Armen zusammentun und sich für die Freiheit nicht nur ihrer selbst, sondern der ganzen Gesellschaft einsetzen. So ist auch die Kirche mit ihrer vorrangigen Entscheidung für die Armen und gegen die Armut eine mächtige Verbündete der Unterdrückten und ihrer Sache. Aus dieser Sicht betrachtet, ist der Arme nicht nur der Besitzlose, sondern auch der Besitzende – der, der neben anderen die treibende Kraft beim Aufbau einer Form von Zusammenleben ist, in der Leben und Glück für alle leichter möglich sind. Christliches Reden hat damit zu beginnen, daß es dem armen Lazarus Mut macht, aufzustehen, seine Würde wahrzunehmen, alle Kräfte der Bewußtwerdung und Gemeinschaftsbildung zusammenzunehmen und sich auf den Weg der Befreiung zu machen. Der reiche Prasser ist nicht ausgeschlossen: Auch er ist vom Evangelium her – wie es übrigens Johannes Paul II. immer wieder tut – eingeladen, seine Entscheidung für die Lazarusse zu treffen; so wird er menschlicher und setzt den Fuß auf den Weg der umfassenden Befreiung aller Menschen und des ganzen Menschen. Am Ende werden die sozialen Unterschiede geringer und erträglicher sein; vorherrschen werden dann nicht mehr die Beziehungen von Herrschaft und Beherrschtwerden, sondern von Zusammenarbeit und Mitbestimmung. Nicht mehr Reiche und Arme werden das Bild bestimmen, sondern Bürger, die gemeinsam eine Geschichte der Freiheit schaffen, in der die Unterschiede nicht mehr als Vorwand für Privilegien dienen, sondern Chancen für gemeinsame Bereicherung sind.

2. Notwendigkeit der Befreiungstheologie

Wenn die Dinge so klar auf der Hand liegen, wie verhält sich dann das Lehramt gegenüber dieser Theologie? Inzwischen sind dem Papst die widersprüchlichsten Einschätzungen der Befreiungstheologie zugeschrieben worden. So soll er zum Beispiel im Januar 1985 auf dem Weg nach Venezuela im Flugzeug gesagt haben, sie bedeute eine fundamentale Verirrung des christlichen Glaubens. Dann, auf dem Rückflug nach Rom, soll er im selben Flugzeug – so wird ebenfalls berichtet – festgestellt haben, die Frage der Befreiungstheologie bleibe offen und müsse noch weiter studiert werden, besonders in ihren positiven Aspekten. Um ihn selbst zu zitieren: »Es ist mittlerweile deutlich gesagt worden, daß es eine Art von Theologie der Befreiung gibt, die unverzichtbar ist, also muß diese Theologie gemacht werden.«

Also: Die Befreiungstheologie wird nicht schlichtweg abgelehnt. Die Frage ist: Welche Art von Theologie ist nicht nur Rechtens, sondern notwendig; welche ist zu kritisieren, und welche muß schließlich abgelehnt werden? Der Papst kann doch nicht gegen den Papst sein; denn in der mit seinem Placet im September 1984 veröffentlichten »Instruktion der Kongregation für die Glaubenslehre über einige Aspekte der ›Theologie der Befreiung‹« heißt es ausdrücklich: »Der Ausdruck ›Befreiungstheologie‹ ist für sich genommen ein vollgültiger Ausdruck: Er bezeichnet … eine theologische Reflexion, die sich mit dem biblischen Thema der Befreiung, der Freiheit und ihren drängenden praktischen Konsequenzen befaßt« (III,4.).

Wir möchten jetzt kurz schildern, wie auf ganz natürliche und mithin zwangsläufige Weise die Theologie der Befreiung entstanden ist. Bevor es Befreiungstheologen gab, gab es schon Gemeinden, die sich für soziale Gerechtigkeit einsetzten, Laien, die in den Prozessen der Bewußtseinsbildung und Befreiung in den Randzonen unserer Städte und auf dem Land steckten, und Bischöfe, die die schlimmen Strukturen der gesellschaftlichen Ungerechtigkeit prophetisch anprangerten. Die Theologie entstand erst danach, als »zweites Wort«, als Moment der Reflexion, Ermutigung, Kritik und Vertiefung der befreienden Praxis. Die Theologie der Befreiung ist nichts anderes als die Reflexion einer Kirche, welche die vorrangige und solidarische Option für die Armen und Unterdrückten ernst nimmt. Deshalb wird sie auch ohne langatmige Erklärungen von den Armen wie von all denen verstanden, die sich für das zertretene Recht und für die Gerechtigkeit der großen Mehrheit auf unserem Erdteil einsetzen. Was seit den sechziger Jahren in fast allen lateinamerikanischen Ländern geradezu ins Auge springt, ist doch dies: Die Armen, die in der Mehrzahl Christen sind, treten plötzlich auf den Plan; in Bibelkreisen hellen sie ihren Glauben auf, leben ihn in kirchlichen Basisgemeinden oder in kleinen Reflexions- und Aktionsgruppen und lassen sich von ihm dazu ermutigen, sich zusammenzuschließen; sie nehmen es nicht mehr hin, vor der Zeit zu sterben, und deshalb kämpfen sie für Alternativen, die ihren Grundbedürfnissen besser entsprechen und ihnen ein Leben in elementarer Würde ermöglichen. Das Reich Gottes hat seinen Ursprung ohne Zweifel im Himmel, beginnt aber bereits hier auf der Erde, und zwar jedes Mal dann, wenn beim Abbau der sozialen Ungerechtigkeiten ein neues Niveau erreicht wird. Was unsere traditionellen Christen ebenso wie die Regierenden, die (in der Regel Militärs sind und) ein rein nominelles und stereotypes Christentum vertreten, dabei verunsichert, ist, von diesen jungen in Befreiungsprozessen engagierten Christen zu hören, daß sie das im Namen des Glaubens tun und daß sie dazu gekommen sind, weil sie sich ins Evangelium versenken und Jesus Christus anbeten – Jesus Christus, der ja der in unserer Armut fleischgewordene Gott ist, der mit seiner Botschaft und seiner Praxis die damalige religiöse und politische Macht in Frage stellte und aufgrund dessen ermordet wurde, der als der neue Mensch von den Toten auferweckt und damit zum Anfang des Reiches Gottes wurde, so wie es in seiner Menschheit greifbar geworden und allen Menschen zugesagt ist.

3. Der gesellschaftliche Ort der Befreiungstheologie: die Unterdrückten

Theologie der Befreiung wird vom gesellschaftlichen Ort der Armen aus getrieben; deren Sache macht sie sich zu eigen und an deren Seite kämpft sie. Jede Theologie – auch wenn sie vorgibt, universal und offiziell zu sein – wird von einem bestimmenden gesellschaftlichen Ort aus gemacht. Früher wurde sie im Chor der Kirche zwischen den verschiedenen kanonischen Gebetsstunden betrieben. Was dabei herauskam, war eine fromme

Theologie als Kommentar zur Bibel, »fromm« im wertvollsten Sinne des Wortes. Dann wurde die theologische Werkstatt in die Hörsäle der Universitäten verlegt, in das Gespräch mit den übrigen Wissensdisziplinen. Jetzt hatten wir eine systematische und akademische Theologie. Bei den Mönchen in ihren Klöstern herrschte eine kraftvolle mystische Theologie, die stets im Schweigen vor dem abgrundtiefen Geheimnis Gottes endete. Alle diese Orte sind Rechtens, und von ihnen allen aus eignen sich die Denker in unterschiedlicher Weise die an sich unausschöpfbare religiöse Wahrheit an. In der lateinamerikanischen Theologie wird dieser Ort heute neu markiert: an der Seite der Armen und inmitten ihrer – vom Glauben der Kirche angeregten und erhellten – Kämpfe. Von dorther stellen sich einem Theologen, der sich auf diesen Weg eingelassen hat, gewichtige Fragen: In welcher Weise akzentuiert die Befreiungspraxis das Gottesbild? Welche Aspekte des Gottesbildes sind vor dem Hintergrund des Engagements für die ungerecht Behandelten relevant? Relevant ist das Gottesbild des Exodus: Gott hört das Schreien der Unterdrückten und ergreift gegen den Unterdrücker, das heißt gegen den Pharao, Partei für die Gefangenen Israels. Wichtig ist auch der Gott, der sich voller Zärtlichkeit den Gedemütigten zuwendet, so wie ihn die Propheten schildern, oder der Gott des Lebens, der sich für die Armen entscheidet, weil er ihr bedrohtes Leben schützen will. Immer ist es der Gott des Geheimnisses, dessen Namen wir nicht einmal gebührend aussprechen können; aber andererseits ist er nie ein Gott jenseits des menschlichen Dramas, der für das Schreien Ijobs taub wäre.

Welches Bild von Jesus Christus scheint durch die religiösen Erfahrungen, durch die Kämpfe und die Märtyrerleiden der Gemeinden hindurch, die im Kampf um Grund und Boden, im Anprangern von Menschenrechtsverletzungen und in der Arbeit mit zur Prostitution gezwungenen Frauen engagiert sind? Es ist ein Jesus Christus, der uns als Befreier entgegentritt, mit seiner Botschaft voller Hoffnung, mit seiner Praxis, die im Vergleich zu dem damals geltenden Verhaltensmodell hinsichtlich Gott, Hab und Gut, Armut, Gewalt und Umgang mit der Macht ganz anders war, und mit seiner Treue zu Gott und seinem Projekt wie auch zu denen, die er liebte; diese Treue war so groß, daß sie ihm Verfolgung und gewaltsamen Tod einbrachte, doch der Vater erweckte ihn von den Toten, damit er offenbare, was Gott mit der Schöpfung vorhat: Ein neuer Mensch, ein neuer Himmel, eine neue Erde und eine neue Schöpfung sollen entstehen. Ohne Zweifel ist Jesus das alles und noch mehr, ist er doch ein anbetungswürdiges Geheimnis. Und was Maria anbelangt, welche Dimensionen schätzen die Christen in den Basisgemeinden vor allem an ihr? Daß sie auf dem Weg ist, daß sie die Prophetin des Magnifikat ist, die sich nicht scheut, Gott darum zu bitten, die Mächtigen vom Thron zu stürzen und die Gedemütigten zu erhöhen, und daß sie Jesus stets solidarisch zur Seite steht. Maria wird als Befreierin verehrt, stets bleibt sie aber auch die Lehrerin, die uns zeigt, wie wir uns im Glauben zu verhalten, das Wort Gottes anzunehmen und uns bedingungslos auf das Vorhaben des Vaters einzustellen haben.

Welches Kirchenmodell liegt der Praxis gemeinschaftlicher Beteiligung und Mitbestimmung mit ihren neuen Ämtern und ihrem sozialen Einsatz für die notwendigen gesellschaftlichen Veränderungen zugrunde? Hier wird es mehr um eine Kirche gehen, die als ganze Volk Gottes ist, und weniger um eine Kirche, die sich als rigoros hierarchische, in Kleriker und Laien aufgeteilte Gesellschaft versteht. Die Bischöfe hören nicht auf, Bischöfe zu sein; nur stellen sie sich mit aller Entschiedenheit ihrem evangelischen Auftrag, die Menschen im Glauben zu ermutigen und in der Hoffnung zu bestärken; so sind sie eher Hirten inmitten des Volkes als ekklesiastische Autoritäten, die alles kontrollieren und sämtliche Entscheidungen allein treffen. Die Laien verstehen sich als lebendige Mitglieder der Gemeinde und können sich zu Wort melden, zur Findung des Konsenses beitragen und verantwortlich ihren Teil bei der Evangelisierung übernehmen.

Schließlich verdeutlicht der gesellschaftliche Ort der Unterdrückten sowohl die öffentliche und gesellschaftliche Dimension des christlichen Glaubens als auch den strukturellen Charakter der Ungerechtigkeiten und die prozeßhafte Dimension jedes Befreiungsengagements mit all den Kämpfen und Leiden, die zwangsläufig damit verbunden sind. Natürlich ist damit die persönliche und innere Dimension des Glaubens nicht geleugnet oder übersehen, weil sie ja immer – auch im Sozialen – der unveräußerliche Kern der menschlichen Person ist. Nur: Wenn man von den Unterdrückten her das Augenmerk auf die umfassende historische Befreiung richtet, bekommen die menschlichen Probleme eine größere Weite, und verborgene Reichtümer der evangelischen Botschaft, die einem möglicherweise sonst nie aufgingen, treten zutage.

Andererseits: Wer – inspiriert vom Glauben – mit seinem sozialen Engagement die ungerechte Armut überwinden will, hat die Mechanismen aufzudecken, die diese Armut produzieren und reproduzieren. So muß der Theologe mehr können als bloß Theologie. Wenn er will, daß seine Theologie wirklich befreiend ist, muß er sich analytischer Kategorien bedienen, die er normalerweise in der historisch-strukturellen Interpretation des Konflikts (und Armut ist immer Ausdruck eines Konflikts) findet. Dann muß er sich die Regeln aneignen, nach denen der Diskurs einmal der historisch-sozialen Analyse und zum anderen des Glaubens in den richtigen Einklang gebracht werden können, so daß die Theologie sowohl ihre Identität bewahrt als auch ihre geschichtegestaltende Kraft erweist.

Christliche Befreiungspraxis an der Seite der Armen geht nicht ohne Reflexion. So kommt es zu einem theologischen Denken, das wir »befreiend« nennen, weil es aus der Perspektive der Unterdrückten entworfen wird und auf die Befreiung der Menschen abzielt. Wer könnte Christen das Recht bestreiten, ihre Glaubenspraxis im Kontext von Gesellschaft zu reflektieren? Ohne dieses Bemühen von seiten der Theologie findet der Glaube nicht zu seiner vollen Gestalt. Aus diesem Grund sagt Papst Johannes Paul II.: »Diese Theologie muß gemacht werden.« Und sie wird gemacht. In Lateinamerika und in anderen Gegenden der Dritten Welt sind zahlreiche Christen mit Hingabe und Einsatz in diesem Sinn am Werk. Wie vieles andere ist auch die Befreiungstheologie eine Gabe, die der Geist seiner Kirche zum Wohle aller schenkt (1 Kor 12,8).

Die Praxis der Befreiung und die Theologie, die mit ihr einhergeht, werden nicht unverbunden nebeneinander getrieben, als wären beide in sich selbst bestehende Größen. In Wirklichkeit ist sowohl die Befreiungspraxis als auch die ihr entsprechende Glaubensreflexion Ausdruck eines Modells von Kirche, welche Ernst macht mit der vorrangigen Option für die Armen: der Kirche aus dem Volk. Wir wollen dieses Thema noch vertiefen.

II. Die Kirche als Geheimnis und die umfassende Befreiung

Im vorigen Kapitel haben wir den Horizont umrissen, von dem aus Sendung und Wesen der Kirche im Kontext von Unterdrückung zu verstehen sind, der nach Befreiung schreit. Jetzt möchten wir vom Kern der Kirche sprechen – von dem, was ihr unverwechselbare Identität gibt: vom Geheimnis der Kirche. Unser Standort wird dabei vom Credo bestimmt, das den gemeinsamen Glauben der Christen zum Ausdruck bringt: »Ich glaube an die eine, heilige, katholische und apostolische Kirche.« Vom Geheimnis der Kirche selbst leiten wir deren befreienden Auftrag und Einsatz an der Seite der Armen der Welt ab.

Die Außerordentliche Bischofssynode zum 20. Jahrestag des Abschlusses des Konzils (vom 25. November bis zum 8. Dezember 1985) betont erneut den Geheimnischarakter der Kirche und stützt sich dabei auf die Dogmatische Konstitution »Lumen gentium«, deren erstes Kapitel ja gerade vom *Geheimnis der Kirche* handelt. Wer den Geheimnischarakter der Kirche im Auge hat, »vermeidet falsche soziologische und politische Deutungen der Natur der Kirche«, wie die Synodenväter in ihrer Botschaft an das Volk Gottes erklären.[1] In ihrem Schlußbericht kritisieren sie »die falsche, einseitig nur hierarchische Sicht der Kirche« wie auch »eine neue, ebenfalls einseitige soziologische Konzeption«.[2] Das richtige Verständnis der Kirche als Geheimnis verbindet die verschiedenen Dimensionen der einen Wirklichkeit Kirche miteinander: die gesellschaftliche und geschichtliche mit der geistigen und transzendenten.

---

[1] Vgl. *Sonderbischofssynode 1985*, Botschaft an die Christen in der Welt, in: HerKorr 40 (1986) 38–40, hier 39.

[2] Schlußbericht der Sondersynode 1985, Teil II.A.3, in: HerKorr 40 (1986) 40–48, hier 42.

1. Das christliche Geheimnis ist immer ein sakramentales Geheimnis

Um die Bedeutung des Ausdrucks »Kirche als Geheimnis« im umfassenden Sinn zu verstehen, müssen wir zunächst nach dem Begriff »Geheimnis«[3] fragen. Das Wort ist in der Theologie ein traditioneller Terminus. Die Alte Kirche versuchte, mit dem griechischen Ausdruck »mysterion« (Geheimnis) und mit dessen lateinischer Übersetzung »sacramentum«[4] die Gesamtrealität des Christentums zu erfassen[5] und seine Originalität zu be-

---

[3] Hier nur die wichtigsten bibliographischen Hinweise: *G. Bornkamm,* Mysterion, in: ThWNT IV, 809–834; *K. Prümm,* Mystères, in: DBS VI (1957) 1–225; *ders.,* Zur Phänomenologie des paulinischen Mysterion und dessen seelischer Aufnahme, in: Biblica 37 (1956) 135–161; *J. Schneider,* Mysterion im NT, in: ThStKr 104 (1932) 255–278; *D. Deden,* Le Mystère paulinien, in: EThL 13 (1936) 405–442; *L. Bouyer,* Mysterion, in: Vie Spirituelle, Supplément 23 (1952) 397–402; *D. E. Dal Grande,* Mysterium-sacramentum nella S. Scrittura, in: Studia Patavina 4 (1957) 389–393; *H. Hegermann,* Das alttestamentliche Heilsgeschehen als Mysterium, in: ders., Die Vorstellung vom Schöpfungsmittler im hellenistischen Judentum und Urchristentum (Texte und Untersuchungen, 82), Berlin 1961, 26–47.

[4] Die wichtigste Bibliographie ist: *J. De Ghellinck,* Pour l'histoire du mot sacramentum I. Les anténicéens, Löwen 1924; als Reaktion auf diese Studie: *O. Casel,* Zum Wort Sacramentum, in: JLW 8 (1928) 225–235; *H. von Soden,* Mysterium und Sacramentum in den ersten zwei Jahrhunderten der Kirche, in: ZNW 12 (1911) 188–227; *Chr. Mohrmann,* Sacramentum dans les plus anciens textes chrétiens, in: dies., Etudes sur le Latin des Chrétiens, Bd. 1, Rom 1961; 233–244; *E. Schillebeeckx,* De sacramentale Heilseconomie, Antwerpen 1952, 21–106; *A. Kolping,* Sacramentum Tertullianeum I. Untersuchungen über die Anfänge des christlichen Gebrauches der Vokabel sacramentum, Regensburg – Münster 1948; *J. Huhn,* Die Bedeutung des Wortes Sacramentum bei dem Kirchenvater Ambrosius, Fulda 1928; *J. Fruytier,* Het woord Mysterion in de Catechesen van Cyrillus van Jerusalem, Nimwegen 1950; *C. Couturier,* »Sacramentum« et »Mysterium« dans l'oeuvre de saint Augustin, in: H. Rondet u.a. (Hrsg.), Etudes Augustiniennes, Paris 1953, 161–332; *F. Van der Meer,* Sacramentum chez saint Augustin, in: MD 15 (1948) 50–64; *M. De Soos,* Le Mystère liturgique d'après Saint Léon le Grand, Münster (1958) ²1971; *H. G. Marsch,* The use of Mysterion in the writings of Clement of Alexandria with the special reference to his sacramental doctrine, in: JThS 37 (1936) 64–80; *P. Visentin,* »Mysterium-Sacramentum« dai Padri alla Scolastica, in: Studia Patavina 4 (1957) 394–414; *M. Verheijen,* Mysterion, Sacramentum et la Synagoge, in: RSR 45 (1957) 321–337; *M. Sainio,* Semasiologische Untersuchungen über die Entstehung der christlichen Latinität (Annales Accademiae Scient. Fennicae 47,1), Helsinki 1940, 75–86; *V. Loi,* Il termine »mysterium« nella letteratura latina prenicena, in: Vig Chr 19 (1965) 210–236; 20 (1966) 25–44; *R. Schulte,* Die Einzelsakramente als Ausgliederung des Wurzelsakraments, in: MySal 4/2, Einsiedeln 1974, 46–109; *E. Jüngel/K. Rahner,* Was ist ein Sakrament? Vorstöße zur Verständigung, Freiburg – Basel – Wien 1971; *L. Boff,* O que significa propriamente Sacramento, in: Revista Eclesiástica Brasileira 34 (1974) 860–895.

[5] In diesem Sinn verwendet der Märtyrer Speratus in seiner Antwort an den Konsul Saturnius den Begriff: »Si tranquillas praebueris aures tuas, dico *mysterium simplicitatis*«; vgl. Acta (Passio) Martyrum Scillitanorum ed. H. Musurillo, The acts of the

schreiben[6]. Auf der Grundlage einer umfänglichen Forschungs-arbeit über den Begriff »Kirche als Geheimnis«, die hier nicht wiedergegeben werden kann, fassen wir die wichtigsten neun Bedeutungen zusammen.[7]

a. *Geheimnis-Sakrament* bedeutet den Entwurf, den Gott von der Heilsgeschichte hat. Dieser göttliche Plan war zunächst in Gott verborgen, sollte aber vermittels der Apostel und Prophe-ten (1 Kor 4,1, Röm 16,25; Kol 1,25; Eph 3,3.4–8), insbesondere jedoch der Kirche (Eph 3,10), allen Menschen offenbart werden. Aber auch nachdem das Geheimnis den Menschen mitgeteilt worden ist, bleibt es Geheimnis. In ihrem Beitrag vom 21. Fe-bruar 1963 zum Kirchenschema definieren die deutschen Bi-schöfe das Geheimnis-Sakrament so: Es sei »ein von Gott ge-setztes unsichtbares Faktum, durch das der göttliche Heilswille bezeichnet und in der geschichtlichen Dimension der Menschen gegenwärtig wird«[8].

b. *Geheimnis-Sakrament* bedeutet sodann Jesus Christus. In der paulinischen Tradition wird er das Geheimnis Gottes ge-nannt (Kol 2,3); in ihm fand der Heilsplan Gottes seine dichte-ste Konkretisierung, und in ihm wurde er den Menschen am deutlichsten mitgeteilt.

Christian Martyrs, Oxford 1972, 86–89, hier 86,12 f (gegen das Jahr 180); *C. Mohr-mann,* Sacramentum, 243; *V. Loi,* Il termine »mysterium«, 222.

[6] Siehe *L. Bouyer,* Mysterion, 397 f: Das Wort »Mysterion« »schließt in der Tradition eine organische Wirklichkeit ein, deren Einheit sich zwar raschen Definitionen wi-dersetzt, die aber dennoch einer der strahlkräftigsten Brennpunkte des gesamten ge-genwärtigen christlichen Denkens ist. Ob es nun um biblische, sakramentale oder mystische Theologie geht – was die großen Dogmen und ihr geschichtliches Entste-hen anbetrifft, erweist sich diese Realität des ›Mysteriums‹ nicht als eine schlichte, sehr allgemeine und darum uninteressante Kategorie, sondern zweifellos als ein all-gemeiner Faktor, als ein grundlegendes Element, das die innerste Einheit, den leben-digen Zusammenhalt all jener Hauptelemente des Christentums ausmacht ... My-sterium ist einer der stärksten Schußfäden im Gewebe des christlichen geistigen Uni-versums.«

[7] Eine eingehendere Darstellung siehe in: *L. Boff,* Die Kirche als Sakrament im Hori-zont der Welterfahrung. Versuch einer Legitimation und einer struktur-funktiona-listischen Grundlegung der Kirche im Anschluß an das II. Vatikanische Konzil, Pa-derborn 1972, 49–82.

[8] Vgl.: Adnotationes criticae ad Schema De Ecclesia, und: Adumbratio schematis Constitutionis dogmaticae »De Ecclesia« (seu propositio positiva quomodo schema »De Ecclesia« emendari et compleri possit), propositae a Patribus Conciliaribus lin-guae germanicae mense februario 1963, in: Acta Synodalia I.4, 601–639, bes. 614 f; hinzuzunehmen ist ein weiteres Papier: Quaedam annotationes de tentamine quo-dam schematis De Ecclesia. Die Definition findet sich in diesem letzten Papier, Nr. 3, S. 2.

c. *Geheimnis-Sakrament* benennt weiterhin die verschiedenen Ereignisse des Lebens Jesu, seine Geburt, seine Liebe zu den Armen, seine Wunder, sein Leiden, seinen Tod und seine Auferstehung. Die Kirchenväter sprechen von *mysteria et facta carnis Christi*.[9]

d. Mit *Geheimnis-Sakrament* können auch die verschiedenen Phasen des Heilsplans des Vaters gemeint sein: die Zeit vor Christus, in der eine Vielzahl von Symbolen und Zeichen die kommende messianische Zeit vorwegnimmt; die Geschichte der Zeit Jesu als Antizipation des endgültigen Eschaton; und die Zeit nach Christus als Raum, in dem sich das Geheimnis Christi und seines Geistes in Geschichte und Kirche offenbart.

e. *Geheimnis-Sakrament* bezeichnet überdies die Kirche – insofern sie stets an das Geheimnis Christi, des Geistes und der Dreifaltigkeit gebunden ist. In der alten Theologie ist sogar vom kosmischen Geheimnis der Kirche die Rede – von der »Ecclesia ab Adam, ab Abel iusto, ab initio mundi, ecclesia mundo coeva«.[10]

f. *Geheimnis-Sakrament* signalisiert auch die großen heilsgeschichtlichen Ereignisse, die in der Liturgie gefeiert und in der Feier geheimnisvoll im Wort, im Ritus und in den materiellen Elementen gegenwärtig werden.[11]

g. Mit *Geheimnis-Sakrament* werden auch die sieben Sakramente der Kirche bezeichnet, das heißt jene Feiern, die das Grundsakrament – die Kirche – im Blick auf die verschiedenen Situationen des menschlichen Lebens konkretisieren und Gottes Plan, was Erlösung und Gnadenvermittlung anbelangt, geschichtliche Wirklichkeit werden lassen.

h. *Geheimnis-Sakrament* bedeutet weiter die christlichen Wahrheiten, die uns über das menschliche Verstandesvermögen hinaus geoffenbart worden sind, wobei einige davon, auch nachdem sie geoffenbart worden sind, unerreichbar bleiben – wie et-

---

[9] E. *Schillebeeckx*, De sacramentale heilseconomie, 61–82.

[10] Vgl. die gründliche Arbeit von Y. *Congar*, Ecclesia ab Abel, in: M. Reding (Hrsg.), Abhandlungen über Theologie und Kirche (Festschr. für K. Adam), Düsseldorf 1952, 79–102; siehe auch: A. *Orbe*, Cristo y la Iglesia en su matrimonio anterior a los siglos, in: Estudios Eclesiásticos 29 (1955) 299–344.

[11] Siehe das klassische Werk von O. *Casel*, Das christliche Kultmysterium, Regensburg 1937; zur Diskussion über Casels Thesen vgl.: T. *Filthaut*, Die Kontroverse über die Mysterienlehre, Warendorf i. W. 1947; J. *Gaillard*, Chronique de liturgie. La théologie des Mystères, in: Revue Thomiste 57 (1957) 510–551.

wa das Geheimnis der Heiligsten Dreifaltigkeit. Das Geheimnis wird uns stets in einer sichtbaren Hülle mitgeteilt.

i. Und schließlich ist mit *Geheimnis-Sakrament* die Verbindung des Sichtbaren mit dem Unsichtbaren gemeint, die aber nur von denen begriffen werden kann, die bereits in den christlichen Glauben eingeführt sind. So heißt es in der Vätertheologie, das Sakrament (das sichtbare Element) enthalte ein Geheimnis (das unsichtbare Element) bzw. das Geheimnis (das Transzendente) zeige sich im Sakrament (im Immanenten).[12]

Ein gemeinsames Element findet sich in all diesen verschiedenen Bedeutungen von Geheimnis-Sakrament: die unvermischte und ungetrennte Koexistenz des Menschlichen und des Göttlichen, des Ewigen und des Zeitlichen, des Unsichtbaren und des Sichtbaren. Infolgedessen ist das christliche Geheimnis nie eine unerreichbare und bloß transzendente Wirklichkeit. Im Geheimnis der Inkarnation haben wir gesehen, daß das Transzendente unter uns Gestalt angenommen hat (vgl. Joh 1,9). Das All und die menschliche Geschichte sind auf Gott hin transparent geworden. Treffend sagt ein moderner Theologe: »Bei der altkirchlichen Lehre vom *mysterion/sacramentum* handelt es sich also in erster Linie nicht um einige Einzellehren, sondern eher um eine allgemeine Struktur, um eine Schau, die das Ganze der Heilsökonomie und deren einzelne Teile durchsichtig mach-

---

[12] Siehe: *Johannes Chrysostomus,* In Epist. I ad Corinth. Homilia VII 2 (PG 61,55): »Mysterium vocatur, quia non quae videmus, credimus, sed alia videmus, alia credimus. Talis namque est mysteriorum nostrorum natura.« Vgl. *Origenes,* In Epist. ad Rom. Comm. IV 2 (PG 14, 968). *H. de Lubac,* Corpus Mysticum. L'eucharistie et l'église au moyen âge. Etude historique, Paris ²1949, 62 f, stellt die Dinge wie folgt dar: »Der ursprüngliche Sinn des Wortes (Mysterium, Mystik) weist hier etwas Unbestimmtes und Fließendes auf. Er ist synthetisch und dynamisch. Er zielt weniger auf das sichtbare Zeichen oder – im Gegensatz dazu – auf die verborgene Wirklichkeit als vielmehr auf beide zugleich: auf ihr Verhältnis, auf ihre Einheit, auf ihre gegenseitige Implikation, auf den Übergang vom einen zum anderen oder auf die Durchdringung des einen durch das andere. Er zielt auf den Verweis des ersten Terminus auf den zweiten, besser gesagt, auf die dunkle, aber doch schon im stillen wirksame Gegenwart des zweiten Terminus im ersten. Das eigentlich Mystische ist somit das geheime und bewegende Band der allusio, der significatio: ›mystica figuratio‹, ›significationis internae mysterium‹, ›mystica similitudo‹.« Siehe dazu auch *H. U. von Balthasar,* Le mystèrion d'Origène, in: RThPh 27 (1938) 266: »Das Mysterium bezeichnet gerade die gegenseitige Beziehung des einen zum anderen (des sichtbaren Zeichens zur bezeichneten Sache), eine Beziehung, die den profanen Menschen verborgen bleibt (hier also das Mysterium!), aber den Glaubenden, die sich freiwillig in die Schule des Logos begeben, mehr und mehr geoffenbart wird . . .«

te.«[13] Um zu definieren, was ein Sakrament (Geheimnis) ist, übernimmt das Konzil von Trient die lapidare Formel des Augustinus: »invisibilis gratiae forma visibilis«, das heißt: »die sichtbare Gestalt der unsichtbaren Gnade« (DS 1639/NR 571). Joseph Matthias Scheeben, einer der größten katholischen Theologen des 19. Jahrhunderts, sagt treffend, die christlichen Geheimnisse seien sakramentale Geheimnisse, insofern Sakramentalität »die reale Verbindung des Übernatürlichen mit dem natürlichen Leiblichen« ist.[14] Sogar das Geheimnis der Dreifaltigkeit, das an sich nicht sakramentaler Art ist, ist es gleichwohl, insofern es uns durch Christus geoffenbart und so mittelbar, durch die Inkarnation, sakramental geworden ist.[15] Mit einem Wort gesagt: Es gehört zum Geheimnis, mitgeteilt und – ein Stück weit – von den Menschen verstanden zu werden. Aber ebenso gehört es zum Geheimnis, im Offenbar- und Verstandenwerden dennoch Geheimnis zu bleiben. Des Geheimnisses innewerden ist freilich kein bloß intellektuelles Geschehen; vielmehr geht es darum, in ein Bedeutungsgesamt einzutauchen, das uns auf allen Seiten übersteigt, uns durchdringt und uns im tiefsten Herzen anrührt – dort, wo die Entscheidung über den Liebessinn der Existenz fällt. Dies ist mehr ein Sich-ergreifen-und-führen-Lassen als ein Durchdringen mit dem prüfenden Auge des Geistes.

Erst das moderne, intellektualistische Verständnis definiert Geheimnis im Sinne einer Grenze, die sich der Vernunft in den Weg stellt. Der echte, alte und christliche Begriff von Geheimnis hingegen spricht vom Grenzenlosen der Vernunft, die immer wieder herausgefordert ist, zu schauen, zu verkosten und sich ergreifen zu lassen von der begnadenden Heilsbedeutung der Offenbarung des Planes, den Gott mit den Menschen und mit der Welt hat.

In dieser Sicht ist das ganze All vom Geheimnis durchdrungen. Das Geheimnis ist die Sprache einer Botschaft, die auch noch jenseits des bloß Gespürten und Erlebten wahrgenommen wird. Alles kann Träger Gottes und seines Willens sein. Selbst

---

[13] *P. Smulders,* Die Kirche als Sakrament des Heils, in: G. Baraúna (Hrsg.), De Ecclesia. Beiträge zur Konstitution »Über die Kirche« des Zweiten Vatikanischen Konzils, Bd. I, Freiburg – Basel – Wien – Frankfurt 1966, 289–312, hier: 300 f.

[14] *J. M. Scheeben,* Die Mysterien des Christentums (Gesammelte Schriften, II), Freiburg (1941) ³1958, 466.

[15] Vgl. ebd. 460.

wenn die Geschichte aufgrund von Ungerechtigkeit – wie etwa der Ausbeutung der Armen – verkommt, ist sie immer noch Antigeheimnis und Antisakrament, welches danach verlangt, daß die rechte Ordnung wiederhergestellt wird und die Güter des Reiches Gottes herbeigeführt werden. Gott ist in der Abwesenheit, sub contrario, anwesend und will, daß die Dinge seinem Plan entsprechend anders werden, damit sie sakramental und auf Gott hin durchsichtig werden können.

2. Die Kirche als sichtbares Geheimnis und Sakrament Christi und des Geistes

Die verschiedenen Bestimmungen von »Geheimnis-Sakrament« helfen uns zu verstehen, wie die Kirche mit Recht Geheimnis genannt werden kann. So gängig diese Beschreibung heute ist, so wenig war sie es in der Theologie vor dem Zweiten Vatikanischen Konzil. In der Konzilsaula fehlte es nicht an Stimmen, die den Ausdruck »Kirche-Geheimnis« ablehnten. Sie meinten, die Kirche sei alles andere als ein Geheimnis, sie sei eine sichtbare Größe. Einige äußerten sogar, die Formulierung sei verworren und unverständlich.[16] Selbst das Ordentliche Lehramt gebrauchte sie vor dem Konzil nur selten. Allerdings findet sie sich unübersehbar in einer Ansprache Pius' XII. am 4. Dezember 1943 vor der römischen Kurie: »Gott wollte, daß von den Geheimnissen seiner Vorsehung, die für unseren Verstand ja nicht zugänglich sind, eines sozusagen mit Händen greifbar sei: das *sichtbare Geheimnis* der Kirche, wobei die Welt die Kirche nie wird auslöschen können. Die Kirche ist das große sichtbare Geheimnis...«[17] Wer indes den Aspekt des Geheimnisses am tiefsten dargestellt hat, war Papst Paul VI. In der Enzyklika »Ecclesiam Suam« greift er auf die traditionelle christliche Bedeutung von Geheimnis zurück, indem er sagt: »Das Geheimnis der Kirche ist nicht bloßer Gegenstand theologischer Erkenntnis. Es muß eine gelebte Wirklichkeit sein, von der der gläubige Mensch, noch bevor er einen klaren Begriff davon hat, eine gleichsam mit

---

[16] Vgl. *A. Grillmeier,* Kommentar zum ersten Kapitel von »Lumen gentium«, in: LThK.E I, 1966, 156–176, hier: 156; siehe auch: *G. Philips,* A Igreja e seu mistério no II Concílio do Vaticano, São Paulo 1968, 85–104.

[17] *Pius XII.,* Les Enseignements II, 1114–1115.

der Natur gegebene Erfahrung haben kann.«[18] Aufgrund seiner umfassenden Natur ist das Geheimnis vor allem Gegenstand der Glaubenserfahrung.

Von welcher Art ist dann aber das Geheimnis der Kirche? Vor allem – dessen müssen wir uns stets bewußt sein – ist die Kirche eine komplexe Wirklichkeit. Sie hat erstens eine sichtbare Seite: Lehren, Riten, Überlieferungen, religiöse Organisationen, Strukturen sakramentaler Vollmacht, Verbindungen zu bestimmten Kulturen. In den Kirchlichen Basisgemeinden wie auch in der traditionellen und neuen Religiosität, die vor allem von den Armen gelebt wird, trägt sie die Züge von kleinen Leuten. Wo sie sich aber der geltenden Kultur stellt, deren Erkenntnisinstrumente benutzt, um das Wort Gottes noch tiefer zu verstehen, und sich in höchst stilisierten, den gebildeten Gesellschaftsschichten entlehnten Riten darstellt, hat sie ein gebildetes Gesicht. Die Kirche hat zweitens eine paradoxe Seite: Sie ist zugleich heilig und sündenbeladen. Manche Leute ärgert das mitunter; und es gibt Kirchenmitglieder, die sich zu Rittern von der traurigen Nachricht aufschwingen; allerdings geht es ihnen dabei mehr um die Verteidigung des eigenen Bildes als um das Zeugnis für den Weg des leidenden Gottesknechtes Jesus Christus. Paul VI. beweist Mut, wenn er sagt: »Die Kirche muß sich von geschichtlich überlieferten Strukturen, die sich heute als Entstellungen ihres evangelischen Charakters und apostolischen Auftrags erweisen, befreien und sich kritisch, historisch und ethisch prüfen, um so zu ihrer eigentlichen Form zurückzufinden, in der die gegenwärtige Generation die Gestalt Christi zu erkennen wünscht.«[19]

Innerhalb – und nicht trotz – dieser komplexen und paradoxen Wirklichkeit subsistiert das Geheimnis der Kirche. Was aber bedeutet hier »Geheimnis der Kirche«? Vor dem Hintergrund dessen, was wir vorhin zum Begriff »Geheimnis-Sakrament« dargelegt haben, möchten wir im Folgenden die wichtigsten Bedeutungen benennen. Dabei kann uns das erste Kapitel der Konzilskonstitution »Lumen gentium« die Richtung weisen. Die Überschrift lautet: »Das Mysterium der Kirche« bzw. »Die Kirche als Geheimnis«. An keiner Stelle wird in dem Kapitel de-

[18] AAS 56 (1964) 609–659, hier 623 f; dt.: HerKorr 18 (1963/64), 567–583, hier 572.
[19] Insegnamenti di Paolo VI, Bd. VIII, Rom 1970, 672 f.

finiert, was unter »Mysterium/Geheimnis« zu verstehen sei. Die Darstellung des Sachverhalts zeigt indes, daß »Geheimnis« hier im Sinne der frühen Kirche gemeint ist. Die Rede ist mehr von Gott, von der Dreifaltigkeit, vom Sohn und vom Geist als von der Kirche. Das heißt: Die Konzilsväter vertiefen sich in die eigentlich geheimnisvollen Wirklichkeiten, welche das Fundament der Kirche bilden, dieser mysterische und sakramentale Bedeutung geben und der Grund dafür sind, daß es Kirche überhaupt gibt.

Da heißt es zunächst: »Der ewige Vater hat die ganze Welt nach dem völlig freien, verborgenen Ratschluß seiner Weisheit und Güte geschaffen« (LG 2). Damit haben wir die erste Bedeutung von Geheimnis. Sodann ist die Rede vom Heilsauftrag des Sohnes und des Heiligen Geistes (LG 3–4), und schließlich wird die Konzeption vom Reiche Gottes dargestellt, dessen »Keim und Anfang ... auf Erden« (LG 5) die Kirche ist. Die Kirche ist insofern Geheimnis, als sie mit ihrer ganzen göttlichen und menschlichen, zeitlichen und geistigen Existenz dem Plan dient, den Gott mit der ganzen Menschheit hat. Aus diesem Grund ist sie zutiefst an Christus – als Geheimnis und Quellsakrament – wie auch an den Heiligen Geist gebunden. So ist sie sowohl Zeichen für das bereits gegenwärtige Reich Gottes als auch zugleich Werkzeug, mittels dessen es in der Geschichte der Menschen Wirklichkeit werden soll. In ihr treffen sich alle diese Geheimnisse. Sie bildet den Raum, in dem sich die Menschen ihrer bewußt werden, sie leben, feiern und verkünden. Allerdings versteht sich die Kirche nicht als ursprüngliches, sondern immer als – von anderen grundlegenderen Geheimnissen her – *abgeleitetes* Mysterium. Deshalb wird sie von den Kirchenvätern auch »mysterium lunae«[20] – Mondgeheimnis – genannt, weil sie, wie der Mond von der Sonne bestrahlt wird, ihr Licht vom »mysterium solis« – von Jesus Christus – empfängt.

Die Kirche ist Geheimnis, weil sie öffentlich und offiziell den Plan realisiert, nach dem Gott die ganze Menschheit zu einer Gemeinschaft zusammenführen will. Das Heilsvorhaben Gottes (bzw. das Reich Gottes) ist weiter und umfassender als die Kirche. Aber die Kirche ist ein wesentlicher Teil dieses Geschichts-

---

[20] Vgl. *H. Rahner*, Symbole der Kirche. Die Ekklesiologie der Väter, Salzburg 1964, 91–173.

vorhabens, sein bewußter Verdichtungspunkt, der Raum, in dem alle, die sich auf den Anruf des Geistes, des Evangeliums und der Botschaft der Kirche einlassen, es intensiv erleben.

Darüber hinaus ist die Kirche auch insofern Geheimnis, als in ihr die Geheimnisse unserer Erlösung gefeiert und liturgisch und sakramental in das Leben der Gläubigen übersetzt werden. Geheimnis im strengen Sinn (das das Verstehensvermögen der Vernunft übersteigt) ist die Transsubstantiation des Brotes und des Weines in den Leib und in das Blut des Herrn. In diesem Stückchen materieller Welt teilt sich uns das höchste Geheimnis mit, das heißt: Gott selbst in seiner Göttlichkeit, um sich denen, die gläubig auf dem Weg sind, als Speise anzubieten. Geheimnis ist die Tatsache, daß die kosmischen Elemente, welche die Materie für die Sakramente bilden, zu Zeichen und Werkzeugen der gnadenvollen Nähe Gottes werden. Die Sakramente sind immer Gesten, die Christus vermittels des Leibes der Kirche zum Heil des Volkes Gottes tut. Geheimnis ist, daß sich Christus und der Geist im Sakrament der Priesterweihe eines bescheidenen menschlichen Geschöpfs bedienen und es sich zu ihrem Diener machen, damit dieser die Gnade sakramentalisiert und geschichtlich und gesellschaftlich sichtbar werden läßt. Geheimnis ist, daß das Bischofskollegium, der Papst in Ausübung seines Amtes und das christliche Volk als ganzes ohne substantiellen Irrtum die Wahrheit sagen können und daß sie so durch die stets fehlbare Zeit hindurch unfehlbar erhalten bleibt.

Schließlich ist die Kirche vor allem deshalb Geheimnis, weil sich in ihr das Geschichtlich-Gesellschaftliche (das freilich immer entarten kann) und das Geistig-Göttliche zu einer Einheit verbinden. Es ist nicht damit getan zu sagen, die Kirche sei Geheimnis, weil Gott und – auf einzigartige Weise – Jesus Christus und der Heilige Geist in ihr am Werk seien. Gewiß sind sie in der Kirche am Werk, allerdings in Verbindung mit deren institutioneller Materialität. Gerade darin, daß in der einen Realität Kirche die beiden Elemente – das Göttliche und das Menschliche – koexistieren, besteht das Besondere des Geheimnisses der Kirche. Nachdrücklich sagt auch das Zweite Vatikanische Konzil: In der zugleich sichtbaren und geistigen Kirche sind die beiden Komponenten »nicht als zwei verschiedene Größen zu betrachten, sondern bilden eine *einzige komplexe Wirklichkeit,* die aus menschlichem und göttlichem Element zusammenwächst«

(humano et divino coalescit elemento: LG 8). Schon lange vor »Lumen gentium« hat Leo XIII. in seiner Enzyklika »Satis cognitum« im Geheimnis der Inkarnation das Paradigma für die Einheit zwischen den beiden Dimensionen der Kirche gesehen: »Die Einheit und das wechselseitige Sich-Gehören der beiden Dimensionen ist so notwendig für das Wesen der wahren Kirche wie die innige Einheit von Leib und Seele für die menschliche Natur... Wie Christus einer aus zwei Naturen und in zwei Naturen, der sichtbaren und der unsichtbaren, ist...« (DS 3301 oder ASS 28, 1895/96, 709 f). So erweist sich die Kirche als das große Sakrament des universalen Heils, das aus dem Quellsakrament – Jesus Christus – erwächst. Noch bevor das Zweite Vatikanische Konzil die Terminologie von der Kirche als Sakrament offiziell eingeführt hatte, ließ Paul VI. am 22. Juni 1964 verlauten: »Unser Verhältnis zu Gott ... realisiert sich in sakramentaler Form, das heißt: vermittels heiliger Zeichen. Unter diesem Gesichtspunkt kann man die Kirche, ja die ganze Kirche, Sakrament Jesu nennen. Sie ist der Tabernakel seiner Gegenwart, sie ist das geschichtlich und gesellschaftlich wahrnehmbare Phänomen seines Bleibens und Wirkens in der Menschheit.«[21]

3. Die vier wichtigsten Realisierungsformen des Geheimnisses der Kirche

Hauptsächlich auf vier Ebenen – wenn auch »Lumen gentium« (vgl. Nr. 6–8) noch andere nennt – realisiert sich das Geheimnis der Kirche: als Gemeinde und Gemeinschaft, als Volk Gottes, als mystischer Leib Christi und als Kirche unter den Armen.

Kirche als Gemeinde und Gemeinschaft. Die direkteste und realste Definition von Kirche beschreibt diese als Gemeinde derer, die an Christus glauben (communitas fidelium). Der Glaube stellt ein doppeltes Band her: Er eint uns mit Christus, und zwar so dicht, daß wir zusammen mit ihm eine komplexe, geheimnisvolle Realität bilden (vgl. Röm 6; Apg 9,5: »Ich bin Jesus, den du verfolgst«). Wir leben in Christus, und er lebt in uns. Andererseits verbindet uns derselbe Glaube auch in Gemeinschaft mit den übrigen Gläubigen; denn aus dem Glauben erwächst

---

[21] Siehe in: Revista Eclesiástica Brasileira 24 (1964) 789.

die Gemeinde derer, die Jesus als Retter und Befreier akzeptieren und sich vornehmen, ihm zu folgen. In dieser Gemeinde nun nehmen die übrigen christlichen Geheimnisse – das Heil, das sich in der Form der Selbsthingabe der Dreifaltigkeit dem Leben der Gerechten mitteilt, das Wirken des Geistes durch seine vielfältigen Charismen und Gemeinschaftsdienste sowie die geheimnisvolle Gegenwart Christi in den Heilszeichen – die Gestalt von Sakramenten an. Zwar steht das Heil den Menschen überall dort offen, wo sie sich mit ihren Kulturen, Religionen und gesellschaftlichen Darstellungsformen befinden. Aber in der christlichen Gemeinde schreibt sich die Liebe Gottes greifbar in die Geschichte ein, will sagen: nimmt in der Form einer geschichtlich-gesellschaftlich-religiösen Organisation sakramentale Dichte an. Wort, Sakrament, Mission und Weltdienst, vor allem an den Ärmsten, bilden die theologischen Grundsäulen, auf denen die christliche Gemeinde ruht. Immer haben wir es mit einer konkreten gesellschaftlichen Formation zu tun, die auf den verschiedenen Modalitäten von Zusammenleben und Produktion und Reproduktion des Lebens basiert, hinter der sich aber eine transzendente, mit dem Geheimnis Gottes in der Geschichte gegebene Dimension verbirgt: das Geheimnis der Kirche als ganzer.

Kirche als Volk Gottes. Das Netz von Gemeinden in ihrer Gemeinschaft untereinander und mit denen, die für ihre Koordinierung verantwortlich sind (das heißt: der Hierarchie der Kirche), macht das Volk Gottes aus. Hier liegt der Akzent, wie im nächsten Kapitel eingehend dargestellt werden soll, auf der geschichtlichen Dimension der Kirche. Diese wurde schon in der Menschheit – soweit sie sich für Gott offenhält – vorbereitet, verdichtet und realisiert sich dann im Gottesvolk des Alten Bundes und gelangt schließlich zu ihrer Vollgestalt in dem weiten Netz von Gemeinden, welche die geschichtlich-gesellschaftlich-theologische Wirklichkeit des Volkes Gottes im Neuen Bund bilden. Dieses Volk ist Volk Gottes, weil Gott es dazu ausgewählt hat, einen Heilsdienst inmitten der anderen Völker zu übernehmen. Es ist Volk Gottes auch deshalb, weil es sich Gott zu seinem Gott gewählt und ihn zur Ausrichtung und Grundbestimmung seines Weges durch die Geschichte gemacht hat. Dieses Volk ist Erbe der irdischen und göttlichen Verheißungen, die

Gott selbst im Laufe der verschiedenen Phasen seiner Offenbarung in der Geschichte gemacht hat. Dieses Volk, das aus vielen Völkern besteht, ist ewig, weil es bei Gott im neuen Himmel und auf der neuen Erde (vgl. Offb 21,3) wohnen wird. Dieses Volk ist der Träger aller göttlichen Geheimnisse und wird selbst zu einem großen Geheimnis-Sakrament unter den Völkern, das heißt: zu einem Zeichen und zu einer Frage für alle, was denn das transzendente Ziel des menschlichen Weges in die absolute Zukunft, die ja Gott und sein Reich ist, sei.

Kirche als Leib Christi. Zunächst: Die Gemeinde mit vielen Diensten und Charismen, aus verschiedenen Menschen und Rassen findet ihre innere Einheit und Zusammengehörigkeit im Glauben an Jesus und in der Offenheit für seinen Geist. Das Bild vom Leib, das Paulus im Römerbrief benutzt (Röm 12,1–8), illustriert einmal die Verschiedenartigkeit der Glieder und ihrer Funktionen und zum anderen die Einheit aller im Blick auf das Gemeinwohl. »Obwohl viele, sind wir doch ein Leib in Christus« (Röm 12,5). In diesem Sinn bedeutet Kirche als *Leib in Christus*: Kirche als Gemeinde und Gemeinschaft, insofern Christus das einheit- und zusammenhaltstiftende Moment ist. Nicht gesellschaftliche, wirtschaftliche oder kulturelle Interessen, sondern ein und derselbe Glaube an Christus und ein und dieselbe Liebe im Geist Christi führen Menschen zusammen und lassen sie eine Gemeinschaft bilden. Darüber hinaus ist der Auferstandene in realer, wenn auch geheimnisvoller Weise zugegen, sowohl unter den Menschen als auch in der Geschichte, die in Richtung auf das Eschaton (das gute Ende der Schöpfung) unterwegs sind; vor allem aber ist er in dem Teil der Menschheit gegenwärtig, der ihn in sein Leben aufnimmt und der Kirche heißt. In diesem Sinn läßt sich die Kirche bildlich »Leib in Christus« nennen.

Aber die Kirche ist mehr als ein in Christus konstituiertes soziales Gebilde. Sie ist Leib Christi. Doch wie ist dieser Ausdruck zu verstehen? Paulus im ersten Korintherbrief und dann auch die Verfasser des Epheser- und Kolosserbriefs deuten die Richtung an, in die wir theologisch zu denken haben. Glaube, Taufe und Heiliger Geist verbinden die Gläubigen mit Christus zu einer solchen Einheit, daß wir nicht mehr einfach willkürlich über uns verfügen. Unsere Körper sind Glieder Christi, sagt Paulus

(1 Kor 6,15). Aber es gibt noch einen direkteren und tieferen Sinn: die Gemeinschaft des eucharistischen Leibes des Herrn.[22] Wenn sich die Gemeinde versammelt und vom eucharistischen Leib Christi ißt, dann wird sie selbst zum Leib Christi. »Ist das Brot, das wir brechen, nicht Teilhabe am Leib Christi? *Ein* Brot ist es. Darum sind wir viele *ein* Leib; denn wir alle haben teil an dem einen Brot« (1 Kor 10,16–17). In dem Maße, in dem sich der gekreuzigte und auferweckte Jesus uns in jeder Feier zum Gedenken an seine Auferstehung unter uns in der Eucharistie schenkt, wird die Kirche zum gekreuzigten und auferstandenen Leib Jesu. Deshalb sagen wir, die Kirche sei der *mystische* Leib Christi. Dieser Ausdruck, mit dem ursprünglich der eucharistische Leib bezeichnet wurde, wurde ab der zweiten Hälfte des 12. Jahrhunderts auf die Kirche angewandt.[23] Im Epheserbrief heißt die Kirche direkt *Leib Christi* (Eph 1,23). Darüber hinaus wird Christus das Haupt der Kirche genannt (Kol 1,18; Eph 1,22; 4,15–16). Die Perspektive ist folgende: Aufgrund ihrer Einheit mit dem Auferweckten und dem Heiligen Geist gehört die Kirche zum Geheimnis Christi. Geheimnis bedeutet hier, wie wir zuvor erläutert haben, den Plan, gemäß dem Gott die ganze Menschheit retten will. Im Epheserbrief (3,4) wird die Kirche dann auch als Geheimnis Christi bezeichnet, weil in ihr und durch sie der Plan des Vaters, in Christus und im Heiligen Geist alle Menschen, ob Juden oder Heiden (vgl. Eph 3,4–12), zu retten, greifbare Wirklichkeit wird. In ihr findet die Menschheit zu ihrer grundlegenden Berufung, die darin besteht, alle Spaltungen zu überwinden und die verlorene Einheit wiederzuerlangen. Zwar verwirklicht sich diese Utopie in der Kirche unter zerbrechlichen Zeichen, aber die Kraft kommt ihr vom Auferstandenen und seinem Geist. In diesem Sinn können wir sagen, die Kirche sei ein herausragendes Geheimnis, sei Sakrament der Einheit der Menschen mit Gott, Gottes mit den Menschen sowie der Menschen untereinander (vgl. Lumen gentium 1).

Wenn wir unsere bisherigen Überlegungen nunmehr zusammenfassen, können wir nur wiederholen: Unsere tragende Idee ist die: Das Geheimnis der Kirche ist ein sakramentales Geheimnis. Wenn sich das Mysterium der Kirche nicht in einer Ge-

---

[22] Vgl. *M. Schmaus,* Der Glaube der Kirche. Handbuch katholischer Dogmatik, Bd. 2, München 1970, 52 f.

[23] Vgl. *H. de Lubac,* Corpus Mysticum, 23–46; 116–135.

meinde konkretisiert, nicht Volk Gottes wird und nicht durch das Mahl des Leibes Christi zum mystischen Leib Christi wird, verkommt es zur Mystifizierung. In der Kirche gibt es also die Institution nie ohne den Geist, die Macht nie ohne das Charisma und das Materielle nie ohne das Spirituelle. Die Spannungseinheit dieser Dimensionen macht das christliche Geheimnis aus, auch das Geheimnis der Kirche.

Schließlich gibt es noch eine Konkretisierung des Geheimnisses der Kirche unter den Armen: die *Kirche der Armen*. Am 11. September 1962 sagte Johannes XXIII. die denkwürdigen Worte: »Gegenüber den unterentwickelten Ländern stellt sich die Kirche dar, wie sie ist, das heißt: als Kirche aller, vor allem aber als Kirche der Armen... Es gibt Elendssituationen im Leben, die vor Gott nach Vergeltung schreien.«[24] »Lumen gentium« lädt die ganze Kirche dazu ein, sich auf die Armut und die Verfolgung Christi einzulassen: »In den Armen und Leidenden erkennt sie das Bild dessen, der sie gegründet hat und selbst ein Armer und Leidender war« (Nr. 8). Wir wissen heute – und Puebla ruft es uns unüberhörbar in Erinnerung (Nr. 28–30; 1207–1208) –, daß diese Armut nicht unschuldig ist. Sie ist das Produkt von Prozessen wirtschaftlicher und politischer Ausbeutung. Die Armut der großen Mehrheit der Menschheit markiert eine Situation sozialer und struktureller Sünde. So wie die Dinge liegen, sind sie anti-sakramental, und anstatt symbolisch zu sein, sind sie diabolisch. Vorhin sagten wir, jedes Ding sei ein potentielles Sakrament-Geheimnis Gottes. Jetzt aber müssen wir einen Bruch in der Sakramentalität konstatieren. Die Verarmten und Vergewaltigten sind ein reales und greifbares Symbol, ein »Geheimnis«, das auf das Geheimnis der Ungerechtigkeit, das Mysterium iniquitatis, verweist. Jede Geste der Solidarität, jedes Bemühen um Befreiung aus der Sicht der Armen, durch die Armen und für die Armen, das sich die Sache der Armen zu eigen macht, baut dagegen die Sakramentalität neu auf und begründet das sichtbare Geheimnis der menschlichen Liebe und – in Jesus Christus, bei dem die Armen ja den Vortritt haben – das geschichtliche Geheimnis der göttlichen Liebe.

[24] Die Texte sind zu finden in: *G. Alberigo*, Giovanni XXIII, profezia nella fedeltà, Brescia 1978.

Eine Kirche, die sich arm macht, mehr noch: die den Armen das Gefühl vermittelt, Kirche zu sein, ja die Kirche der Armen zu bilden, und zwar mit ihrer Kultur von Armen, mit ihrer Lage der (prophetisch angeprangerten) Ausbeutung, mit ihrer besonderen Art und Weise, Jesus Christus zu feiern, der arm geworden ist (2 Kor 8,9), und mit ihrem Vertrauen auf den Heiligen Geist, den »Vater der Armen« – eine solche Kirche wird in der Tat zum Sakrament der Befreiung und kann sich als Trägerin des Geheimnisses der umfassenden Befreiung erweisen. Der Schrei der Armen begründet die Notwendigkeit zur Veränderung der Gesellschaft. Die Kirche hat ihren Beitrag zu leisten zur Wiederherstellung des Geheimnisses Gottes im oben beschriebenen Sinn, zum Wieder-in-Kraft-Treten des Planes, nach dem Gott alle seine Kinder in Gemeinschaft verbunden sehen will. Das Bemühen darum gehört zum Auftrag der Kirche und bedeutet nach Johannes Paul II. einen »Prüfstein ihrer Treue zu Christus«, wenn sie wirklich »Kirche der Armen« sein wolle (Laborem exercens 8).[25] Daß sich das Geheimnis der Kirche unter den Armen konkretisiert, ist so entscheidend, daß vom solidarischen bzw. unsolidarischen Verhalten zu ihnen das eschatologische Schicksal jedes einzelnen Menschen abhängt (vgl. Mt 25,31–48). Von der Kirche unter den Armen (von einer Kirche her, die sich arm macht und zur Kirche der Armen wird) her sind alle weiteren Konkretisierungen des Geheimnisses der Kirche in ihrer Heilsfunktion zu beurteilen. Daß die Kirche mystischer Leib Christi, Volk Gottes, Gemeinde und Gemeinschaft ist, ist wertlos, wenn es im entscheidenden Augenblick des Lebens und der Geschichte nicht gelingt, das ewige Heil der Menschen zu sichern. Durch ihren Dienst an den Armen und durch ihr Engagement an der Seite der Armen für deren Befreiung wird sie konkret zum Sakrament des universalen Heils. Von dorther erwachsen allen anderen Formen, in denen sich das Geheimnis der Kirche darstellt, Bedeutung und Gültigkeit. Mit dieser Überlegung kommen wir zum Schlußpunkt.

[25] Vgl.: *G. Gutiérrez*, La Iglesia de los pobres, in: Servir 20 (1984) 268–291; *J. Sobrino*, Resurrección de la verdadera Iglesia. Los pobres, lugar teológico de la Eclesiología, Santander 1981, 99–142; *R. Muñoz*, A Igreja no povo, Petrópolis 1985, 179–213 (spanisches Original: La Iglesia en el pueblo. Hacia una eclesiología latinoamericana, Lima 1983).

4. Das Geheimnis der Kirche und die politische Heiligkeit

Das Geheimnis der Kirche darf nicht bloß formuliert und verkündet werden. Es muß gezeigt werden. Wenn Menschen mit der christlichen Gemeinde und ihren Koordinatoren (ob Laien oder geweihten Priestern) in Kontakt treten, müssen sie spüren, daß sie vor einer Realität stehen, hinter der sich eine tiefere, strahlende und »geheimnisvolle« Wirklichkeit verbirgt. In diesem Zusammenhang sprechen wir vom Geheimnis-Sakrament der Kirche. Unmißverständlich sagt Paul VI. in seiner außergewöhnlichen Enzyklika »Ecclesiam Suam« (1964), die Kirche dürfe sich nicht bloß mit sich selbst befassen und ihr eigenes Geheimnis betrachten; das Geheimnis treibe sie zum Dienst an der Menschheit, zum Commercium religiosum, dessen »Werkzeug und Ausdruck die Kirche ist«[26]. Dieser Dienst macht die Heiligkeit der Kirche aus; denn Heiligkeit – im umfassenden Sinn des Wortes und nicht bloß in der Verkürzung auf einen innerlichen Spiritualismus – dient der Verherrlichung des Geheimnisses und macht es möglich, daß es den Menschen geoffenbart wird. Genau das sieht die Außerordentliche Bischofssynode von 1985, wenn sie in ihrer Botschaft an die Christen in der Welt sagt, das geistliche Merkmal des Geheimnisses der Kirche habe »als erste Kennzeichnung die universale Berufung zur Heiligkeit, die sich an alle Gläubigen richtet«.[27]

Als Aneignung des göttlichen Geheimnisses, der Dreieinigkeit, des fleischgewordenen Sohnes und des in den Wachstumsprozessen von Menschheit und Kirche wirkenden Geistes wie auch als Evangelisierung des eigenen Herzens und der Entwicklung eines neuen – männlichen wie weiblichen – Menschen bedeutet die Heiligkeit stets eine zentrale Herausforderung für jeden Christen, zu jeder Zeit der Kirche ebenso wie heute. Gleichwohl stellt sich uns heute die Herausforderung einer politischen Heiligkeit, insofern die schwersten Probleme der Menschheit eine eindeutig politische Dimension haben: Hunger, internationale Ausbeutung, drohende Zerstörung des gesamten Planeten, systematische Verletzung der Menschenrechte und vor allem der Rechte der armen Mehrheiten. Daß sich auch die Synodenväter

---

[26] AAS 56 (1964) 615, dt.: HerKorr 18 (1963/64) 569; siehe auch die Ansprache Pauls VI. zur Wiedereröffnung des Konzils: AAS 55 (1963) 854–855.
[27] HerKorr 40 (1986) 38–40, hier 39.

dieses Zusammenhangs bewußt sind, kommt in ihrem Schlußbericht vom 8. Dezember 1985 zum Ausdruck: »Auf der ganzen Welt wachsen heute Hunger, Unterdrückung, Ungerechtigkeit und Krieg, Folter und Terrorismus und andere Arten von Gewalt. Dies verpflichtet zu neuer und tieferer theologischer Reflexion, worin im Lichte des Evangeliums solche Zeichen zu deuten sind.«[28]

Wir sind der Ansicht, diese neue Reflexion entstehe vor allem in der sogenannten Theologie der Befreiung. Denn die Befreiungstheologie setzt ja gerade bei den verschiedenen Formen der historischen Unterdrückung ein und betrachtet sie im Lichte des Glaubens als soziale Sünde und im Lichte einer kritischen Analyse als Produkt ungerechter und unterdrückerischer Gesellschaftsverhältnisse. Gegen die Unterdrückung gilt es, die Befreiung zu setzen – im Sinne eines vereinten Engagements aller Unterdrückten und all derer, die sich ihr Los angelegen sein lassen, um gemeinsam eine Gesellschaft zu schaffen, in der alle leben können. Viele Ortskirchen, welche die vorrangige Option für die Armen – gegen ihre Armut und für ihre Befreiung – ernst nehmen, haben sich auf diesen Weg gemacht.

Die befreiende Evangelisierung und der pastorale Einsatz für die ganzheitliche menschliche Förderung und Befreiung aller aus der Perspektive der Unterdrückten haben dazu geführt, daß sich in der Kirche die politische Heiligkeit entwickelte. So erleben wir, daß zahlreiche Bischöfe und Laien prophetisch auftreten – und die Folgen zu spüren bekommen, die Propheten immer erlebt haben: üble Nachrede, Unverständnis selbst von seiten der eigenen Brüder, Verfolgung bis hin zu physischer Liquidierung. Zahllose Ordensleute geben physisch und geistig ihren bisherigen Standort auf, verlassen das Zentrum, lassen sich an der Peripherie nieder und wollen hier Glauben, Leben und Leiden mit dem unterdrückten Volk teilen. Bei den Laien wird ein soziales Gespür der Solidarität mit einer ganzen Gesellschaftsklasse wach: für die ausgebeuteten Arbeiterinnen und Arbeiter, für die Arbeitslosen wie für alle, die das herrschende Arbeitssystem an den Rand gedrängt hat. Bibelkreise, christliche Gemeinden und Bewegungen zur Förderung und Verteidigung der Rechte der Armen, die allenthalben entstehen, ermöglichen es

[28] Schlußbericht II. D. 1; dt.: HerKorr 40 (1986) 46.

der Kirche, in diesen Schichten die humanisierenden und befreienden Potenzen des Evangeliums sowie neue Formen zu entdecken, wie man die kirchliche Gemeinde lebendig gestalten und dem historischen Augenblick gemäß organisieren kann. Die Einheit zwischen Glauben und Leben, Evangelium und Praxis schafft einen neuen Typ von Christen: offen für die anderen, sensibel für das Drama der Unterentwicklung, mutig im Aufdecken sozialer Ungerechtigkeiten, engagiert in den Volksbewegungen zur qualitativen Veränderung der Gesellschaft und politisch-kritisch gegenüber den Machenschaften, mit denen die herrschenden Klassen den Staat und selbst die Kirche manipulieren. Diese Spiritualität der Befreiung und des Engagements für die Sache der Unterdrückten hat bereits das Martyrium zahlreicher Menschen in der gesamten Dritten Welt gefordert. Wie wir weiter unten sehen werden, wird inmitten des menschlichen Lebens das größte christliche Geheimnis dadurch bezeugt, daß sich dieses Leben opfert, damit das siegen kann, was ihm ewige Bleibendheit ermöglicht: das Geheimnis Gottes, göttliche Gemeinschaft, die in die menschliche Gemeinschaft eingeht.

Mit der so beschriebenen politischen Heiligkeit bezeugen Christen heute sowohl das heilige Geheimnis Gottes selbst als auch das von ihm abgeleitete Geheimnis der Kirche. Menschen guten Willens nehmen es an, weil sie es verstehen, und fühlen sich zugleich fasziniert und voller Bewunderung, so daß sie in eine andere transzendente Dimension erhoben werden, zu dem, was wir das Geheimnis Gottes nennen. Das christliche Geheimnis wird glaubbar, und zwar auch in seinen strikt geheimnisvollen Diemensionen; denn es gibt dem Dasein einen tiefen Sinn, macht den großen Traum von der Gesellschaft möglich und eröffnet Perspektiven nach vorn und nach oben in Richtung auf die letzte Bestimmung der Geschichte, die für Christen nur das Reich des Vaters sein kann.

Mit dieser politischen Heiligkeit, der sachgerechten, angemessenen Antwort auf die Herausforderungen von heute, bewahren Christen das heilige Licht, wo immer sie das Geheimnis hegen und verehren. Wenn die Kirche vom Geheimnis her lebt, sich bewußt wird, daß es in den Unterdrückten negiert wird, und es durch ein an der Praxis Christi – des sichtbaren Sakraments des unsichtbaren Geheimnisses – orientiertes Verhalten an den Tag legt, dann kann sie sich auch selbst als Geheimnis ausgeben, ohne Mißverständnis und Ablehnung fürchten zu müssen. So verweist sie auf das Geheimnis der Welt, das jedes Dasein trägt, das sich, wenn auch unter verschiedenen Formen, in allen Menschen realisiert und das zu Bewußtsein und öffentlicher Gestalt in der christlichen Gemeinde findet: Gott.

III. Was bedeutet theologisch »Volk Gottes« und »Kirche des Volkes«?

Die sogenannte Kirche des Volkes oder Kirche aus dem Volk (Igreja Popular) konfrontiert uns zunächst mit zwei unumgänglichen Vorfragen: Was heißt, soziologisch gesehen, das Faktum »Kirche des Volkes«? Und: Was bedeutet die Kategorie »Volk«?

Eines ist unter empirischem und analytischem Gesichtspunkt eine unbestreitbare Tatsache: An den Rändern der Städte ebenso wie auf dem weiten Land haben wir Tausende von christlichen Gemeinden, die in ihrer Mehrheit aus armen Leuten und Arbeitern bestehen und die eine neue Form des Kircheseins realisieren: Die Beziehungen unter den Mitgliedern sind von Gemeinschaft und Solidarität bestimmt, Glaube und Leben bilden eine Einheit, die sakrale Macht wird nicht mehr vorrangig bürokratisch, auf der klerikalen Schiene (von Priestern und Bischöfen) ausgeübt, sondern in kollegialer Form, so daß alle an der Entscheidungsfindung und an den Aufgaben beteiligt sind, die unter den Mitgliedern entsprechend ihren Fähigkeiten aufgeteilt werden; dadurch werden natürlich auch die klassischen Figuren des Priesters und des Bischofs neu definiert, die sich nicht mehr primär als ekklesiastische Autoritäten (die die Entscheidungen zu treffen haben) verstehen, sondern vor allem als Hirten, Animateure im Sinne des Evangeliums und als Prinzip der Einheit und des gemeinschaftlichen Zusammenhalts. Das »Volk« besetzt ekklesiale Räume und wird sich bewußt, daß es die konkrete Kirche bildet; der Klerus siedelt auf den Erdteil des »Volkes« über, nimmt dessen Habitus an und lebt von dorther seine Mission und Berufung, die ihm aus dem Sakrament der Priesterweihe erwachsen.

Darüber hinaus drücken sich diese christlichen Gemeinden in den Kategorien der Volkskultur aus, die sich ja erheblich von der herrschenden aufgeklärten Kultur unterscheiden, mit der die Kirche jahrhundertelang Hand in Hand gegangen ist. Die Volkskultur ist grundsätzlich gemeinschaftsbezogen, sie liebt Symbole, Feste und Lärm und schafft voller Kreativität Lieder, Gedichte und körperliche Ausdrucksformen. Mittels dieser Kultur bringen sich Glaube und christliche Gemeinde zum Ausdruck.

Wenn wir von Kirche des Volkes sprechen, meinen wir das Phänomen, daß das Volk auf den Plan tritt, und zwar nicht bloß als namenlose »Gottesdienstkunden«, die die Sakramente empfangen oder die Christenlehre aufnehmen, sondern als aktive Mitglieder an der Seite des Priesters, des Bischofs und mitunter des Kardinals, wenn sich diese auf solch einen Weg der Kirche eingelassen haben.

Nun wirft dieses soziologische Faktum aber die theologische Frage auf: Was für eine ekklesiale Bedeutung steckt in dieser spezifischen Art, Kirche zu sein? Oder: Läßt sich das Ganze als eine mögliche Verwirklichung dessen bezeichnen, was das Zweite Vatikanische Konzil und die große Tradition »Kirche als Volk Gottes« nennen?

Bevor wir jedoch diese Frage beantworten, haben wir noch den Begriff »Volk« im analytischen Sinn zu erklären. Wer die Kirche als Volk Gottes verstehen will, bedarf eines einigermaßen klaren Verständnisses dessen, was – analytisch betrachtet – »Volk« bedeutet.

1. Die Bedeutungen von »Volk« und ihre historischen Kontexte

Der Ausdruck »Volk« hat – doppeldeutig wie er ist – verschiedenen totalitären Ideologien (Jakobinismus, Nationalsozialismus, Faschismus, lateinamerikanischem Populismus) als Vehikel gedient. Infolgedessen hat er sich in den Sozialwissenschaften nie einer großen Wertschätzung erfreut; sein objektiver und analytischer Inhalt schien gar zu schwammig zu sein; also spricht man lieber von Gesellschaft und Gesellschaftsklassen. Demgegenüber müssen wir daran festhalten, daß die Bedeutung eines Ausdrucks an seinem Gebrauch hängt. Das Wort »Volk« wird gerade von den Schichten des »einfachen Volkes« wie auch von denen, denen das Los der unteren Klassen, eben des »Volkes«, am Herzen liegt, immer wieder gebraucht. In Lateinamerika bemüht man sich intensiv, die Kategorie »Volk« und ihre semantischen Verbindungen zu anderen historisch-sozialen

Größen theoretisch zu erhellen.[1] Im Interesse des Themas, das uns hier beschäftigt, möchten wir nun ein paar offene Fragen klären: Welches ist der ekklesiale Wert der sogenannten Kirche des Volkes, und was bedeutet eigentlich »Kirche als Volk Gottes«?

Die erste Bedeutung von »Volk« stammt auch dem Bereich der *Sozialphilosophie;* ihre Wurzeln reichen bis in das klassische Altertum. Bereits Cicero und in dessen Gefolge Augustinus und Thomas von Aquin meinten, »Volk« sei »nicht irgendeine Ansammlung von Menschen, die sich irgendwie zusammengefunden haben, sondern die Versammlung einer Menge, die der Konsens in Rechtsbelangen und die gemeinsamen Interessen zusammengeführt haben« (De Republica 25). Ciceros Definition setzt eine Instanz voraus, die sich um das Recht kümmert und die gemeinsamen Interessen harmonisiert. Diese Instanz ist der Staat. In dieser Definition ist das »Volk« die Gesamtzahl der Untergebenen oder Bürger ein und desselben Staates. Bezogen auf die Kirche, hieße das: Kirche ist das Gesamt der Christen, der Mitglieder ein und derselben christlichen Gesellschaft, die ihr eigenes Ziel wie auch die geeigneten Mittel zum Erreichen dieses Zieles hat (vollkommene Gesellschaft). Diese Sicht hat ihren Wahrheitsgehalt; sie hebt den kollektiven Charakter (»Gesamt«) hervor und läßt die Kirche nicht bloß ein mystisches oder geistiges Gebilde sein. Allerdings sagt sie nicht, wie dieses Gesamt strukturiert sei, ob auf Gemeinschafts- (vermittels unmittelbarer Beziehungen) oder auf Gesellschaftsbasis (vermittels von Gesetzen und funktionalen Beziehungen). So kommt schließlich eine juristische Definition dabei heraus: »Volk« sei das Gesamt der Untergebenen der Kirche, will sagen: der vollkommenen Religionsgesellschaft. Wenn wir von der Kirche des Volkes sprechen, orientieren wir uns aber nicht am Rechtsprinzip, sondern an der soziologischen Tatsache, daß – wie gesagt – bewußte und aktive Gruppen in der Gemeinde, in welcher sie zuvor bloße »Kunden« oder passive Anwesende waren, nun ernsthaft mitmachen und mitbestimmen.

Zweitens hat »Volk« eine spezifisch *kulturanthropologische*

---

[1] Vgl. den Artikel von *P. A. Ribeiro de Oliveira,* Was bedeutet analytisch betrachtet »Volk«? in: Concilium 20 (1984) 505–512. Siehe auch: *O. Ianni,* A formação do Estado populista na América Latina, Rio de Janeiro 1975; *L. A. G. de Souza,* Classes populares e Igreja nos caminhos da história, Petrópolis 1982.

Bedeutung. Hier geht es um eine Ethnie bzw. Nation, das heißt um eine Population, die zur selben Kultur gehört. Diese Begriffsbeschreibung paßt aber kaum auf die katholische Kirche, weil diese sich ja gerade nicht durch eine Kultur definiert und auch nicht auf die westliche Kultur begrenzt ist, in der sie, historisch gesehen, ihren Ausdruck gefunden hat. Die Katholizität der Kirche besagt, daß diese sich in unterschiedlichen Kulturen inkarnieren und dort auf unterschiedliche Weise den christlichen Glauben darstellen kann. Und in der Tat: Das Christentum ist heute in verschiedene Kulturen eingegangen: in die afrikanischen, asiatischen, indianisch-lateinamerikanischen wie auch in die westlichen Kulturen lateinischer und germanischer Prägung.

Drittens ist »Volk« ein Schlüsselwort für die *Politik.* Unter Politik verstehen wir hier sowohl das gemeinsame Bemühen um das Gemeinwohl (allgemeiner Sinn) als auch jene Aktivität, die auf die Veränderung, Erhaltung oder Verwaltung der Gesellschaft durch die Ausübung der Staatsmacht abzielt. In der politischen Rede – vor allem im Munde von Berufspolitikern – hat »Volk« einen stark doppeldeutigen Klang. Die Doppeldeutigkeit liegt schon in der Sinngebung (demos bzw. populus), die die antiken Denker im klassischen Griechenland für »Volk« entwickelt hatten. Denn einmal besagt Volk das undifferenzierte Gesamt der Mitglieder einer bestimmten Gesellschaft, und zum anderen bedeutet es den armen, ungebildeten und nahezu immer verrandeten Teil der Bevölkerung, der damals wie heute die Mehrheit der Menschen bildet (plebs, Plebejer).

Die erste Bedeutung (das umfassende Gesamt) hat ihren Sinn und ihre Berechtigung, insbesondere wenn es darum geht, ein Volk vom anderen abzuheben. Das argentinische Volk unterscheidet sich vom brasilianischen Volk: in seiner Geschichte, in seinen Charakteristika, in seinem Selbstverständnis, in der Zusammensetzung der Bevölkerung und in der Erarbeitung seiner historischen Bestimmung. Doch dieser Begriff verschleiert die inneren Unterschiede, um nicht zu sagen Widersprüche. Zum Volk in diesem Sinn gehört nämlich sowohl der ausbeutende Großgrundbesitzer als auch der Tagelöhner, der untermenschlichen Arbeitsbedingungen ausgeliefert ist. Zum brasilianischen Volk gehören demnach sowohl jene Glieder, die sich mit äußeren Kräften zusammentun und unter deren Führung eine Wirtschaftspolitik gegen die Mehrheit treiben, als auch alle die Arbeiter, die gerade den Mindestlohn verdienen und in ihrer Gewerkschaft für die nationale Autonomie kämpfen. Derartige Interessenwidersprüche benennt solch eine allumfassende Definition von »Volk« nicht. Gleichwohl läßt sie sich auf die Kirche anwenden. »Volk« ist dann das Gesamtgebilde aller Mitglieder der Kirche, unabhängig von ihren spezifischen Funktionen innerhalb des Ganzen (als Bischof, Papst, Ordensfrau, Mitglied eines Zentrums zur Verteidigung der Menschenrechte oder als schlichter Laie, der gelegentlich mal zur Sonntagsmesse geht). Diese Bedeutung ist, historisch gesehen, wichtig; denn es gab Zeiten (und die sind gar nicht einmal so lange vorbei), in denen die Kirche als das Gesamt der Amtsträger (des Klerus) beschrieben wurde und die überwältigende Mehrheit der christlichen Laien überhaupt nicht vorkam. In dieser Perspektive hatten wir mehr eine Hierarchologie als eine wirkliche Ekklesiologie, das heißt: Bei der Reflexion über die Kirche rückte man den Akzent mehr auf die Strukturen von Leitung, Animation und Einheit der Kirche (Hierarchie) als auf das Leben der Gläubigen und deren Formen, zu handeln, zu beten und sich um den Aufbau der Gemeinschaft zu kümmern. Als das Zweite Vatikanische Konzil von der Kirche-insgesamt-als-Volk-Gottes handelte und den Klerikalismus zurückwies, gab es uns diesen umfassenden Sinn von Kirche – diesseits aller inneren Differenzierungen – zurück.

Weiterhin kommt der umfassenden Bedeutung von »Volk« beim Entstehen des modernen Staates ein großes Gewicht zu. Die demokratischen Verfassungen besagen, alle Gewalt gehe vom Volk aus und müsse in seinem Namen ausgeübt werden. Politische Macht ist im modernen Verständnis nur dann legitim, wenn sie im Volk verwurzelt ist, weil dieses das tragende Subjekt aller gesellschaftlichen Macht ist, die dem Staat zugrunde liegt.

Es ist Gegenstand heftiger theologischer Diskussion, ob etwas Ähnliches auch von der Kirche gesagt werden könne. Ist die Gemeinde derer, die glauben und sich taufen lassen (und damit in Christus und seinen Geist eingegliedert werden), originärer Träger der Botschaft Jesu und aller sakralen Macht? In der Tat: Damit jemand Diakon, Priester und Bischof werden kann, muß er erst durch Glauben und Taufe Mitglied der kirchlichen Gemeinde werden. Die sakrale Macht, die durch das Sakrament der Weihe vermittelt wird, bedeutet primär ein Hineingenommenwerden in das Amt Jesu Christi im Blick auf ein Gemeinwohl, an dem alle in der Gemeinde teilhaben, so daß das Sakrament der Weihe zunächst ein Sakrament der Kirche und nicht nur des Priesters oder des Bischofs ist.

Dem zweiten Begriff von »Volk« (im Sinne der armen Mehrheit) begegnen wir in der Sprache der Politiker: Wenn sie sich an die Mengen wenden, dann gehen sie zum Volk, sprechen zum Volk und setzen sich für das Volk ein. Hier nun wird eine Spaltung zwischen Masse und Eliten, zwischen der Mehrheit und ihren Führern sichtbar. Dieser Aspekt soll gleich im Folgenden besprochen werden. Allerdings ist dieses Verständnis von Volk noch gängiger in Schichten, die weder über wirtschaftliche noch über gesellschaftliche noch über kulturelle Macht verfügen. Mit Recht sagt deshalb ein Wissenschaftler unserer Tage: »Eine geheime Intuition führt dazu, daß jeder sich um so mehr für Volk hält, desto bescheidener die sozialen Verhältnisse sind, in denen er lebt. ›Volk‹ ist ein Ehrentitel, übrigens der einzige, den die Benachteiligten und Entrechteten nicht aufgeben. Sie besitzen nichts, aber gerade deswegen sind sie stolz, Volk zu sein.«[2] Wir werden noch sehen, daß »Volk« ein Ausdruck ist, der gerade für die Volksbewegung typisch ist. Was bedeutet das nun, bezogen auf die Kirche?

Historisch betrachtet, gibt es einen Sinn von Volk Gottes, der die Laien meint, die weder an der religiösen Macht noch an den kirchlichen Entscheidungsmechanismen teilhatten, im Gegensatz zu den Klerikern, die kraft Umnennung als Kirche galten und sich für die Kirche hielten. Dieses Verständnis wird heute in dem Maße überwunden, in dem die Laien die für sie spezifische Funktion in der Gemeinde übernehmen und die Leitungsorgane auch ihnen geöffnet werden, wobei sich alle von einer Mystik der Gemeinschaft und der Partizipation, der Teilnahme und Mitbestimmung getragen wissen und die unterschiedlichen Funktionen und Berufungen in der Gemeinde achten. Auf dieser Linie versucht man, die Kirche nicht von ihren Organen der Repräsentation (Christi und der Gemeinde), der Hierarchie, her zu denken und zu leben, sondern vom Ganzen her, innerhalb dessen die Differenzierungen zum Wohl des gemeinschaftlichen Gesamt beitragen.

---

[2] *N. Werneck Sodré*, Introdução à revolução brasileira, Rio de Janeiro 1963, 188, zit. nach: *P. A. Ribeiro de Oliveira*, was bedeutet analytisch betrachtet »Volk«? 506.

Viertens möchten wir uns dem Terminus »Volk« im *soziologischen* Sinn zuwenden. Gerade hier kommt es auf die Schärfe, die Tragweite und die Grenze des Begriffs an.

Zunächst identifiziert der Soziologe »Volk« im politischen und im ideologischen Sinn (insofern der Begriff konfliktverschleiernde Funktion hat), der die lebendige Gesamtheit aller Männer und Frauen bezeichnet, die je nach Kultur, geschichtlicher Entwicklung, Arbeit und politisch-sozialer Bestimmung in den Grenzen eines Territoriums eine organische Einheit bilden. Diese Begriffsbeschreibung hat nur geringen analytischen Wert, obwohl sie – wie wir bereits sahen – in der Alltagssprache wie in den Medien gängig ist.

Für den Soziologen ist »Volk« zweitens eine historica Kategorie, die zwischen der Masse und den Eliten angesiedelt ist. Vor allem in Klassengesellschaften und in früheren Kolonialländern (in Lateinamerika, Afrika und teilweise auch in Asien) tritt deutlich die Figur der Elite hervor. Damit meinen wir alle jene, welche Macht, Besitz und Wissen in der Hand haben: Kolonisatoren, Adlige, vornehme Leute und Reiche. Die Elite hat ihr eigenes Ethos, ihre eigene Sprache, Farbe und sogar eigene Religion. Der Elite stehen die Ureinwohner sowie die Masse der Kolonisierten gegenüber, die kein volles Bürgerrecht haben. Dieser Masse ist es verwehrt, ein eigenes Geschichts- und Gesellschaftsprojekt zu erarbeiten und eine selbständige Identität zu entwickeln. Sie ist das Echo auf die Stimme der anderen, und ihre Kultur erweist sich als tief gespalten, weil sie neben den eigenen Elementen auch die herrschende Kultur der Eliten verinnerlichen muß. Die Masse ist per definitionem formlos und manipulierbar.

Doch ist die Unterwerfung nie total. Immer finden die Unterdrückten noch Breschen, durch die sie ihre Sehnsüchte zum Ausdruck bringen, zuweilen in Formen, die bedrohlich wirken. Andererseits gehört es zur Unterdrückungs- und Hegemonialstrategie der Eliten, Schichten der Volksmasse an ihrem Entwicklungsprojekt unter relativer sozialer und politischer Mitbestimmung zu beteiligen. Das ist der Grund, weshalb innerhalb der Masse populare Gruppen, Zusammenschlüsse und Bewegungen entstehen, die zu sekundären und subalternen Akteuren der Geschichte werden. So machte sich unter der Führung populistischer Eliten und Diktatoren (Vargas, Perón, Torrijos, Somoza u. a.) in den dreißiger Jahren allenthalben in Lateinamerika der Populismus breit. Die Eliten, die den Staatsapparat in der Hand haben, entwerfen ein Projekt zum nationalen Fortschritt und lassen Gruppierungen aus dem Volk sich daran beteiligen, wobei sie ihnen einerseits relative organisatorische Autonomie gewähren, sie aber andererseits immer in der Abhängigkeit von der Führung der herrschenden Klasse halten. Aufgrund dieses Prozesses entwickelt sich eine Kategorie »Volk« zur Bezeichnung jenes Teils der mitmachenden Masse, die fortan eben nicht mehr Masse, aber auch noch nicht Elite ist, sondern in intermediären Gruppierungen besteht, die über ein gewisses Organisationsniveau verfügen und die Ideale der Eliten und des Nationalstaates teilen. Zwar gibt es ein gemeinsames Projekt; dieses aber ist weder gemeinschaftlich noch solidarisch, denn es wird nicht in umfassender Diskussion und nationalem Konsens erarbeitet, sondern von den fortgeschrittenen Kreisen der Eliten dekretiert. Die Nation und damit verbunden die entsprechende Ideologie der Nationalen Sicherheit gehen über alles, wobei letztere in Wirklichkeit nur den Willen zur Absicherung des Projekts der Eliten meint, die das Kapital unter ihrer Kontrolle haben.

Dieser soziologische und historische Begriff färbte natürlich auf das Kirchenverständnis ab. In den fünfziger Jahren beobachten wir so etwas wie einen ekklesiastischen Populismus. Bischöfe und Priester werden Populisten, begeben sich in die Welt des Volkes, gehen in seine Bewegungen und versuchen dort, ein klar konturiertes engagiertes Christentum zu entwickeln. Doch das Projekt ist nicht das Werk der Basis oder von Gruppen aus dem Volk, sondern des Klerus, der seinerseits wichtige und aktive Kreise der Laienschaft auf seine Seite zieht. Die Laien verstehen sich als Kirche in dem Maße, in dem sie am pastoralen Projekt der Hierarchie beteiligt werden und von dieser die »missio canonica« erhalten, im Namen der Kirche in der Welt zu wirken. Dieses historische Experiment hat seine Gültigkeit. Es ist der Rahmen, in dem sich die Laien der Tatsache bewußt geworden sind, daß sie einen differenzierten und selbständigen Auftrag haben, den sie zwar in Gemeinschaft mit der Hierarchie realisieren sollen, der aber grundsätzlich auf den theologischen Werten der Laien selbst beruht. Hier liegen die allerersten Ansätze der sogenannten Kirche des Volkes bzw. der Kirche an der Basis von Gesellschaft und hierarchischer Kirche.

Schließlich erweist sich »Volk« als das *Resultat* eines weitgespannten Netzes von selbständigen, aber untereinander verbundenen Gemeinden, Verbänden, Gewerkschaften und Volksbewegungen, das sich zwar im Rahmen der Masse, aber gegen den Massengeist und in Spannung und Gegenposition zu den Eliten schrittweise bildet und das den Auftrag hat, alle – Masse wie Eliten – zu einem einzigen Volk zu machen, dessen Grundlage die verschiedensten Formen von Partizipation, von Mitsprache und Mitbestimmung, und Gemeinschaft sind. Zwischen der formlosen Masse und den Eliten ist der Ort der Gemeinde, das heißt der selbständigen Organisationsform des Volkes. Die Gemeinde ist der eigentliche Ort, an dem das »Volk« heranwächst. Dieses besteht also nicht im vorhinein als historisch-soziale Gegebenheit. Es erwächst vielmehr aus der Verbindung zwischen Gemeinden und menschlichen Gruppierungen, welche die Befindlichkeit als Masse überwinden und Bewußtsein und Organisation, einen Entwurf und Praxisformen schaffen, die mit dem Bewußtseinsstand wie mit dem Entwurf in Einklang stehen. Die Zusammenschlüsse, in denen sich das Volk organisiert, sind hier nicht von den Eliten abhängig, sondern haben ihre Selbständigkeit und gehen mit anderen gesellschaftlichen Gruppen (Masse und Eliten) aus freien Stücken Verbindungen und Beziehungen ein. In der Tat: Derartige Gruppen beziehen das Wort »Volk« auf sich selbst. Sie definieren sich aus sich selbst heraus, entwerfen ihr Geschichtsprojekt und bauen ihre Organisations- und Arbeitsformen eigenständig auf. Um ihre Kämpfe, Werte und Hoffnungen ausdrücken zu können, schaffen sie sich ihre eigene Kultur. »Volk« ist hier eine wirklich soziologische *Kategorie*. Sie umfaßt folgende Elemente:

die Existenz eines Komplexes von Kreisen, die miteinander in Verbindung stehen;

das Bewußtsein, sich zwischen Masse und Eliten (herrschender Klasse) zu befinden, was in der Regel eine Situation der Unterdrückung, zugleich aber auch des Kampfes und des Widerstandes ist;

das Vorhandensein eines Geschichtsprojektes, das auf Gleichheit, Mitsprache und Mitbestimmung abzielt, und zwar nicht nur für die betreffenden Gruppen selbst, sondern für das gesellschaftliche Ganze;

eine historisch-soziale Praxis, welche die gesellschaftlichen

Beziehungen verändert, und zwar über die üblichen Forderungen hinaus, die immer erhoben werden, solange die neue Gesellschaft mit mehr Gleichheit und Partizipation noch nicht gekommen ist;

eine wertmäßige Dimension, die sich durch alle Kämpfe des Volkes hindurchzieht: Alle sollen Volk werden, in Zukunft darf es weder Unterdrücker noch Unterdrückte, weder Masse noch Elite geben; alle sind eingeladen, an der Herbeiführung einer Gesellschaft mitzuwirken, in der die Menschen zusammenarbeiten und nicht mehr in Konkurrenz stehen und die infolgedessen demokratischer und gleicher ist.

In diesem Sinn ist die Kategorie »Volk« nicht nur ein Werkzeug zur Analyse eines historischen Prozesses, sondern auch eine Utopie, die uns inspiriert bei unserem gesellschaftlichen Engagement zur Überwindung der Polarisierung zwischen Masse und Elite, in Richtung auf arbeitende, demokratische, gleiche und mitbestimmende Bürger. Volk ist dann, was alle sein sollen!

Dieses Verständnis ist hilfreich, wenn wir das soziologische Phänomen der Kirche des Volkes begreifen wollen. In der Tat: Die Kirche des Volkes gründet auf einem ganzen Netz von Kirchlichen Basisgemeinden und auf Tausenden von Gruppen, in denen sowohl die Bibel gelesen als auch über das Engagement reflektiert wird und die allesamt miteinander, mit der hierarchisch-institutionellen Kirche und vor allem mit der evangelischen Botschaft in Einklang stehen.[3] Wie wir weiter unten sehen werden, trägt die Kirche des Volkes auch alle Merkmale des Volkes: Für diese Menschen sind Gott und Christus ganz wichtig; sie wissen, daß sie – gerade weil sie arm sind – die Lieblingskinder Gottes und der Kirche sind und daß sie als solche Volk Gottes werden. Dieses Phänomen führt nun zu einer neuen Form des Kircheseins,[4] deren tragende Achse Gemeinschaft und Partizipation, also Beteiligung und Mitbestimmung aller, heißt, so daß die verschiedenen kirchlichen Instanzen – vom Kardinal bis hin zum einfachen Laien – nicht umhin können, sich neu zu definieren. Aus einer Kirche, die sich als Gesellschaft mit zen-

---

[3] Vgl. die Materialien in: SEDOC (Hrsg.), Una Iglesia que nace del pueblo, Salamanca 1979.

[4] Vgl. das Dokument der Brasilianischen Bischofskonferenz über die Kirchlichen Basisgemeinden, São Paulo 1983, Nr. 3 (eine deutsche Übersetzung des wichtigen Textes ist zu beziehen bei: Adveniat, Bernestraße 5, D 4300 Essen 1).

traler und hierarchischer Macht, mit anonymen und funktionalen Beziehungen versteht, entwickelt sich allmählich eine Kirche, die sich als Gemeinschaft und Gemeinde weiß, in der die sakrale Macht angemessener verteilt ist und organische, will sagen: partizipativere Beziehungen herrschen.

Läßt sich eine solche kirchliche Realität, die sich selbst eine geschwisterliche Kirche aller nennt – eine Kirche, in der alle Volk Gottes sind (wir sehen da Kardinäle, Bischöfe, Priester, Ordensleute, Theologen, Laienkoordinatoren und einfache Gläubige, die in Kirchlichen Basisgemeinden und nicht zuletzt in Gewerkschaften engagiert sind, aber alle selbstverständlich Christen sein wollen) –, läßt sich so etwas theologisch korrekt, real und nicht bloß metaphorisch Volk Gottes nennen? Und was bedeutet eigentlich Volk Gottes?

2. Die Bedeutungen von »Volk Gottes« und ihre historischen Kontexte

Im Folgenden möchten wir die Bedeutungen des Ausdrucks »Volk Gottes« erörtern, so wie sie vor dem Hintergrund der jeweiligen historisch-religiösen Situationen theologisch entstanden sind.[5]

a. Israel als Volk Gottes

Der Theologie des Alten Testaments zufolge betrachtet sich Israel durchgehend als das von Jahwe erwählte Volk, als das Volk des Bundes, dem Gott seinen Ort unter den Völkern angewiesen und die Aufgabe gestellt hat, diesen den wahren Gott zu zeigen, Mittler des Heils zu sein und dazu beizutragen, daß am Ende alle Nationen Volk Gottes werden.[6] Eine kritische Theologie, die

[5] Vgl. die Gesamtübersichten über die wichtigste Bibliographie: *M. Keller,* »Volk Gottes« als Kirchenbegriff. Eine Untersuchung zum neueren Verständnis, Zürich – Einsiedeln 1970; *Y. Congar,* Die Kirche als Volk Gottes, in: Concilium 1 (1965) 5–16; *R. Schackenburg/J. Dupont,* Die Kirche als Volk Gottes, in: Concilium 1 (1965) 47–51; *O. Semmelroth,* Die Kirche, das neue Gottesvolk, in: G. Baraúna (Hrsg.), De Ecclesia. Beiträge zur Konstitution »Über die Kirche« des Zweiten Vatikanischen Konzils, Bd. I, Freiburg – Basel – Wien – Frankfurt 1966, 365–379.

[6] Klassisch sind die Arbeiten von: *N. A. Dahl,* Das Volk Gottes. Eine Untersuchung zum Kirchenbewußtsein des Urchristentums, Oslo 1941, Reprint Darmstadt 1963; *A. Oepke,* Das neue Gottesvolk in Schrifttum, bildender Kunst und Weltgestaltung, Gütersloh 1950; *H. H. Rowley,* The Biblical Doctrine of Election, London 1950, [2]1964.

dem historischen Charakter der Offenbarung Rechnung trägt, wird nach den greifbaren Vermittlungen, das heißt nach den materiellen und ideologischen Grundlagen, fragen, welche die Offenbarung ermöglichen.[7] Damit Israel Volk werden konnte (Theologie), mußte es zunächst Volk sein (Geschichte). Es kommt also darauf an, eine sachgerechte Verbindung zwischen Soziologie und Theologie zu finden, damit sowohl jede Mystifizierung (das heißt: angeblich göttliche Erklärung einfacher gesellschaftlicher Gegebenheiten) einschließlich jeder Art von Theologismus (Erklärung aller Dinge durch die Religion) als auch jeder Soziologismus (angeblich rein soziologische Erklärung religiöser Phänomene) vermieden werden. Indem wir die ökonomischen, sozialen, politischen, militärischen und religiösen Daten sorgfältig analysieren, können wir in der Tat dem Prozeß auf die Spur kommen, in dem die Kinder Israels (bene jisra-el) zu einem Volk geworden sind, das sich später – unter seinen Königen – dann auch die Form eines Staates gegeben hat.[8] Im Laufe dieses Prozesses, in dem Israel zu einem Volk wird, gewinnt es das Bewußtsein, von Jahwe geoffenbart zu bekommen, daß er es auserwählt, mit ihm einen Bund geschlossen und ihm Verheißungen und einen besonderen Auftrag gegeben hat, so daß es sich als Volk Gottes versteht. Summarisch gesagt: Die Clans (Patriarchen) und Stämme waren in Ägypten zu unterdrückten Massen erniedrigt worden. Einer dieser Gruppen, die Jahwe zu ihrem Schutzgott hatte, gelingt es jedoch, sich zu organisieren und sich zusammen mit anderen Kreisen auf spektakuläre Weise zu befreien. Weil sie aber den anderen politisch-militärisch überlegen ist, kann sie diesen ihre Religion auferlegen. Der dadurch entstandene Verband erreicht einen so starken inneren Zusammenhalt, daß es ihm gelingt, die seßhaften Bewohner Kanaas zu vertreiben und neue Stämme anzusiedeln. Israel wird in dem Augenblick zu einem Volk, in dem die verschiedenen Stämme untereinander ein Bündnis nach Art einer Amphiktyonie, eines kultisch-politischen Schutzverbandes, schließen, um so gegen die kulturell und militärisch stärkeren Nachbarn erfolgversprechende Befreiungskriege führen zu können.

---

[7] Für diesen Punkt sind wichtig: *A. Causse,* Du groupe ethnique à la communauté religieuse. Le problème sociologique de la religion d'Israel, Paris 1937; *J. Pirenne,* La société hébraïque, Paris 1965; *M. Weber,* Le Judaisme antique, Paris 1970.

[8] Vgl. *C. Boff,* Como Israel se tornou povo? in: Estudos Bíblicos 7 (1985) 7–41.

Unter Anrufung von Jahwe Zebaot (Jos 24) schließen die Stämme miteinander einen Bund. Der Grund dafür ist der Zwang zu überleben (materielle Basis). Das Element aber, das sie zusammenhält, ist religiöser Natur (theologische Gegebenheit: Jos 24,21–24). Beide Faktoren zusammen führen dazu, daß eine so mächtige religiös-politische Größe wie das Volk Israel entstehen und sich allen Nachbarvölkern gegenüber behaupten kann. Auf diese hier nur grob skizzierte Weise wird Israel zu einem Volk mit einem klaren Selbstbewußtsein, einem eindeutig umschriebenen politisch-religiösen Projekt und einer entsprechenden Organisation. Diese Tatsache ist die materielle Basis für das Entstehen des Gottesvolkes. So wie das Volk Gott erwählt hat, fühlt es selbst sich in seinem religiösen Empfinden jetzt auch von Gott gnadenhaft erwählt. So wie es in Sichem zu einem Bund zwischen allen Anwesenden gekommen ist (Jos 24,25), erfährt Israel jetzt, daß Gott mit ihm als seinem Volk einen Bund schließt. Die klassische Formel dieses Bundes finden wir im gesamten Alten Testament wieder: »Ich werde euer Gott, und ihr werdet mein Volk sein« (Ex 6,7; Lev 26,12; Dtn 26,17; 2 Sam 7,24; Jer 7,23; 31,33; Ez 11,20). Das Volk wird zum Volk Gottes, und zwar einmal, weil es selbst Gott gewählt hat, und zum anderen, weil es von Gott auserwählt worden ist. Chronologisch betrachtet, haben wir zuerst das Volk und dann erst das Volk Gottes. Theologisch gesehen, ist in der Intention Gottes das Gottesvolk das Primäre. Damit es zum Gottesvolk kommen kann, muß die historische Voraussetzung dazu: das Volk, geschaffen werden. Aber das Volk wird erst dann im vollen Sinn des Wortes Volk, wenn es seine innere Dynamik in Richtung auf Gott entfaltet und so zum Volk Gottes wird. Auf diese Weise wird Israel zum Sakrament für das, was mit allen Völkern geschehen kann und geschehen soll: daß auch sie Völker Gottes werden (Offb 21,3).

b. Die Kirche des Neuen Testaments als das wahre und neue Volk Gottes.

Die Urgemeinde verstand sich anfänglich noch nicht als das neue, sondern als das *wahre* und treue Volk Gottes. Dadurch, daß sie Jesus Christus angenommen hatte und durch ihn in ein neues Verhältnis zu Gott (den Neuen Bund) gekommen war, war sie der Auffassung, in ihr hätten sich die Verheißungen des

Alten Testaments voll erfüllt.[9] Dadurch, daß sie sich mit dem – der Septuaginta für das hebräische Wort »kahal« (Volk Gottes) entlehnten – griechischen Begriff »ekklesia« (Kirche) bezeichnete und gerade die Zwölf (Apostel) als symbolische Zahl für die zwölf Stämme Israels betonte, gab sie zu verstehen, daß sie sich in Kontinuität mit der göttlichen Berufung und Beauftragung Israels wußte. So entstanden Gemeinschaften, die sich ihrer christlichen Identität klar bewußt waren (hairesis der Nazoräer: Apg 24,5; 28,22) und eigene Formen religiöser Praxis hatten (Apg 2 und 4). Sie bildeten ein kleines Volk, das von der jüdischen Kultur geprägt war und sich als Volk Gottes verstand.

Aufgrund der Missionstätigkeit des Paulus kommt es zum neuen Volk Gottes. Die von Paulus zum Christentum bekehrten Heiden bilden unmittelbar, ohne sich dem Judentum anzuschließen, christliche Gemeinden. Durch den Glauben und die Bekehrung zu Christus können die Völker zu Völkern Gottes werden. So hebt Lukas in seiner Darstellung des Pfingstereignisses hervor: »Alle hörten in ihren eigenen Sprachen die Großtaten Gottes verkündigen« (Apg 2,6.11). Auf dem Apostelkonzil in Jerusalem sagt Jakobus: »Gott selbst hat zuerst eingegriffen, um aus den Heiden ein Volk für seinen Namen zu gewinnen« (Apg 15,14). Das neue Volk Gottes stellt die Einheit und die Gemeinschaft der vielen christlichen Gemeinden dar, die unter den verschiedenen Völkern zerstreut leben, aber wie ein Netz miteinander verbunden sind. Die materielle Grundlage und Voraussetzung dieses Gottesvolkes ist nicht, wie im Fall des jüdischen Volkes, eine bestimmte Kultur, Sprache, ethnische Herkunft oder Schicksalsgemeinschaft. Seine Grundlage ist, wie aus den Briefen des Paulus und aus der christlichen Literatur der ersten Jahrhunderte hervorgeht, die jeweilige in der eigenen kulturellen Umwelt verwurzelte Ortsgemeinde mit ihrem christlichen Bewußtsein und ihrer christlichen Praxis. Die Kategorie »neues Volk Gottes«, die die Gesamtheit dieser Teilkirchen (aus einem Haus, einer Stadt, einer Gegend oder einer Provinz) bezeichnet, wird infolge ihres umfassenden Charakters spiritualisiert. So darf es niemanden wundern, daß schon bei den Apostolischen

---

[9] Vgl. *J. Jocz*, A Theology of Election, Israel and the Church, London 1958; *W. Trilling*, Das wahre Israel. Studien zur Theologie des Matthäusevangeliums, Leipzig 1959; auch neubearbeitet (als Studien zum Alten und Neuen Testament, 10) München 1964.

Vätern die Kontinuität dieses neuen Gottesvolkes mit dem des Alten Testaments bestritten wird.[10] Das Gottesvolk des Alten Bundes gilt als das Urbild von Untreue und Sünde. Die Kontinuität des Gottesvolkes wird nicht mehr heilsgeschichtlich, sondern metaphysisch gedacht. Von dem Augenblick an, als die *Gemeinden* allmählich ihren Stellenwert als tragende Basis verlieren und einer Kirche der christlichen Massen Platz machen, ohne daß jedoch diese Massen aktiv beteiligt würden, büßt der Begriff »Volk Gottes« seine konkrete Bedeutung ein und wird zu einer rein metaphorischen Bezeichnung, die mit der Geschichte nichts mehr zu tun hat bzw. nun mit rein formalen theologischen Inhalten aufgefüllt ist. Gemeint ist jetzt die in der sichtbaren Kirche zusammengefaßte Gesamtheit der Getauften. Aufgegeben ist damit die Forderung, daß die Gläubigen wirksam bei der Produktion der Kirche und ihrer Güter mitmachen, was ja eine Vorbereitung dafür ist, daß wenigstens ein Minimum an konkretem Inhalt des Begriffs gewahrt bleibt.

c. Die Christenheit als Verwirklichung des politischen Begriffs von Volk Gottes

In dem Maße, in dem das Christentum in die Kultur eingeht und zur herrschenden religiösen Ideologie der Gesellschaft wird, messen viele Kirchenväter dem Begriff »Volk Gottes« allmählich politische Bedeutung bei. So nennen sie die Christen ein gesondertes Volk (tertium genus neben Heiden und Juden).[11] Wie der »populus romanus« eine umfassende, über die geographischen und rassischen Verschiedenheiten hinausgehende Größe gewesen sei, so verhalte es sich auch mit dem christlichen Volk. Es sei ein Volk aus allen Völkern. Wo sich Menschen auf das christliche Ethos (Glauben, Sitten, Kult, Kultur) einließen, sei der spezifische Charakter als Volk Gottes gegeben. Augustinus spricht deshalb von einer »ecclesia omnium gentium«,[12] einer Kirche aus allen Völkern. Diese Vorstellung von Volk Gottes findet zu ihrer vollen Dichte in der Christenheit, das heißt in dem System, in dem das Christentum die gesamte geographische und kulturelle Welt einnimmt und eine Gesellschaft entstehen

---

[10] Vgl. die Texte bei: *M. Keller*, Volk Gottes, 17–25.
[11] Vgl. die Texte bei: *M. Simon*, Verus Israel. Etude sur les relations entre chrétiens et juifs dans l'empire romain (135–425), Paris 1964, 135f.
[12] Enn. in Ps. 47,2 (CCL 38,539); Enn. in Ps. 56,13 (CCL 39,703).

läßt, in der ideologisch und auch politisch die kirchliche Hierarchie in Zusammenspiel mit den Fürsten den Ton angibt.[13] Der »populus tuus« (dein Volk) der liturgischen Texte bezeichnet zwar die zum Gottesdienst zusammengekommenen Gläubigen, hat aber als Voraussetzung das System der Christenheit, in dem die Gläubigen in einem klerikalen Rahmen unter der Herrschaft der Hierarchie stehen.

d. Volk Gottes als die einfachen Laien

Obwohl diese letzte Begriffsvariante von Volk Gottes den Charakter des Umfassenden durchaus noch hat, hebt er tendenziell doch die Wichtigkeit des Klerus hervor – was so weit geht, daß der Klerus schlicht mit der Kirche gleichgesetzt wird und die Kirche nur noch die Gemeinschaft der Geweihten ist, der alle sakramentale Gewalt zukommt und die allein über die Mittel der religiösen Produktion verfügt. Im Gegensatz dazu steht das Volk Gottes der Laien, wie es schon bei einigen lateinischen Kirchenvätern (Tertullian, Cyprian und Optatus von Mileve) beschrieben wird. Nach der Auffassung Gratians hat das Volk Gottes »die Pflicht«, »sich den Klerikern unterzuordnen, ihnen zu gehorchen, ihre Befehle auszuführen und ihnen Ehre zu erweisen«[14]. Analytisch betrachtet, benennt »Volk Gottes« die Masse der Gläubigen, die nichts weiter als »Kunden« und bar jeder Entscheidungskompetenz in der Kirche sind. So verstanden, setzt der Begriff eine konstitutionelle Ungleichheit in der Kirche voraus. Das führt dann zwangsläufig dazu, daß die traditionellen Kategorien innerkirchlicher Beziehungen wie Geschwisterlichkeit und Communio nur noch in einem spiritualistischen Sinn verstanden werden.

---

[13] Die treffendste Untersuchung dazu stammt von *P. Richard:* Mort des chrétientés et naissance de l'église. Analyse historique et interprétation théologique de l'église en Amérique latine, Paris 1978.

[14] Decretum Gratiani II causa XII,q.1,c.7 (Friedberg I, 678). Weitere Texte auf dieser Linie finden sich in: *Y. Congar,* Der Laie. Entwurf einer Theologie des Laientums, Stuttgart ³1964, 21–51.

e. Die gesamte Kirche aus Klerikern und Laien bildet das messianische Gottesvolk und macht die Menschheit zum Volk Gottes

Dem Zweiten Vatikanischen Konzil lag daran, die Vorstellung von den zwei Kategorien von Christen zu überwinden. Nachdem es den Charakter der Kirche als Geheimnis und Sakrament betont hat, will es einen Begriff finden, der alle Gläubigen, vor jeder inneren Unterscheidung, umfaßt.[15] Dazu wählt es die Kategorie »Volk Gottes«. Damit gewinnt es die biblische Dimension der Geschichte, des Bundes, der Auserwählung, der Weihe/ Sendung und des pilgernden Unterwegsseins zum endzeitlichen Reich wieder. Das Konzil unterstreicht die wechselseitige Zuordnung von »Priestertum des Dienstes« und gemeinsamem Priestertum der Gläubigen und betont, daß sich beide in dem einen Priestertum Christi treffen (LG 10). Dieses messianische Volk ist für die ganze Welt bestellt, denn alle Menschen sind in gewisser Weise auf es hingeordnet (LG 9; 13). Die reale Dichte der Kirche als des messianischen Gottesvolks ist in weniger konzentrierter, aber dennoch realer Form bei den nichtkatholischen Christen, in den verschiedenen Weltreligionen und sogar auch bei Atheisten, die guten Willens sind und ein aufrichtiges Leben führen, gegeben (LG 16).[16] Unter »Volk Gottes« kann man die Gesamtheit aller Gerechtfertigten verstehen, wenn diese auch auf unterschiedliche Weise zur Kirche gehören (LG 14–16). So kann man sagen, die gesamte erlöste Menschheit, die sich durch ein Leben in Gerechtigkeit für die Gnade offenhält, bilde das große Volk Gottes, das Gott geschaffen habe und liebe, damit es sein Ziel, das Glück im eschatologischen Reich, erreiche.[17] Innerhalb dieses großen Volkes Gottes hätte dann die Kirche samt ihrer historischen Institutionalität als *messianisches* Volk Gottes ihren Ort. Ihr käme die sakramentale Aufgabe zu, Zeichen und Werkzeug des Heiles zu sein.

Die ganze Lehre des Zweiten Vatikanischen Konzils vom Volk Gottes ist von der Vorstellung geprägt, daß alle Gläubigen am prophetischen, priesterlichen und königlichen Dienst Christi

[15] Vgl. *A. Acerbi,* Due Ecclesiologie, Bologna 1975, 345–361; 508–526; *H. Holstein,* Hiérarchie et Peuple de Dieu d'après Lumen Gentium, Paris 1970.

[16] Vgl. *L. Boff,* Die Kirche als Sakrament im Horizont der Welterfahrung, Paderborn 1972, 399–441.

[17] Vgl. *K. Rahner,* Volk Gottes, in: Sacramentum Mundi IV, 1969, 1196–1200.

teilzunehmen haben (LG 10–12). Konkret wird das darin, daß sie sich an verschiedenen kirchlichen Diensten beteiligen und die Charismen wahrnehmen, die ihnen zum gemeinsamen Wohl gegeben sind (LG 12). Das Volk Gottes konkretisiert sich in den verschiedenen Ortskirchen und Kulturen, deren Werte und Sitten es sich zu eigen macht und läutert (LG 13). Trotz aller Unterschiede »waltet doch unter allen eine wahre Gleichheit in der allen Gläubigen gemeinsamen Würde und Tätigkeit zum Aufbau des Leibes Christi« (LG 32).

Für das Zweite Vatikanische Konzil ist das »Volk Gottes« nur dann Realität, wenn die Gemeinden in dieser Weise Geschichte werden, was selbst nur als Gestaltwerdung des Glaubens unter den spezifischen Bedingungen eines jeden Volkes möglich ist. »Volk Gottes« ist also für das Zweite Vatikanische Konzil kein formaler Begriff, der jeder historischen Materialität bar wäre; das Wort soll auf reale und nicht metaphorische Weise die Kirche bezeichnen. Damit »Volk Gottes« aber eine reale Bezeichnung sein kann, muß zunächst einmal die historische Wirklichkeit eines Volkes gegeben sein, das durch die Art und Weise, wie es sich in seinem christlichen Glauben organisiert, zum Volk Gottes wird.

3. Der historisch-soziale Inhalt von »Volk Gottes« – eine Bilanz

Unsere bisherige Darlegung zeigt, wie notwendig Differenzierungen sind. Nicht alles, was Volk Gottes genannt wird, verdient wirklich (und nicht bloß im analogen und metaphorischen Sinn) auch die Bezeichnung. Unsere Darstellung hat folgendes deutlich werden lassen: Damit man im eigentlichen Sinn von Volk und gar erst von Volk Gottes sprechen kann, müssen sich die betreffenden Menschen bewußt und in gemeinschaftlicher Organisation an einem Vorhaben beteiligen. Was das Volk Gottes anbelangt, heißt es in »Lumen gentium« ausdrücklich: »Seine Bestimmung ... ist das Reich Gottes, das von Gott selbst auf Erden grundgelegt wurde, das sich weiter entfalten muß, bis es am Ende der Zeiten von ihm auch vollendet« wird (Nr. 9).

Analytisch betrachtet, stellen Volk und Volk Gottes kein *Faktum* dar, sondern ein *Geschehen,* hinter dem gemeinschaftlich wirkende Produktivkräfte stecken. Am Anfang steht eine unterdrückte und versprengte Masse: das Nichtvolk (Hos 1,6.9; 1 Petr 2,10), das erst noch Volk werden will. Volk bedeutet hier keine Gegebenheit, sondern ein *Desiderat,* einen Protest gegen Vermassung und das Einklagen eines Wertes, der allen offenstehen muß: des Vermögens, beteiligt zu sein, des Rechtes, mitzubestimmen und Subjekt seiner eigenen Geschichte zu sein. Wenn die Massen, die überdies aus Christen bestehen, sich selbst als Volk bzw. Volk Gottes bezeichnen, dann erheben sie damit eine Forderung, die ihnen von diskriminierenden und die Kanäle der Mitsprache zerstörenden Eliten bisher verweigert wurden. Innerhalb der Masse werden dann bestimmte Elemente (charismatische Führer, Widerstandsgruppen, die ums Überleben kämpfen) aktiv und gründen Gemeinschaften und Gemeinden. Diese wiederum wirken auf die Masse ein, tragen zu einem neuen Bewußtsein bei und helfen ihr, das gefaßte Vorhaben in die Tat umzusetzen. Dadurch, daß sich die Gemeinden (Verbände, Gruppen, Bewegungen usf.) untereinander austauschen und mit und in der Masse aktiv sind, lassen sie ein Volk entstehen. Damit dieses Volk aber als Volk Bestand haben kann, muß es die verschiedenen Formen von Beteiligung und Mitbestimmung auf eine solide Grundlage stellen und darüber wachen, daß die Machtinhaber nicht wieder die Individuen vermassen und ihnen den Charakter als Volk rauben.

Eine Kirche, in der die Laien nicht an der sakralen Macht teilhaben können und nur die Kleriker die Entscheidungen treffen, kann sich nicht wirklich Volk Gottes nennen, es fehlen Communio und aktive Teilnahme, die nur dadurch zustande und zum Ausdruck kommen, daß Gemeinschaften und Gruppen ihren Glauben in relativer Autonomie leben. Anstatt mit einem Gottesvolk haben wir es dann mit einer Masse von Gläubigen zu tun, die wie Kunden irgendeine Kapelle oder Pfarrkirche aufsuchen, und neben der es dann noch die Hierarchie gibt, die Wort, Sakrament und Weisung für die Gläubigen unter ihrer Kontrolle hat. Unter analytischem Gesichtspunkt sind die Laien allein wie auch die Massen der Gläubigen im System der Christenheit noch kein Volk Gottes, auch wenn sie, geschichtlich gesehen, so genannt worden sind. Damit die Kirche Volk Gottes wird, müssen zunächst einmal die konstitutiven Merkmale eines Volkes gegeben sein: Bewußtsein, Gemeinschaft und eine Praxis, die dem erreichten Bewußtseinsstand sowie den konkreten Möglichkeiten von Beteiligung, Mitbestimmung und Gemeinschaft entspricht. Ein Volk wird erst dann *Volk Gottes,* wenn es sich evangelisieren läßt, sich um das Wort Gottes versammelt, christliche Gemeinden bildet und eine Praxis in die Wege leitet, die vom Evangelium und von der lebendigen Tradition der Kirche her inspiriert ist. Ohne diesen soziohistorischen Inhalt kann man nicht eigentlich von Kirche als Volk Gottes reden. Die Tatsache, daß der Gläubige durch Glaube und Taufe in Christus eingetaucht ist, läßt sich zwar besser durch die Bezeichnung der Kirche als Leib Christi beschreiben.[18] Doch müssen wir darauf hinweisen, daß Glauben, Taufe und Kirche als Leib Christi aufgrund ihrer theologischen Qualität eine geschichtlich-gesellschaftliche Intentionalität eignet. Glaube, Taufe und Leib Christi zielen wesentlich darauf ab, in Gemeinden zum Ausdruck kommen, in der alle teilhaben und mitbestimmen und in der evangeliumsgemäße Brüderlichkeit herrscht (vgl. LG 8).

4. Die Kirche des Volkes als eine geschichtliche Konkretisierung des Volkes Gottes

Die lateinamerikanische Kirche des Volkes, wie wir sie eingangs kurz geschildert haben, geht auf die kirchliche Erneuerung nach dem Zweiten Vatikanischen Konzil zurück.[19] Sie resultiert aus dem Ernstnehmen des zweiten Kapitels von »Lumen gentium« über das Volk Gottes. Die Laien fühlten sich ermutigt, ihre Aufgabe innerhalb des Gesamtgefüges der Kirche zu übernehmen; und die Bischöfe stellten sich dem Aufruf, vor allem Hirten zu sein und das Volk auf seinem Weg zu begleiten, anstatt sich als kirchliche Würdenträger zu gerieren, die mit den Herausforde-

---

[18] Zum Verhältnis zwischen Kirche als Volk Gottes und als mystischer Leib Christi vgl. *M. Schmaus,* Katholische Dogmatik III/1: Die Lehre von der Kirche, München ³1958, 204–239.

[19] Vgl. dazu einige wichtige Titel: *J. B. Libânio,* Igreja que nasce da religião do povo, in: Versch., Religião e Catolicismo do povo, Curitiba 1977, 119–175; *G. P. Süss,* Volkskatholizismus in Brasilien. Zur Typologie und Strategie gelebter Religiosität, München – Mainz 1978; *R. Muñoz,* La Iglesia en el pueblo. Hacia una eclesiología latinoamericana, Lima 1983; *J. Sobrino,* Resurrección de la verdadera Iglesia, Santander 1981; *I. Ellacuria,* Pueblo de Dios, in: C. Floristán/J. J. Tamayo (Hrsg.), Conceptos fundamentales de Pastoral, Madrid 1983, 840–859; *G. Casalis,* »Pueblo de Dios«: experiencias históricas, utopía movilizadora, in: Versch., La esperanza en el presente de América Latina, San José de Costa Rica 1983, 409–419; *H. E. Groenen,* Na Igreja, quem é o Povo? in: Revista Eclesiástica Brasileira 39 (1979) 195–221.

rungen von seiten der gesellschaftlichen Wirklichkeit, insbesondere der armen Mehrheit, nichts zu tun haben wollen.

Wenn es in »Lumen gentium« heißt, die ganze Kirche solle pilgerndes Volk Gottes werden, dann stecken darin ein Imperativ und eine Herausforderung. Der Satz meint also keine vorfindliche Wirklichkeit von Kirche, die schon so perfekt wäre, daß sich nichts mehr zu ändern brauchte. Vielmehr bedurfte es tiefgreifender Veränderungen, die noch lange nicht abgeschlossen sind. Das Modell einer Kirche als vollkommener Gesellschaft unter der Führung des Klerus, das in seiner Extremform bis zum Klerikalismus führt, weicht mehr und mehr einer Kirche, die sich als Netz von vielen Gemeinden versteht, in denen alle voll beteiligt sind und die zusammen ein wirkliches Gottesvolk bilden. Hier findet das Verständnis von Volk Gottes, so wie wir es zuvor entwickelt haben, eine seiner möglichen geschichtlichen Gestaltwerdungen, was nicht heißt, in anderen Kontexten könne sich das Bild nicht auch anders darstellen. Im Folgenden möchten wir auf einige Merkmale dieses Ausdrucks »Volk Gottes« näher eingehen.[20]

a. Der im soziologischen Sinn populare Charakter der Kirche

Die Kirche des Volkes besteht mehrheitlich, aber nicht ausschließlich aus Menschen, die bisher die riesigen sozial verrandeten Massen ausmachten, sich aber jetzt in Volksbewegungen zusammengeschlossen haben, bzw. aus versprengt wohnenden und religiös schlecht betreuten Gläubigen, die nunmehr ein weitgespanntes Netz von Gemeinden oder Reflexions- und Aktionsgruppen bilden. An der Seite dieses Volkes und dieser kirchlichen Gemeinden haben sich beachtliche Gruppierungen der institutionellen Kirche – wie Bischöfe, Priester und Ordensleute – auf den Weg gemacht. Dieses Ganze nennen wir Kirche des Volkes. Kirche des *Volkes* deshalb, weil die Führung dieses Prozesses potentiell beim Volk (Volk unter soziologischem Gesichtspunkt) liegt. Man braucht nur einmal an einer Veranstaltung der Kirche des Volkes teilgenommen zu haben, um zu wissen, in welch kraftvoller Form gerade das einfache Volk, in dem normalerweise Schwarze und Mestizen in der Mehrzahl sind,

---

[20] Eine ausführlichere Darstellung dazu findet sich bei: *L. Boff,* Kirche: Charisma und Macht. Studien zu einer streitbaren Ekklesiologie, Düsseldorf [5]1986, 195–221.

daran beteiligt ist. Hier gewinnt christlicher Glaube in der Kultur des Volkes Gestalt. Wichtiger als Begriffe und Erörterungen sind dabei Symbole und Erzählungen. Diese Menschen haben einen ausgeprägten Sinn für Feste, Solidarität, Einheit zwischen Evangelium und Leben, Mystik des Alltäglichen und szenische Darstellung der Geheimnisse des Glaubens. Die Bischöfe und die in der Pastoral Tätigen, die sich auf den Weg dieses durch den in der Gemeinde gelebten Glauben zum Volk Gottes gewordenen Volkes einlassen, machen die populare Version der Kirche auch zu der ihren. Titel und Würdezeichen, die sie vom Volk entfremdeten, legen sie ab. Unter dem kreativen Einfluß des Volkes verändert die Hierarchie ihren Arbeitsstil, ohne freilich ihre unverzichtbare Aufgabe der Ermunterung und der Einheitsstiftung zu vernachlässigen. In ähnlicher Weise definieren auch Ordensleute und Theologen ihre Rolle neu; die Theologen lassen sich auf die popularen Ausdrucksformen des Glaubens ein und reflektieren über den Glauben in Verbindung mit den Erfahrungen und Herausforderungen, die von den Gemeinden kommen.

b. Die Kirche des Volkes ist die Kirche der Armen

Analytisch betrachtet, sind die meisten Angehörigen der Kirche des Volkes arme Leute. In dieser Art von Kirche ist die paternalistische Art und Weise, von oben herab mit den Armen umzugehen, zu einem guten Teil überwunden. Früher hatten die Armen einfach keine Kanäle, ihre gesellschaftliche und ekklesiale Kraft zu betätigen; jetzt können sie in einer Form mitmachen, die sie selbst entwickeln. Wer in der Kirche des Volkes nicht arm ist, nimmt sich die Sache der Armen zu Herzen und läßt die vorrangige Option, welche die ganze Kirche für die Armen getroffen hat, wahr und wirksam werden. So gehören auch diese Gläubigen wirklich zur Kirche der Armen.

c. Eine Kirche im Kampf für die Befreiung

Das große Anliegen des Volkes wie auch der Armen ist es, die Armut, die diesen das Leben unmöglich macht, abzuschaffen. Sie wissen, daß Armut soziale Ungerechtigkeit ist und dem Plan Gottes widerspricht. Für die Kirche des Volkes steht außer Zweifel, daß umfassende Befreiung, so wie Gott sie will, nur über den Weg der Gütergemeinschaft (vgl. Apg 2,44; 4,32–34) zu

haben ist. Sowohl die Armut als auch der Reichtum müssen aus-
gemerzt werden; gerechte, brüderliche Verhältnisse sind das
Ziel. Um das aber zu erreichen, bedarf es eines Kampfes mit
evangelischen Mitteln. Trotzdem nimmt das Morden kein Ende;
und es fehlt nicht an Märtyrern, die auf das Konto jener gehen,
die nichts verändern wollen, um nicht ihre Privilegien zu verlieren (obschon viele von ihnen Christen sind). Unter engagierten
Christen geht der Ehrentitel um: »Ich bin Kämpfer des Evangeliums«, und »Ich kämpfe für die Befreiung meiner Brüder und
meiner Schwestern«.

d. Eine Kirche auf dem Weg

»Unterwegs sein« ist ein Schlüsselwort dieser Art von Kirche.
Gemeint ist damit im wesentlichen folgendes: In einem ganzen
Prozeß bewegt sich die Kirche vom Zentrum an die Peripherie
und wird so von einer klerikalen zu einer popularen Kirche. Gemeint ist damit ferner, daß die Kirche des Volkes nie fertig, sondern immer dynamisch im Entstehen ist, daß es ihr stets um die
Verbindung zwischen Evangelium und Leben geht und daß sie
sich fortwährend für jedermann offenhält, der seinen Glauben
in Gemeinschaft leben will. Deshalb hört man sagen: »Der und
der Bischof hat sich mit auf den Weg gemacht.«

e. Eine Kirche an der Basis und von der Basis her

Aus den vielen Bedeutungen des Wortes »Basis« sind zwei hervorzuheben. »Basis« ist zunächst das organisierte Volk. Nicht
nur die Mitglieder des armen Volkes (die Laien) machen die
Kirche des Volkes aus, sondern in ihr finden sich auch die verschiedenen kirchlichen Instanzen wie Bischöfe, Priester, Ordensleute und andere, die in der Pastoral tätig sind. Alle anerkennen den Wert der Basis und machen sich mit ihr auf den
Weg. »Basis« ist sodann ein kirchenpolitischer Begriff, der zwischen der (menschlichen) Quelle der Macht (der Basis in der
Gestalt des organisierten Volkes) und der Ausübung dieser
Macht (durch die »Kuppel«, die Spitze, das heißt die geweihten
Amtsträger) unterscheidet. Macht wird in der Kirche des Volkes
in enger Absprache mit der Basis ausgeübt. Anstehende Fragen
werden an der Basis diskutiert und ausdiskutiert, wobei diejenigen, welche die Macht innehaben, immer mit ins Benehmen genommen werden. Von der Basis her wachsen Konsens und Ge-

meinschaft. So werden autoritäre Machtkristallisationen vermieden.

f. Eine Kirche der politischen Heiligkeit

Weil diese Art von Kirche an Volk und Basis orientiert ist, sieht sie sich unentwegt von der Gesellschaft, von Armut, Ungerechtigkeit und Gewalt, also von politischen Problemen vor allem, herausgefordert. Wenn sich Christen für die Befreiung von sozialer Ungerechtigkeit einsetzen, dann haben sie sich nicht nur um persönliche Tugenden, ohne die es nie geht, zu bemühen, sondern auch um politische Heiligkeit: Liebe auch unter den Bedingungen des Klassenkonfliktes, Hoffnung auch auf Früchte, die erst langfristig zu erwarten sind, Solidarität mit den unterdrückten Schichten, asketischen Gehorsam gegenüber Gemeinschaftsbeschlüssen und schließlich Bereitschaft, sein Leben in Treue zum Evangelium und zu den unterdrückten Brüdern und Schwestern hinzugeben.

g. Eine für alle offene Kirche

Gerade weil die Kirche des Volkes popular ist, ist sie weder Getto noch »Parallelkirche«. Jeder, der entschlossen ist, Evangelium und Nachfolge Jesu in direktem Kontakt mit dem vielfältigen Drama der großen Mehrheit der Bevölkerung zu leben, wird in ihr mit offenen Armen aufgenommen. Diese Art von Kirche ist eine Herausforderung zur Umkehr an alle in der Kirche: angefangen vom Stil, wie der Papst seine Macht ausübt, bis hin zu der Frage, wie man unter je verschiedenen Bedingungen Glauben und Leben miteinander zu verbinden habe.

5. Schluß: Die Kirche des Volkes realisiert den göttlichen Stifterwillen

Es dürfte deutlich geworden sein: Die Kirche des Volkes verwirklicht nicht nur den theologischen Begriff von Volk Gottes, so wie er insbesondere vom Zweiten Vatikanischen Konzil erarbeitet worden ist, sondern sie reichert ihn noch an, insofern sie es dem Volk – Volk im soziologischen Sinn, dem armen und christlichen Volk – ermöglicht, bei der Konstituierung der kirchlichen Gemeinschaft die führende Rolle zu übernehmen. Die Hierarchie wird nicht bestritten, sondern gewünscht. Wo sie sich dem Marsch anschließt und ihren Stil verändert, gehört auch sie zur Kirche des Volkes. So erhellt, daß es prinzipiell keine Opposition zwischen Hierarchie und Kirche des Volkes gibt. Was es gibt, sind Spannungen und mitunter auch Widerstände zwischen einer Art von Kirche, welche ein Modell von Kirche in der herrschenden bürgerlichen Kultur mitsamt den verkrusteten Interessen fortschreibt, und dieser neuen Form von Kirche, die sich in die Kultur des Volkes hineinbegibt, sich verändert, die Sache des verarmten Volkes zu der ihren macht und deshalb mit Recht Kirche des Volkes genannt wird.[21] Die Interessen des organisierten Volkes decken sich nicht immer mit den Interessen derer, die mit seiner Sache nichts zu tun haben wollen und auf seine Kosten leben, ja, sie widersprechen ihnen sehr oft. Da auf der einen wie auf der anderen Seite Christen stehen, sind die Widerstände, zu denen es kommen kann, begreiflicherweise primär gesellschaftlicher und erst auf abgeleiteter Ebene kirchlicher Art.

Wenn in einer Kirche unter den Bedingungen der Christenheit, die eine gar zu deutliche Trennungslinie zwischen Klerus und Gläubigen, zwischen reichen und armen Christen gezogen hatte, jetzt die Kirche des Volkes entsteht, in der alle auf allen Ebenen in Gemeinschaft mitwirken können, die sich von unten her aufbaut, aber nach allen Richtungen offen ist, und die sich für Gerechtigkeit für alle einsetzt, dann konkretisiert sie den bleibenden Gründerwillen Christi und seines Geistes, denen es um eine Kirche geht, in der sich alle Völker, die unterwegs in das endgültige Reich sind, zusammenfinden.

---

[21] Vgl. *F. Castillo,* Bürgerliche Religion oder Religion des Volkes? in: Concilium 15 (1979) 302–308.

IV. Ämter und Dienste in einer Kirche des Volkes

1. Die soziale und theologische Realität der Kirche des Volkes

Die Kirche aus dem Volk stellt ein komplexes soziales und theologisches Phänomen dar, das gleich zu Anfang unserer Überlegungen einer Klärung bedarf.[1] Es ist innerhalb des folgenden, viel umfassenderen Phänomens zu verstehen: Mitten aus den Massen des einfachen Volkes ohne Bewußtsein, ohne bestimmtes geschichtliches Projekt und ohne Erfahrung mit Partizipation und veränderndem Handeln wachsen Gemeinschaften und verschiedene Arten von Zusammenschlüssen, als da sind: Gewerkschaften, Gruppen von Landarbeitern und Kleinbauern, Stadtviertelkomitees, Mütterclubs, Zentren für die Verteidigung der Menschenrechte, Reflexions- und Aktionsgruppen. Die große Mehrheit ihrer Mitglieder ist arm und zugleich christlich; aus der Masse von bloßen Angehörigen einer Pfarrei oder eines Kapelldorfs bilden sich unter dem Einfluß verschiedener Faktoren – das kann eine charismatische Führerfigur sein oder eine Ordensfrau, die Volkspastoral betreibt, aber auch ein Pfarrer, der sich um die Elendssituation seiner Gläubigen sorgt – allmählich Bibelkreise, Evangelisierungsgruppen und Kirchliche Basisgemeinden heraus. Dann tritt folgendes gesellschaftlich bedeutsame Phänomen auf: Die Masse verwandelt sich dank ihrer Zu-

[1] Für diese Problematik läßt sich mit Gewinn heranziehen: *R. Muñoz,* La Iglesia en el pueblo. Hacia una eclesiología latinoamericana, Lima 1983; *J. Sobrino,* Resurrección de la verdadera Iglesia. Los pobres, lugar teológico de la eclesiología, Santander 1981; *I. Ellacuría,* Pueblo de Dios, in: Conceptos fundamentales de pastoral, Madrid 1983, 840–859; *J. B. Libânio,* Igreja que nasce da religião do povo, in: Versch., Religião e catolicismo do povo, Curitiba 1977, 119–175; *H. E. Groenen,* Na Igreja, que é o povo, in: Revista Eclesiástica Brasileira 39 (1979) 195–221; *C. Boff,* Mit den Füßen am Boden. Theologie aus dem Leben des Volkes, Düsseldorf 1986; *L. Boff,* Kirche: Charisma und Macht. Studien zu einer streitbaren Ekklesiologie, Düsseldorf ⁵1985, bes. 222–231, 232–241; *G. Deelen,* Kirche auf dem Weg zum Volke. Soziologische Betrachtungen über Kirchliche Basisgemeinden in Brasilien, Mettingen ²1982; ferner das ganze Heft 6 von Concilium 20 (1984) mit dem Thema »Volk Gottes inmitten der Armen«.

sammenschlüsse in ein *Volk,* das seine verlorene geschichtliche Erinnerung wiedergewinnt, ein Bewußtsein von seiner Marginalisierung entwickelt, ein Projekt für seine Zukunft entwirft und Wege zu einer Veränderung seiner Umwelt beschreitet; das *Volk* ist das Ergebnis dieses Prozesses der Bewußtwerdung und Beteiligung. Etwas Ähnliches geschieht mit der Kirche: Aus einer Masse von Gläubigen bricht in der Gestalt des Netzwerks der Gemeinden ein Volk Gottes auf, das fühlt, daß es Kirche auf dem Wege des Glaubens ist und vollen Anteil am Aufbau der christlichen Gemeinde hat; das Volk Gottes ist das Ergebnis eines Prozesses der Bildung von Gemeinden, ohne die das Gottesvolk aufhört zu sein, was es ist, und nur noch eine Masse von Mitgliedern einer fertigen christlichen Institution (der »vollkommenen Gesellschaft«) darstellt, die durch den Klerus kontrolliert und geleitet wird. Zum Phänomen der Kirche als Volk Gottes gehört, daß sich beachtliche Teile der kirchlichen Institution in ihre Reihen eingliedern: Kardinäle, Bischöfe, Priester, Theologen und Ordensleute sind dem weiten Netz der Kirchlichen Basisgemeinden Helfer und Weggefährten. Kirche aus dem Volk stellt also einen historischen Ausdruck des theologischen Begriffs »Volk Gottes« dar, wie ihn beispielsweise das II. Vaticanum herausgearbeitet hat. Ganz allmählich wird so eine Gestalt von Kirche, die in Kleriker, Ordensleute und Laien geteilt ist, überwunden (die theologisch-juridische Tragweite dieser Trennung soll hier nicht diskutiert werden), und es zeichnet sich eine Form von Kirche ab, die mehr Gleichheit und mannigfaltigere Möglichkeiten der Beteiligung und Mitbestimmung aufweist.[2]

Das erste Kirchenmodell ist um den Klerus herum aufgebaut; ihm kommt die Führung in der Kirchenleitung zu. Dieser Kirchentyp hat sich bevorzugt in der herrschenden wissenschaftlichen, gebildeten, philosophischen Kultur entwickelt, deren historisches Subjekt hauptsächlich durch das Bürgertum gebildet wird, jene Klasse, die die großen neuzeitlichen Revolutionen getragen hat. So ist ein Christentum entstanden, das soziologisch

---

[2] Siehe die Materialsammlung in: SEDOC (Hrsg.), Una Iglesia que nasce del pueblo, Salamanca 1979; diese Dokumentation geht von den Kirchlichen Basisgemeinden Brasiliens aus.

gesehen bürgerlich geprägt ist, da es ja die Werte und das Ethos des Bürgertums übernommen hat.[3]

Das zweite Modell, das der Kirche aus dem Volk, basiert auf der Partizipation aller; es zeichnet sich aus durch eine starke Präsenz des organisierten Volkes, des neu in Kirche und Gesellschaft auftretenden historischen Subjekts. Man braucht nur an einer Versammlung oder einer Feier dieser Kirche teilzunehmen, um zu bemerken, wie kraftvoll das Volk bei der Sache ist. Inmitten der armen Arbeiter, der Schwarzen und Mestizen, die zur Hauptsache hier vertreten sind, sitzen Bischöfe, Pfarrer, Ordensleute und Theologen.

In der Regel liegt die Leitung in den Händen des Koordinationsteams, das die Gesprächsrunden einberuft, die Diskussion leitet, die Feier vorbereitet; zu diesem Team kann der Bischof oder der anwesende Priester gehören – aber als einer, der ungeachtet seiner sakramentalen Würde sich nicht über die Gruppe erhebt, sondern sich neben anderen gleichberechtigten Teilnehmern in sie eingliedert.[4]

Diese Kirche aus dem Volk ist, gerade dank ihrer populären soziologischen Merkmale, der Ausdruck einer Inkarnation des Glaubens inmitten des Volkes. Sie übernimmt die Mentalität des Volkes, die ja mehr durch das Symbol als durch den Begriff geprägt ist, mehr an der Erzählung als am diskursiven Denken hängt, und sie bedient sich der Kommunikationskanäle, wie sie beim Volk üblich sind: Poesie, Lieder, szenische Darstellungen, Prozessionen und gemeinsames Arbeiten.

Hie und da treten in Lateinamerika Spannungen zwischen einer Kirche auf, die in der herrschenden bürgerlichen Kultur zu Hause, und einer Kirche, die in die Welt des Volkes eingetaucht ist; diese Probleme sind primär gesellschaftlichen und erst an zweiter Stelle theologischen Charakters.[5] Beide Kirchentypen unterscheiden sich durch ihre gesellschaftlichen Optionen. Im ersten teilt die Kirche die Interessen der führenden Schichten, die im allgemeinen kein Interesse an der Veränderung der Ge-

[3] Vgl. *F. Castillo*, Bürgerliche Religion oder Religion des Volkes? in: Concilium 15 (1979) 302–308.

[4] Vgl. *L. Boff*, Die Neuentdeckung der Kirche. Basisgemeinden in Lateinamerika, Mainz 1980 u. ö.

[5] Vgl. *P. Richard*, Mort des chrétientés et naissance de l'Eglise, Paris 1978; dort werden diese Spannungen historisch und strukturell untersucht.

sellschaft haben, ganz ungeachtet der Tatsache, daß viele ihrer Mitglieder im Geist des Evangeliums die gesellschaftlichen Ungerechtigkeiten anklagen. Beim zweiten Typ herrscht das Befreiungsinteresse vor; die Kirche teilt, legitimiert und unterstützt es. Der erste Kirchentyp neigt dazu, das bald autoritäre, bald paternalistische Verhalten der herrschenden Gesellschaftsgruppen nachzuahmen; die Einstellungen und Haltungen beim zweiten Typ sind viel eher auf Demokratie, Partizipation und Befreiung aus, wie es eben den popularen Gruppen eigen ist. Der gesellschaftliche Ort der Handelnden bedingt nicht nur die Schwerpunkte, die bei den Inhalten des Glaubens und der Evangelisierung gesetzt werden, sondern auch die Prozesse, mittels deren der Glaube sich bildet und mitteilt. Die Formen der Zentralisierung bzw. der Partizipation hängen von den gesellschaftlichen Gruppen ab, deren politische Praxis die entsprechenden Eigenschaften aufweist.

2. Neudefinition der offiziellen Ämter

Die Ämter (ministérios) haben ihren Ort im Leben und in der Sendung der Kirche.[6] In ihrer historischen Konkretisierung hängen sie von dem Verständnis von Kirche ab, das vorgängig zu ihnen herrscht. Eine Kirche, die sich als Volk Gottes versteht, setzt, wenn diesem Begriff auch nur ein Minimum an historischer und sozialer Realität entsprechen soll, ein Volk voraus, das durch ein Netz von Gemeinschaften und Zusammenschlüssen gebildet wird; unter ihnen sollte es auch christliche Gemeinden geben, die miteinander verbunden sind und deren inspirierendes Prinzip Gemeinschaft und Partizipation ihrer Glieder in mannigfaltigen Formen heißt. In dieser Konzeption versteht sich die ganze Kirche, das Volk Gottes, als Sakrament Christi und als Trägerin seiner Botschaft und Sendung. Die drei klassischen messianischen Ämter Christi, Propheten-, Priester- und Hirtenamt, finden in der Gemeinde ihr kollektives Subjekt, innerhalb dessen die persönlichen Dienste zu stehen kommen. Die Zwölf, die symbolisch das ganze alttestamentliche Gottesvolk repräsentieren, stellen die ursprüngliche messianische Gemeinde dar, das neue, wahre Gottesvolk des Neuen Testaments. Diese Gemeinde

---

[6] *A. Antoniazzi*, Os ministérios na Igreja hoje, Petrópolis 1975, 25–49.

ist gewachsen und hat, historisch gesehen, die apostolische Kirche hervorgebracht, die bis in unsere Tage reicht.

In der Kirche aus dem Volk geschieht heute anfanghaft eine Neudefinition der klassischen Ämter, die früher abseits von den Gläubigen im Rahmen einer Kirchengesellschaft mit funktionalen, kaum partizipativen Beziehungen gelebt wurden. Jetzt sind Bischöfe, Priester und Ordensleute, als Weggenossen des Volkes, das durch das Wort, das Sakrament, die Agape und die Mission zum Volk Gottes wird, zwar noch immer, was sie sind, aber sie ändern ihren Stil und stiften Beziehungen der Kollegialität mit allen Gliedern der Gemeinden.

So bestimmte sich der Bischof früher in erster Linie als ekklesiastische Autorität, als Lehrer der Wahrheit für die Gläubigen und nicht selten über ihnen. Heute erscheint er vor allem als Hirt inmitten der Gemeinden, der aus der Glaubenserfahrung und aus dem Zeugnis seiner Brüder lebt und den gemeinsamen Glauben der Tradition bezeugt. Der Pfarrer erscheint weniger als Priester, der das Heilige verwaltet, denn vielmehr als Anreger aller Kräfte, die in einer Gemeinde lebendig sind, als Koordinator der Einheit und Auferbauung ein und desselben Gottesvolkes und als Band der Gemeinschaft mit allen Gemeinden. Die Ordensleute stehen nicht mehr außerhalb des Lebensbereichs des Volkes, sondern viele von ihnen gliedern sich ins Volk ein, beten mit ihm, teilen seine Lebensgewohnheiten, seine Kämpfe für Gerechtigkeit und bezeugen so in kleinen Kommunitäten ihre Berufung zum prophetisch-eschatologischen Zeichen. Der Theologe seinerseits versteht sich nicht mehr als Intellektueller der Institution und der Theologie der großen Tradition, sondern als organisch mit dem Glauben des Volkes verbundener Intellektueller; er hilft den Leuten, ihre gemeinsam unternommene theologische Reflexion zu klären, zu vertiefen und zu systematisieren – wobei alle Betroffenen auf höchst fruchtbare Weise voneinander lernen.

Die Gemeinden (deren Verband in einer Beziehung der Gemeinschaft ganz konkret das Volk Gottes bildet) verlangen nach den Ämtern in ihrer Mitte; sie weisen sie keineswegs zurück, denn sie nähren keinerlei negative Regung gegen den traditionellen und institutionellen Charakter ihrer Funktionen; sie schätzen sie sehr hoch, aber sie wünschen auch, daß sie den Weg der Gemeinden mitgehen, sich ihre Probleme und ihr Suchen zu eigen machen, daß sie ihre volksgemäßen Ausdrucksformen teilen und die übrigen Funktionen, die aus dem Schoß des Gottesvolkes hervorgehen, mit Respekt aufnehmen. Es ist bewegend zu sehen, wie Kardinal Aloísio Lorscheider, sein Mitbruder Kardinal Paulo Evaristo Arns, Erzbischof Dom José Maria Pires oder Bischof Dom Moacyr Grechi inmitten des Volkes stehen und in den Reflexionsgruppen mitmachen, wie sie im Plenum sitzen, das Wort erbitten und warten, bis die Reihe zu reden an sie kommt, wie sie ihren Platz einnehmen neben einem Bauern, neben einem Metallarbeiter, neben einer Ordensfrau und neben einem Theologen. Sie wissen sich als Glieder des Gottesvolkes an der Seite anderer Glieder; sie werden angenommen als Weggefährten und ältere Brüder, die den Glauben aller stärken und die Bekehrung einer ganzen Kirche verkörpern, die einfacher, ärmer, brüderlicher geworden ist und sich stärker engagiert für die Sache des Volkes, die Leben, Gerechtigkeit und Befreiung ist.

3. Neue Ämter in der Kirche aus dem Volk

Jede christliche Gemeinde, ob sie nun örtlich oder universal ist, wird grundlegend strukturiert durch vier Achsen oder Felder des Handelns. Erstens tritt die Achse der evangelischen *Verkündigung,* der evangelischen Ansage hervor. Sie konkretisiert sich in jeder evangeliumsbezogenen und -gemäßen Praxis, die ans Wort, an die Reflexion, an die Produktion von Texten und Symbolen im Dienst an der Verkündigung der Frohen Botschaft Jesu gebunden ist. Zweitens hebt sich die Achse der *Feier* ab. Die Gemeinde begeht die Gegenwart des Auferstandenen und seines Geistes in der Gemeinschaft, sie verherrlicht die Großtaten Gottes in der Geschichte der Menschen, insbesondere in den Kämpfen der Armen, die Gerechtigkeit suchen. Drittens scheint die Achse des *Handelns in der Welt* auf. Es geht dabei um den Beitrag, den die Christen beim Aufbau der menschlichen Gesellschaft leisten, damit diese mehr und mehr Güter des Gottesreiches enthalte, namentlich im Blick auf die Achtung vor den Rechten einer jeden menschlichen Person, in der Sorge um die »geringsten Brüder« Jesu und im Einsatz für die soziale Gerechtigkeit. Und schließlich gibt es da die Achse der *Koordinierung* im Dienst an der Einheit: Es bedarf der Instanzen, die im Namen Jesu und des Evangeliums die Aufgabe erfüllen, alle Achsen anzuregen und miteinander zu verbinden – um des Wohles der Gemeinde und um ihrer Sendung in der Welt willen. Diese Aufgabe kommt dem Papst und den Bischöfen, den Pfarrern, den Koordinatoren der Gemeinden und den Leitern (animadores) der Reflexionsgruppen zu.

In einer Kirche, die mit dem Volk verbunden und durch es geprägt ist, hat sich in den letzten Jahren ein beeindruckender Aufbruch von Laienämtern auf allen vier genannten Achsen ereignet. Dieser Reichtum an Ausdrucksformen erwies sich als um so bedeutsamer dort, wo die klassischen, an das Weihesakrament gebundenen Ämter zurückgingen.[7] So sind allenthalben Diener (ministros) des Wortes herangewachsen, Verkündiger aus dem Volk und für das Volk, die in Reimen und Versen, von Straße zu Straße die Wahrheiten des Glaubens ausrufen; es entstanden eine ganze Volksliteratur in Bildergeschichten und Dramatisierungen und eine regelrechte religiöse Volkskunst. Wir haben Leute, die die Feiern und Festlichkeiten vorbereiten, andere, die sie mit feinem Gespür für Würde und Anstand leiten, und wieder andere, die Musik und Lieder dafür komponieren; wir haben Leute, die die Kinder auf die Sakramente vorbereiten, und andere, die zur Ehe hinführen; wieder andere übernehmen Funktionen innerhalb der Caritas der Gemeinde: Kranke besuchen, Alte pflegen, den Unterhalt für Arbeitslose organisieren; der eine kümmert sich um die Alphabetisierung der Erwachsenen, der andere veranstaltet Kurse über Arbeitsrecht und Bodenstatut; einer leitet eine Gruppe von »Aktion, Gerechtigkeit und Frieden«; und wieder ein anderer vertritt die Gemeinde in der Gewerkschaft; es gibt die Koordinatorengruppe einer ganzen Region von Gemeinden, die sich mit den lokalen Koordinatoren vereint; mancherorts gibt es auch jemanden, der von Gemeinde zu Gemeinde zieht, Nachrichten mitbringt und mitnimmt und so als Bindeglied der Gemeinschaft zwischen allen dient.

Die grundlegende Charakteristik dieser Aufgaben (Ämter) in der Gemeinschaft besteht in folgendem: Sie sind persönlich und

---

[7] *L. Boff*, L'Ecclesialità popolare, in: Religiosità popolare e cammino di liberazione, Bologna 1978, 187–196.

erfordern lediglich eine praktische Kenntnis.[8] *Persönlich* sind sie, weil sie an die Qualitäten der Personen gebunden sind. Eigentlich gibt es gar keine Ämter, sondern Amtsträger, die in der Gemeinde bekannt sind. So kennt die Gemeinde zum Beispiel Cícero, der in der Bibel bewandert ist, gut vorlesen kann und die Sonntagstexte sehr sprechend auszulegen weiß. Also beauftragt die Gemeinde Cícero mit der Gründung einer Bibelgruppe. Maria da Paz ist eine vorzügliche Sängerin, sie hat viel Geschick in der Vorbereitung der Liturgie und ist sehr erfinderisch im Entwickeln von Symbolen, die sie dem Leben des Volkes entnimmt. Also betraut die Gemeinde Maria da Paz mit dem Aufbau einer Liturgiegruppe, die sich um die gottesdienstlichen Feiern bei Versammlungen und Festen kümmert. José Cândido ist in der Gemeinde bekannt, weil er führen kann, Mut hat und in der Auseinandersetzung um die Landnutzung kraftvoll argumentiert; er ist ein ehrenwerter Mann und besitzt eine moralische Autorität, die alle anerkennen. Da naht die Wahl des Koordinators der Gemeinde heran. José Cândido übernimmt die Koordination, und bei allen gottesdienstlichen Feiern führt er künftig den Vorsitz. Am Gründonnerstag wird in der Gemeinde das Letzte Abendmahl szenisch dargestellt, und José Cândido ist dabei der Leiter und liest den Bericht aus dem Evangelium. Auch wenn es hier in der Gemeinde nur Mandiokamehl und den bei allen sehr beliebten Carambolasaft gibt, nehmen doch alle voll Andacht ihren Anteil entgegen und fühlen sich der Gegenwart Jesu verbunden. Selbstverständlich handelt es sich hier nicht um eine Messe, sondern um eine ritualisierte Feier des Wortes, und die Gemeinde ist sich dessen auch voll bewußt.

Das Bedeutsame ist, daß die Gemeinde in all diesen Aufgaben Dienst und Repräsentation ihrer selbst sieht. Ohne die Gemeinde wären die Träger dieser Ämter nichts, ohne die Amtsträger würde sich die Gemeinde verarmt fühlen. Es gibt eine enge Bindung zwischen Gemeinde und Diensten (serviços); dabei ist die Gemeinde das bleibende und alles tragende Element.

Das zweite Charakteristikum der neuen Ämter besteht in der *praktischen Kenntnis.* Für die Wahrnehmung der Aufgabe (des Amtes) ist es erforderlich, daß der betreffende Beauftragte sie

---

[8] Vgl. *P. A. Ribeiro de Olivera,* O reconhecimento eclesiástico de novos ministérios, Rio de Janeiro 1976, 3–5.

ausfüllen kann, d.h., daß er die entsprechenden Grundformen des Denkens und das Savoir-faire beherrscht. Die Gemeinde ihrerseits erkennt seine Fähigkeit an, diese oder jene Aufgabe wahrzunehmen. Es gibt keine Investitur, die das Wissen kristallisiert und eine Machtübertragung einschließt. Wenn jemand seine Funktion nicht gut ausfüllt, wird er bald durch einen anderen ersetzt und wird künftig das tun, was er kann und beherrscht. Mit anderen Worten: Die religiöse Macht, die einer innehat, muß sich ständig durch die Praxis legitimieren; stets droht ihr der Einspruch, denn ihr Träger kann seiner Funktion enthoben werden, wenn er den Anforderungen der Gemeinde nicht entspricht. Darum strengt sich jeder an, die ihm übertragene Aufgabe nach besten Kräften zu erfüllen. Anders steht es um den Priester: Da er eine heilige Weihe und Investitur empfangen hat, hängt er in Ausübung seines Tuns nicht vom Urteil der Gemeinde ab; er wird nicht durch die Praxis legitimiert, sondern durch den Titel »Pfarrer«. Hier ist die Funktion von der Person und ihrem Savoir-faire unterschieden; wenn einer in seiner Funktion als »Pfarrer« spricht, führt er mehr Autorität ins Feld, als wenn er als Person spricht, beispielsweise als »Francisco, der das Evangelium verkündet«. In der großen Mehrheit aller Gemeinden, die die Kirche aus dem Volk bilden, hat kein Prozeß der Institutionalisierung der Macht stattgefunden. Gewiß gibt es Riten der gemeindlich-gemeinschaftlichen Anerkennung, insbesondere wenn jemand zum Koordinator ausersehen wird oder wenn, wie es meistens der Fall ist, ein ganzes Team von Koordinatoren gewählt wird. Dabei wird gebetet, und liturgieähnliche (paraliturgische) Gottesdienstformen mit reichem symbolischem Ausdrucksgehalt werden praktiziert; dies alles soll den religiösen Charakter der zu übertragenden Funktion und ihre Bedeutung für das Wohlergehen der Gemeinde ausdrücken. Doch eine solche Zeremonie hat, soziologisch gesehen, nicht die Merkmale einer Investitur. Das Subjekt der sakralen Macht ist nämlich die Gemeinde und nicht so sehr der Amtsinhaber, dem offiziell durch einen ebenso offiziellen Ritus die Macht übertragen wird.

In der Kirche des Volkes herrscht die Neigung, den aus der Gemeinde wachsenden Diensten *keine* institutionelle und offizielle Bedeutung zuzuschreiben. Die kirchliche Anerkennung der neuen Dienste würde nämlich die Laienführerschaft der institutionellen Kontrolle durch die kirchlichen Autoritäten unterwerfen. Und schon wäre es nicht mehr die kirchliche Gemeinde, die die Dienste an ihrer Praxis, sondern es wäre die kirchliche Behörde, die sie an den kanonisch festgelegten Normen messen würde. Man kann also folgendes Phänomen beobachten: Die klassischen, ans Weihesakrament gebundenen Ämter (ministérios) werden von der popularen kirchlichen Gemeinde anerkannt; kraft dieser Einwurzelung ändern sie ihren Stil, verzichten auf Titel und Bezeichnungen, die Macht und Privileg ausdrückten, und nehmen eine Macht an, die sich weniger durch die Investitur als vielmehr durch den Dienst im Namen Jesu Christi und des Evangeliums, durch die Liebe zum Volk und durch die Gemeinschaft mit allen anderen Diensten (serviços) legitimiert. Die Hierarchie der Kirche gliedert sich mehr und mehr in die Welt der Armen und in die popularen Gemeinden ein, sie wird selbst Kirche des Volkes und weiß sich auf ein und demselben Weg mit allen Glaubenden; sie erkennt die verschiedenen Charismen an, die in den Gemeinden lebendig sind, regt das Wachsen anderer an, die den konkreten Erfordernissen entsprechen, und sorgt, in Treue zu ihrer spezifischen Sendung, mit Eifer dafür, daß alles zum Wohle aller verläuft.

4. Die Lehre von der Kirche hinter dieser Wirklichkeit von Kirche

Aufgabe der Theologie ist es, unter Rückgriff auf das bereits durch die große Tradition bereitgestellte Wissen und im Sinne einer grundlegenden Treue zum biblischen Befund und zum kirchlichen Lehramt das Modell von Kirche auszulegen und auszuarbeiten, das in jenem kirchlichen Phänomen, das wir oben beschrieben haben, seine Realisierung findet. Hervorzuheben ist als erstes, daß die Kirche nicht ein für allemal fest installiert ist (im Sinne Jesu: »auf diesen Felsen will ich meine Kirche bauen«; Mt 16,18); sie ist vielmehr Geschenk Gottes, aber auch Produkt einer Geschichte, die auf das Geschenk Gottes eine Antwort zu geben trachtet. Somit haben wir nunmehr festzuhalten: Diese Ekklesiogenese, die Genese einer Kirche aus dem Volk, läßt die beiden Pfeiler hervortreten, die, theologisch gesehen, die Kirche tragen: *Christus* und sein ganzes Mysterium, sein Leben, seine Praxis, die Ämter, die er stiftete, seinen Tod und seine Auferstehung; und den *Heiligen Geist,* der unaufhörlich in neuen Situationen neue Charismen inspiriert. Die Kirche aus dem Volk weiß sich als Erbe der apostolischen Gemeinde, die von Jesus geschaffen und zugleich durch den Pfingstgeist ins Leben gerufen ist. Die beiden Momente sind dann gleich gewichtet, wenn die traditionellen und institutionellen Ämter (Bischof, Presbyter, Diakon) in den Weg der Kirche integriert und zugleich neue Dienste, die aus der Gemeinde selbst wachsen, in aller Offenheit aufgenommen werden. Die traditionellen und institutionellen Ämter sind, gemäß unserer lateinischen theologischen Überlieferung, an das christologische Mysterium gebunden; die gemeindlichen Dienste charismatischen Charakters gehen auf das pneumatologische Mysterium zurück. Macht und Charisma brauchen einander nicht zu befehden: Beide begründen, auf ihre Weise, den Reichtum der kirchlichen Gemeinschaft.

In zweiter Linie läßt uns das Werden der Kirche aus dem Volk die Grundstruktur der Kirche, die Gemeinde, entdecken. Ganz grundsätzlich gesehen ist die Kirche nicht eine priesterliche Körperschaft, die durch Wort und Sakrament die Gemeinde erst hervorbringt. Ihrer Realdefinition nach (also nicht analog oder metaphorisch definiert) ist sie die Gemeinschaft der Gläubigen, derer, die im Glauben auf den Ruf Gottes in Jesus Christus und seinem Geist antworten. Selbstverständlich wird diese Gemeinschaft durch die geschichtlich-gesellschaftlichen Elemente strukturiert, die Jesus und andere uns hinterlassen haben. Das Netz der Gemeinden bildet das Volk Gottes, und dieses geht aus einem Prozeß des gemeinschaftlichen Seins und Tuns, der Teilhabe und Mitwirkung, der Partizipation, hervor. Mittels der Gemeinden konkretisiert sich das Volk Gottes, gewinnt es geschichtliche Sichtbarkeit und Dichte. Aus der Gemeinde selbst erwachsen die verschiedenen Funktionen. Einige von ihnen sind bleibenden Charakters, wie die Aufgabe, zu verkündigen, zu feiern, in der Welt im Geist der Seligpreisungen zu handeln, Zusammenhalt und Einheit unter den Gläubigen und den Diensten zu stiften. Sodann entstehen Dienste von mehr institutionellem Charakter: Sie betreffen die bleibenden Bedürfnisse, denen durch eine Institutionalisierung der Funktionen besser entsprochen werden kann. Und schließlich gibt es noch jene Funktionen, die eher vorübergehender Art, doch von gleicher Bedeutsamkeit für das Leben in der Gemeinde sind: die caritative Arbeit, die Sorge für die Armen, die Förderung und Verteidigung der Menschenrechte, die Kontaktnahme mit anderen popularen Bewegungen (Gewerkschaften, Müttergruppen, Jugendgruppen usw.), Evangelisierung in den Randschichten (Prostituierte, Drogenabhängige usw.), Anregung für Musik und Dichtung. Alle diese Charismen halten die Gemeinde lebendig; sie sorgen dafür, daß sie nicht nur organisiert und diszipliniert ist, sondern vor allem schöpferisch wirkt und Hoffnung und Freude in ihre Umgebung ausstrahlt.

Drittens hilft uns die Kirche aus dem Volk, das Verständnis der Ämter neu zu orten. Sie realisieren sich in der Gemeinde, durch die Gemeinde, für die Gemeinde. Die Gemeinde stellt die Gründungsrealität dar. Sie hat Jesus gewollt als jene Kraft, die seine Botschaft auf der Ebene des sichtbaren Geschehens geschichtlich tragen und realisieren sollte. Die Ämter dürfen nicht gedacht werden als etwas, was außerhalb oder über der Gemeinde steht und diese erst schafft. Sie sind vielmehr Entfaltungen dessen, was, geschaffen und gewollt durch den Auferstandenen und seinen Geist, in der Gemeinde bereits existiert. Darum widmet sich die Gemeinde, unter Übernahme dessen, was Jesus vorgegeben hat, jenen Aufgaben, die ihr wesentlich sind, wenn sie der Botschaft Jesu und den unterschiedlichen historischen Situationen treu sein will. Einige dieser Aufgaben sind, wie schon gesagt, bleibend und von institutionellem Charakter, andere dagegen eher »konjunkturell«, situationsbezogen. Ein solcher Primat der Gemeinde über die Ämter im einzelnen ermöglicht uns ein besseres Verständnis dafür, wie schöpferisch die Gemeinde sein kann, wenn ein gewisser Typ von kirchlicher Organisation hinfällig wird. So hing die Gemeinde traditionell fast gänzlich vom Priestertum ab; wo es existierte, da war auch die Kirche, wo es fehlte, da starb die Gemeinde ab. Sieht man ihn in einer Grundperspektive, die sich auf den Primat der Gemeinschaft von Glaube, Hoffnung und Liebe stützt, welche ihrerseits vom Evangelium erweckt sind, dann bedeutet der Priestermangel keineswegs den Zerfall der Kirche. Die Gemeinde eifert dafür, daß ihren Grundbedürfnissen durch die Anerkennung der Charismen in ihrer Mitte Rechnung getragen wird, und sie eifert ebenso dafür, daß es gemäß dem Willen Jesu Priester in ihr gebe.

Schließlich ruft uns die Kirche aus dem Volk die Bedeutsamkeit des Volkes in soziologischer Sicht in Erinnerung. »Das Volk« wird durch die großen Mehrheiten gebildet, die von der Arbeit leben und im allgemeinen von den politischen, wirtschaftlichen und kulturellen Entscheidungen ausgeschlossen sind. Wenn dieses Volk dank der Evangelisierung Christus nachfolgt und die Gaben des Geistes empfängt, wird es zum Volk Gottes. Damit dieses nun nicht zu einer Masse von Gläubigen ohne Teilhabe und Mitbestimmung verkommt, muß es durch Gemeinden und durch Gruppen jeder Art strukturiert sein, in denen das Evangelium in seiner Tiefe und in wahrer Mitmenschlichkeit gelebt werden kann. Die Botschaft Christi richtet sich nicht an eine kleine Elite von Privilegierten, sondern an die Völker und will, daß alle Völker Volk Gottes werden (Offb 21,3). Daher konkretisiert das Auftreten der Kirche aus dem Volk für heute und unter unseren historischen Bedingungen den Stifterwillen Jesu und seines Geistes, nämlich »die Menschen... zu einem Volk zu machen, das ihn in Wahrheit anerkennen und ihm in Heiligkeit dienen soll« (Lumen gentium 9). Gewiß gibt es auch andere Formen, in denen das Volk Gottes sich geschichtlich realisiert. Auf unserem lateinamerikanischen Erdteil indessen ist die Weise, wie die Geschichte derer, die Jesus nachfolgen und auf seinen Geist hören, konkret wird, das Entstehen Tausender von Gemeinden und Gruppen, die, untereinander geeint und in umfassender Gemeinschaft mit allen anderen, die auf anderen Straßen, aber in dieselbe Richtung auf dem Wege sind, die Kirche des Volkes, die Kirche der Apostel, die Kirche Christi und des Geistes bilden.

V. Kirchliche Basisgemeinden: Das unterdrückte Volk schließt sich zu seiner Befreiung zusammen

Dietrich Bonhoeffer, der evangelische Theologe und Mann des deutschen Widerstands gegen Hitler, schrieb 1944 aus dem Gefängnis folgende prophetischen Worte: »Der Tag wird kommen, an dem wieder Menschen berufen werden, das Wort Gottes so auszusprechen, daß sich die Welt darunter verändert und erneuert. Es wird eine neue Sprache sein, vielleicht ganz unreligiös, aber befreiend und erlösend, wie die Sprache Jesu, daß sich die Menschen über sie entsetzen und doch von ihrer Gewalt überwunden werden, die Sprache einer neuen Gerechtigkeit und Wahrheit, die Sprache, die den Frieden Gottes mit den Menschen und das Nahen seines Reiches verkündigt. ›Und sie werden sich verwundern und entsetzen über all dem Guten und über all den Frieden, den ich ihnen geben will‹ (Jerem. 33,9).« Diese Worte scheinen sich heute voll und ganz im lebendigen Christentum Tausender von Kirchlichen Basisgemeinden zu verwirklichen, die bis in die entferntesten Winkel Brasiliens anzutreffen sind. Gottes Wort wirkt in ihnen verändernd und befreiend, was jedoch im herrschenden System und bei dessen Ideologen Angst und Schrecken auslöst. Wie in einer Miniatur ließ sich dies auch am Vierten Interekklesialen Treffen der Brasilianischen Basisgemeinden feststellen, das vom 20. bis zum 24. April 1981 in Itaici (Staat São Paulo) stattfand.

1. Schritte auf einem Weg

Das Treffen in Itaici ist ein Höhepunkt auf einer Wanderung, die das ganze Land erfaßt hat. Angefangen hat es 1975 in Vitória (Staat Espírito Santo). Im Juli 1975 trafen sich dort zum ersten Mal etwa ein halbes Dutzend Bischöfe, einige geistliche Berater, an die zwanzig Aktive der Pastoral und einige wenige direkte Vertreter von Kirchlichen Basisgemeinden. Sie wollten Erfahrungen und Überlegungen über ein Phänomen austauschen, das an der Basis der Kirche aufgekommen und schon kräftig im Wachsen begriffen war. Den Ton gaben noch weithin die Vertreter der Kirchenspitze an. Sie hörten sich die im Plenum vorgetragenen Erfahrungsberichte der Repräsentanten von der Basis an und studierten sechzehn von den Basisgemeinden vorgelegte Dokumente. Es war zu spüren, daß da eine wahre Ekklesiogenesis, ein »Kirche-Werden«, in Gang war (das Wort »Ekklesiogenesis« selbst, das die Theologie mittlerweile als Terminus technicus assimiliert hat, kam bei dieser Gelegenheit auf). So wird das Thema der Begegnung verständlich, das um die ganze Welt ging, zu allerlei Mißverständnissen führte und sogar den Papst in seiner Rede zur Eröffnung der Bischofskonferenz 1979 in Puebla zu einer ausdrücklichen Bezugnahme veranlaßte: »Kirche, die durch den Geist Gottes aus dem Volk geboren wird.«

Im Juli 1976 wurde das Zweite Interekklesiale Treffen durchgeführt, wieder in Vitória. Diesmal hieß der Leitsatz: »Kirche, ein Volk unterwegs«. Die Zusammensetzung der Versammlung war nun aber wie ausgewechselt: Die Hälfte der hundert Teilnehmer kam von der Basis, die andere Hälfte setzte sich aus Bischöfen, Mitarbeitern in der Pastoral und Beratern zusammen. An die hundert von den Basisgemeinden verfaßte Berichte waren den Beratern (Theologen, Pädagogen, Soziologen) zugestellt worden, die ihrerseits zu den Berichten Stellung nahmen und ihre Kommentare wieder an die Basis zu weiterem Nachdenken und Diskutieren gaben. Das zweite Treffen in Vitória versuchte – nicht ohne Schwierigkeiten mit der Vielfalt der Begriffsmuster –, »Basis« und »Spitze« gleichermaßen zu Wort kommen zu lassen.

Das Dritte Interekklesiale Treffen fand 1978 in João Pessoa (Staat Paraíba) statt. Es waren nun schon an die 200 Teilnehmer, von denen zwei Drittel von der Basis kamen. Unter dem Leitsatz »Kirche – ein Volk, das sich befreit« organisierte die Basiskirche, die nun wortführend wurde, die ganze Tagung selbst. Vertreter der Basisgemeinden koordinierten die Arbeitsgruppen, die Gruppen erarbeiteten selber die Vorträge und verfaßten gemeinsam den Schlußbericht. So etwas hatte es noch nie gegeben! Nachdem das gläubige und unterdrückte Volk 480 Jahre lang geschwiegen hatte, ergriff es das Wort und brach das Redemonopol des kirchlichen Expertenstabes (Katechisten, Priester und

Bischöfe). Aus dem Mund des Volkes konnten Beiräte, Pastoralagenten und Bischöfe hören, wie die Menschen wirtschaftlich, politisch und kulturell ausgebeutet werden und wie sie nach Gerechtigkeit, Mitsprache und Mitbestimmung schreien. Über zwei Dinge konnte man sich einigen: Die Hauptwurzel der Unterdrückung, die auf dem Volk lastet, besteht im elitistischen und die Massen der Elenden ausschließenden Kapitalismus; das Volk wird sich nur dann wehren und befreien können, wenn es Netze von Volksbewegungen schafft. Zweihundert Berichte von der Basis kamen zur Sprache. Was die anwesenden Experten in ihrer Analyse daraus machten, hat zu den besten ekklesiologischen Texten der letzten Jahre geführt. Sie sind in verschiedene Sprachen übersetzt worden.

Und nun also das Vierte Interekklesiale Treffen in Itaicí. Es hat die Mühen der Teilnahme und der Organisation seitens der Basis voll und ganz gelohnt. Diesmal zählte man 300 Teilnehmer, unter ihnen Bischöfe (einschließlich Kardinal Aloísio Lorscheider, Erzbischof von Fortaleza), Träger der Pastoral (Priester und Ordensleute), Berater und Vertreter von Gemeinden aus 71 Diözesen und 19 Regionen des Landes. Wie in João Pessoa koordinierten und leiteten Männer und Frauen von der Basis auch hier das ganze Treffen bis zum Schluß.

2. »...die aus der großen Bedrängnis kommen«

Wer die Hunderte von einfachen Leuten gesehen hat, deren Armut nicht zu übersehen ist: billige Schlappen an den Füßen und die Spuren des Kampfes ums Überleben auf den Gesichtern, die dennoch unbeschwert und froh sind und sich unterhalten, als wären sie alte Freunde, erinnert sich unwillkürlich an die Schar der Bezeichneten, von denen die Apokalypse spricht: »Wer sind diese ... und woher sind sie gekommen? ... Und er sagte zu mir: Es sind die, die aus der großen Bedrängnis kommen...« (Offb 7,13–14), aus den letzten Winkeln des Landes und von den Rändern der Städte; sie sind die Lieblingskinder Gottes, weil sie arm sind. »Das Lamm ... wird sie weiden und zu den Quellen führen, aus denen das Wasser des Lebens strömt, und Gott wird alle Tränen von ihren Augen abwischen« (Offb 7,17). Die vier Tage des Treffens wurden für diejenigen, die nicht von der Basis stammen, in der Tat zu einem Schockerlebnis. Wie gut und gekonnt die Leute die Gespräche in den Arbeitsgruppen und im Plenum leiteten, wie geschickt sie die verschiedenen zur Diskussion anstehenden Probleme in szenischen Darstellungen vorbrachten und wie begeistert sie die von volkstümlichen Liedermachern und Dichtern in ihren eigenen Gemeinden geschaffenen Lieder sangen! Auch die gottesdienstlichen Feiern zu Beginn der Arbeit und am Ende eines jeden Tages waren etwas ganz Besonderes. In ihnen wurden die ganze Mystik und das Bewußtsein der kirchlichen Identität dieses Volkes spürbar. Was in den Gruppen berichtet und in den Diskussionen an Problemen besprochen worden war, wurde hier gefeiert und rituell vollzogen, und zwar entweder in der Form von Prozessionen durch die Gärten des riesigen Klosters oder von Opfergaben anläßlich des Offertoriums bei der Messe.

Keiner wollte irgend jemandem etwas beibringen, jeder wollte vom anderen lernen. Auch die Bischöfe und Experten redeten nur dann, wenn sie dazu eingeladen wurden oder wenn sie in der Reihe gewartet hatten, bis sie dran waren. Vielen werden auch die bewegenden szenischen Aufführungen in Erinnerung bleiben. Dabei handelt es sich nicht um Theater, sondern um aus dem Stegreif improvisierte Inszenierungen, in denen das Volk sein Leben und seine Kämpfe zum Ausdruck bringt. Da hatten wir zum Beispiel die Aufführung der Xocó-Indianer: Mit einfachen Schleudern traten sie einem mit Gewehren und Maschinengewehren bewaffneten Polizeiaufgebot entgegen, einmal um ihre Ländereien zu verteidigen und zum anderen um die Statue des heiligen Petrus zurückzubekommen, die ihnen gestohlen worden war. Am Ende eines jeden Berichtes wurde jeweils wie zu Homers Zeiten – als Siegesfeier sozusagen – ein Lied gesungen. Alle stimmten in den Kehrvers der Xocó-Indianer ein: »O Sankt Peter, fühl dich nicht allein – Xocó-Indianer wollen bei dir sein!« Nicht weniger bewundernswert war es zu sehen, wie die Lehrer und Väter im Glauben (die Bischöfe) einfachen Leuten zu Füßen saßen, sich ihre Ausführungen anhörten, ihre Überlegungen verfolgten und von ihnen wahrhaft evangelische Lektionen lernten. So konnte der Kardinal von São Paulo, Paulo Evaristo Arns, bei einem Besuch auf dem Treffen sagen: »Als Kardinal bewundere und unterstütze ich euch und möchte von euch lernen!«

Für einen Bruch in der kirchlichen Einheit gab es unter den

Teilnehmern keinerlei Anzeichen, obwohl sich manch einer dergleichen vorstellen mag. Im Gegenteil: Die vorhandenen Spannungen zwischen den verschiedenen Richtungen in der Pastoral wurden souverän und mit kritischer Distanz besprochen; desgleichen der Widerstand einiger Leute, sich dem Weg des Volkes – das ja in den Basisgemeinden Volk Gottes geworden ist – anzuschließen; wie auch das autoritäre Verhalten einiger Bischöfe, die noch immer einem triumphalistischen Kirchenbild nachhängen. Man sah ein, daß derartige Hindernisse nun einmal dazugehören, daß man sie akzeptieren muß und daß man aus ihnen keine Dramen machen darf. Die ganze Versammlung faßte übrigens den Beschluß, dem Papst einen Dankesbrief für die Botschaft zu schreiben, die er bei seiner Brasilienreise im Juli 1980 in Manaus den Basisgemeinden hinterlassen hatte. Auch versicherten sie ihm, daß sie der großen apostolischen Tradition treu verpflichtet seien und ihn, den Papst, als deren Garanten betrachteten.

3. Vorurteile abbauen

Bevor wir uns im Folgenden mit einigen Punkten, die auf dem Treffen in Itaici zur Sprache gekommen sind, eingehender befassen, dürfte es angebracht sein, gewisse Vorurteile zu klären, die einer objektiven Beurteilung der Relevanz der Basisgemeinden entgegenstehen. Gaston Bachelard, der große französische Wissenschaftstheoretiker der Gegenwart, hat herausgefunden, daß ein Großteil der Wissenschaft auf dem Bemühen beruht, Irrtümer zu überwinden, und daß man nur zu einer annähernd objektiven Erkenntnis kommt, wenn man epistemologische Grundhindernisse ausschaltet. Das gilt natürlich auch für das Verständnis des Phänomens Kirchlicher Basisgemeinden, gegen die einige Organe der großen Presse ja offen polemisieren und zu Felde ziehen. Jedermann sollte ein Mindestmaß an Klarheit und Objektivität haben; denn es wäre doch sehr schade, mit ansehen zu müssen, daß wiederum eine Initiative des geschundenen Volkes mißverstanden und – wer weiß – zerstört würde. Die Unterdrückten dürfen nicht in ihrer Hoffnung betrogen werden – vor allem dann nicht, wenn diese – wie eine zarte, kleine Blüte – aus dem Boden der Widerstands- und Befreiungskämpfe des Volkes selbst hervorsprießt.

a. Eigenart der Kirchlichen Basisgemeinden

Das erste Hindernis hängt mit dem Verständnis zusammen, das jemand von der Eigenart der Kirchlichen Basisgemeinden hat. Diese sind nicht einfach eine innerkirchliche Bewegung wie »Cursillos«, Christliches Katechumenat, Gemeinschaft und Befreiung oder Christliche Familienbewegung. Bei den Basisgemeinden handelt es sich um etwas Grundlegenderes: um die Kirche an der Basis des Volkes. Sie sind die Antwort auf die Frage, wie sich ein gemeinschaftliches Leben des katholischen Glaubens unter den Bedingungen des Volkes, das in Brasilien wie in Lateinamerika insgesamt zugleich religiös und unterdrückt ist, darzustellen und zu strukturieren habe. Die Kirchlichen Basisgemeinden sind, wie der Papst in seinem Grußwort an sie in Manaus hervorgehoben hat, wirkliche Kirche – Kirche, die sich die spezifischen Merkmale des Volkes angeeignet und in der das Volk mit Farbe und Ton seiner Kultur, seiner Werte und seiner Sehnsucht nach Befreiung, Mitsprache, Mitbestimmung und Gerechtigkeit seinen Glauben zum Ausdruck bringen kann. Die Basisgemeinden sind also nicht irgend etwas, dessen man sich entledigen oder das man der positiven bzw. negativen Einschätzung des Bischofs anheimstellen könnte. In dem Maße, in dem sich die Großkirche für die Schichten des einfachen Volkes öffnet, strömen diese mit allem, was sie sind und haben, in die Kirche hinein und gestalten sie mit ihren besonderen Merkmalen mit. Umgekehrt führt für die Großkirche kein Weg daran vorbei, sich zu popularisieren, wenn sie das Volk der Armen, die ja die große Mehrheit in Brasilien ausmachen, wirklich evangelisieren will. Anderenfalls wird das christliche Volk zu einer Masse von Kunden herabgewürdigt, die mit dem Aufbau der Kirche selbst nichts zu tun haben.

b. Christlicher Glaube und Befreiung

Das zweite Hindernis hat mit dem Befreiungspotential des christlichen Glaubens zu tun. Wir sind Erben einer Kodifizierung des Glaubens, die vor allem an die Einzelperson bzw. an die Familie appellierte, weil diese die vornehmste Überlieferin von Glauben und christlichem Ethos war. Diese Art von Christentum griff jedoch kaum auf die befreienden Dimensionen des Glaubens und auf die sogenannte »gefährliche und subversive Erinnerung an Jesus Christus« zurück – Jesus Christus, der von den Mächtigen dieser Welt gekreuzigt und von Gott auferweckt wurde, wodurch deutlich werden sollte, daß ein Leben, welches sich für die umfassende Befreiung der Menschen und vor allem der Verarmten aufopfert, dennoch vor Gott und den Menschen triumphieren wird. Die Bischofsversammlung in Puebla kritisiert solch eine Verkürzung des Christentums auf Intim- und Privatsphäre hart. Jesu Predigt und Tod vollzogen sich in der Öffentlichkeit der Welt. Jesus ist Herr nicht nur der kleinen Räume des Herzens, sondern auch von Gesellschaft und Kosmos. Zugegeben: Christlicher Glaube formuliert und verkündet eine Botschaft über das Absolute und Letzte des menschlichen Lebens in Gott; da dieses Letzte aber damit zu tun hat und davon abhängt, wie wir unser Leben in den vorletzten und vorvorletzten Koordinaten – kurz: in der Geschichte – gestalten, handelt er nicht nur vom glücklichen Ausgang am Ende der Welt, sondern auch von den Dringlichkeiten und Herausforderungen für den Lauf der Welt. Christlicher Glaube predigt nicht nur die Auferstehung, sondern auch ein zeitliches Leben in Gerechtigkeit und Geschwisterlichkeit. Daraus resultiert, daß sich die Gläubigen so oder so in gesellschaftliche Prozesse einmischen müssen, um soziale Beziehungen zu schaffen, die symmetrischer und menschlicher sind. Um ein guter Politiker zu sein, braucht man kein Christ zu sein; das wußten und lehrten bereits die Theologen des Mittelalters. Um aber ein guter Christ zu sein, muß man sich auch um soziale Gerechtigkeit kümmern, die eine politische Wirklichkeit ist. Wenn wir heute soziale Gerechtigkeit, die in unserer willkürlichen Gesellschaft so nottut, erreichen wollen, dann müssen wir unseren Glauben als einen Faktor leben, der auch die gesellschaftlichen Bezüge verändert. Ein Christ, der sich in unserer brasilianischen Wirklichkeit dagegen sträubt, daß sich unsere Gesellschaft qualitativ verändert, ist nicht nur ein konservativer Bürger, sondern auch ein Gläubiger ohne Treue zum Evangelium, weil er sich gegenüber dem Schreien der Unterdrückten, das einem allenthalben entgegenschallt, taub stellt. Seitdem das Christentum die Gewissen für die Notwendigkeit von Veränderungen schärft, eignet es sich nicht mehr als Totem, das den gesellschaftlichen und religiösen Status quo rechtfertigt, sondern hat sich zum Faktor des Protests und der Erarbeitung befreiender Ideale entwickelt. Gerade das aber passiert in den Kirchlichen Basisgemeinden, und zwar gründlich und konsequent. Weil hier Menschen den Glauben in Einklang mit dem Evangelium leben, entwickeln sie alternative Praxismodelle und prangern mit prophetischer Entschiedenheit die vielfachen Auswüchse des Systems und seiner volksfeindlichen Struktur an, auch wenn ihr Mut wenig Widerhall in der Gesellschaft findet. Treffend meinte ein Teilnehmer in Itaici: »Die Gemeinden entstanden deshalb, weil wir Hunger nach dem Wort Gottes hatten. Aber schon bald entdeckten wir, daß dahinter die Befreiung kommt.« Das soziale Engagement, das aus der Inkarnation des Glaubens in den Konflikten unserer Wirklichkeit resultiert, widerstreitet keineswegs der Dimension des Gebetes und der Gottesdienstfeier. Im Gegenteil: nach unserer Erfahrung wird nirgends so inbrünstig gebetet wie in den Basisgemeinden. Auf dem Treffen in João Pessoa bekannte ein Teilnehmer: »Wenn der Großgrundbesitzer uns drangsaliert und die Killer unsere Familien bedrohen, weil wir nicht nachgeben, dann beten wir immer und suchen Erleuchtung im Wort der Bibel, das ja das Wort Gottes ist.« Gerade die Theologen der Befreiung produzieren eine Fülle von Texten zu Spiritualität, Mystik und Gebet, weil dies unumgänglich ist, wenn soziales Engagement seine christliche Identität wahren will.

c. Der aufklärerische und antipopulare Intellektuelle
Ein drittes Hindernis, das einem angemessenen Verständnis des Phänomens der Basisgemeinden entgegensteht, ergibt sich aus aufklärerischen Vorurteilen, die in einigen Kreisen der Kirche und vor allem bei solchen Intellektuellen noch immer bestehen, die direkt mit den Interessen des wirtschaftlichen und politischen Systems, unter dem wir leben und leiden, zu tun haben. So meint José Honório Rodrigues, der beste brasilianische Historiker der Gegenwart, in »Conciliação e Reforma no Brasil« (Versöhnung und Reform in Brasilien) treffend: »Die herrschende – konservative wie liberale – Minderheit war immer entfremdet, fortschrittsfeindlich, antinational und unzeitgemäß... Die Führungsschicht hat sich nie mit dem Volk versöhnt. Nie hat sie in ihm ein Geschöpf Gottes erblickt, nie es anerkannt. Immer sollte es sein, was es nicht ist. Nie hat sie seine Tugenden wahrgenommen, nie es für seine Dienste an unserem Land bewundert. Alle möglichen Namen – von Gürteltier bis Hinterwäldler – hatte sie für das einfache Volk bereit. Seine Rechte hat sie ihm

verwehrt und sein Leben ruiniert. Und als sie sah, daß es auf die Beine kam, versagte sie ihm Schritt für Schritt die Anerkennung und verschwor sich, um es erneut an den Rand zu drängen – dorthin, wohin es nach ihrer Meinung gehört.« Ganz offensichtlich setzen viele Kritiken, die gegen die Basisgemeinden vorgebracht werden, die Tradition jener Intellektuellen fort, die in Schulterschluß mit der herrschenden Macht stehen und das aufklärerische Vorurteil verinnerlicht haben, allein sie – die Intellektuellen – seien Träger von Wissen, Lichtern und Lösungen. So heißt es, ohne Überwachung, Kontrolle und Anleitung für das Volk gehe es nun einmal nicht, wobei vorausgesetzt wird, daß dieses von nichts eine Ahnung habe und ohne Vormund nicht zurechtkomme und daß Laien orientierungslos seien und Priester – wenn man auf Rechtgläubigkeit Wert lege – auch im Alltag dieser Zellen nicht fehlen dürften. Hier zeigt sich, wie altmodisch doch elitistische Intellektuelle sein können, für die Demokratie noch nichts mit Wissen zu tun hat. Lächerlich, wenn es gar so weit kommt, daß man dem Volk das Recht bestreitet, sich zu versammeln und seine eigenen Reflexionen zu erarbeiten. Mit den Idealen der Demokratie, die ja für alle Menschen und Bereiche – einschließlich der Wirtschaft – zu gelten haben, hat das nichts mehr zu tun. Der Hinweis auf mögliche Abwege verschleiert die Hälfte der Wahrheit. Verirrungen sind in jedem geschichtlichen Prozeß möglich, ebenso auf seiten des Volkes wie der leitenden Kreise, ebenso auf seiten der Laien wie der Bischöfe. Wenn die einen sich für die anderen öffnen und beide voneinander lernen, dann ist das das beste Mittel, Abwege hier wie dort zu vermeiden. Evangelisierung geschieht auf einem zweibahnigen Weg: Der Bischof evangelisiert das Volk und dieses jenen. Wer sollte denn sonst den Bischof evangelisieren? Wer sollte sich denn sonst um sein Heil kümmern, das ihm ja nicht einfach deshalb zuteil wird, weil er Bischof ist, sondern dann, wenn er ein gerechter Christ ist, die Menschenrechte – insbesondere der Kleinen – achtet, treu die Kriterien der evangelischen Praxis befolgt und sich als Christ versteht, der zum Bischofsdienst als Prinzip der – auch lehrmäßigen – Einheit in der Kirche berufen ist?

Wo diese und andere Hindernisse im rechten Verständnis der Basisgemeinden nicht abgebaut werden, wird man nur schwer ihre große kirchliche und gesellschaftliche Bedeutung erfassen.

4. Kirche: Das unterdrückte Volk schließt sich zu seiner Befreiung zusammen

Nachdem wir nun versucht haben, mögliche Mißverständnisse zu klären, geht es jetzt darum, die wichtigsten Punkte des Vierten Interekklesialen Treffens von Itaici zu skizzieren. Das Grundthema lautet: »Kirche – das unterdrückte Volk schließt sich zum Zweck seiner Befreiung zusammen.« Vier Unterthemen waren auf die vier Tage des Treffens verteilt: »Gott ruft sein Volk zusammen und beauftragt es zu Mitsprache und Mitbestimmung in der Kirche (erster Tag), zu Solidarität am Wohnort (zweiter Tag), zum Dienst in der Politik (dritter Tag) und zu Gerechtigkeit in der Welt der Arbeit (vierter Tag).« Als einer der theologischen Beiräte möchte ich fünf Punkte hervorheben:

a. Glaube und Glaubensfeiern gehören in die Welt des Außerordentlichen

Was an all diesen Treffen wie an dem in Itaici am meisten hervortritt, ist die Dimension des Glaubens und der Glaubensfeier. Beide gehören in die Welt des Besonderen – dessen, was den besonderen Charakter der Gemeinden ausmacht. Die Gemeinden sind *kirchliche* Gemeinden, und auf diesen Titel legen ihre Mitglieder großen Wert. Was die Menschen zusammenführt, ist der Hunger nach dem Wort Gottes. Es handelt sich um einen umfassenden Glauben ohne irgendwelche sprachliche Verhüllungen. Wer aus intellektuellen, säkularisierten, areligiösen, skeptischen oder gnostischen Kreisen stammt, denen der Bezug zur Religion wenig oder nichts bedeutet, der wird überrascht und betroffen sein: Hier in der Gemeinde lebt man einen Glauben, der nichts von süßlichem Pietismus hat, der der ganzen Existenz Sinn gibt und allem Handeln die Richtung weist. Zu spüren ist die Glaubensdimension nicht nur, wenn man sich über die Schrift unterhält, die alle verhältnismäßig gut kennen, sondern gerade auch wenn es um die Probleme des Lebens, um Grund und Boden, um Löhne und um Gewerkschaften geht. Immer wieder kommt die Bibel ins Gespräch, sei es um die Pharaonen von heute zu beschreiben, sei es um die Propheten herauszufinden, sei es um zu erkennen, wer auf der Linie des Aufbaus des Reiches Gottes liegt, das ja nur durch die Vermittlung der Gerechtigkeit und der Liebe als praktizierter Solidarität und Geschwisterlichkeit zu haben ist. Man merkt, daß der Glaube kein Abzeichen auf dem Revers des Lebens, sondern ein allumfassender Horizont ist, der aber den weltlichen und politischen Wirklichkeiten keineswegs ihr Gewicht nimmt. Religiöses und Weltliches, Kultisches und Ethisches laufen hier nicht einfach nebeneinander her, wie das in einem auf Innerlichkeit abzielenden Christentum bürgerlicher Prägung gang und gäbe ist. Hier wird die Dimension Gottes tatsächlich einem Gott gerecht, dessen Wirklichkeit unter Respektierung jeder spezifischen Eigenart alles erfaßt, so daß auch Politik und Wirtschaft als Vermittlungen seiner Gnade bzw. Ungnade gelten können, je nachdem ob sie die dem Humanum gebührende Gerechtigkeit und Würde handelnd bejahen oder verneinen. Kraft dieser tiefgreifenden Einheit von Glauben und Leben (die keine Gleichsetzung bedeutet) erhalten die gottesdienstlichen Feiern ihre ganz besondere Relevanz. Hier wird also nicht nur ein altehrwürdiger Ritus zelebriert, sondern hier wird das Glaubensleben gefeiert, so wie es das Volk in all seinen alltäglichen Kämpfen, Dramen und Tragödien erfährt. So heißt es in einem gemeinsamen Brief der teilnehmenden Bischöfe: »Die ergreifendsten Zeiten in Itaici waren an jedem Tag ohne Zweifel die Morgenfeier und die Eucharistie am Abend. Wir begegneten da einem tiefen und frohen Glauben; vom Ostergeheimnis durchdrungen, feierte man alles, was während des Tages geschehen war. Dabei war die Beteiligung außerordentlich lebendig und manchmal überschwenglich. Die Menschen wurden nicht müde, Gott zu loben, ihm zu danken, und ihn, den Vater, zu bitten. Aus dieser Quelle christlicher Identität schöpfen diese ›kleinen Brüder und Schwestern‹ Jesu tatsächlich ihre immer größere Hoffnung und Kraft.«

b. Soziales Engagement aus religiöser Verantwortung
Die Gemeinden – und das war gerade in Itaici besonders augenfällig – haben in ihrer großen Mehrzahl ein scharfes soziales Bewußtsein. Dieser Bewußtseinsgrad ist nicht das Ergebnis irgendwelcher ideologischer Beeinflussung von links, sondern der Lektüre der entsprechenden Glaubenstexte in der Bibel – und zwar in der Perspektive, in der sie geschrieben wurde, das heißt eines verarmten Volkes, das fast immer unter der Knute ausländischer Mächte stand und sich nach umfassender Befreiung sehnte. Ein paar Sätze waren immer wieder zu hören: »Gott ist politisch –

allerdings ist er in keiner Partei. Schaut euch doch Ex 3,7 an: ›Ich habe das Elend gesehen, das die Unterdrücker meinem Volk aufgelastet haben. Ich bin entschlossen, es zu befreien‹.« Oder: »Jesus war ein hundertprozentiger Politiker. Seht euch doch Joh 10,10 an: ›Ich bin gekommen, damit sie das Leben haben und es in Fülle haben.‹ Was hat Politik denn für einen anderen Zweck als Leben in Gerechtigkeit und Liebe?« Die Leute in den Basisgemeinden leiten ihren Einsatz für die Veränderung der Gesellschaft von dem Glauben ab, daß es schon jetzt das »Material« des Gottesreichs vorzubereiten gelte, weil dieses schon hier auf der Erde seinen Anfang nehme. Diese Lesart des Glaubens ist ihnen inzwischen in Fleisch und Blut übergegangen.

c. Das kapitalistische System an seiner Wurzel anfassen

Als die wichtigste, wenn auch nicht die einzige Ursache für sein ganzes Leiden erkennt das Volk das kapitalistische System. Entscheidend ist aber eigentlich weniger das System als vielmehr der Geist der individuellen Bereicherung, die fehlende soziale Verantwortung und die Fühllosigkeit gegenüber dem Menschen, der nur unter dem Gesichtspunkt seiner auf dem Markt zu ersteigernden Arbeitskraft etwas gilt. Das aber kann doch wohl nicht gerecht sein, kann doch wohl nicht dem Plan entsprechen, den Gott mit der Geschichte hat! Im Umkreis des armen Volkes – und in Itaici zählten sich alle zu den Armen – wurde von den unglaublichsten Gewalttätigkeiten eines wilden Kapitalismus berichtet: so wild wie der von Manchester oder jener der Engländer einst in Indien und China. Nichts von einem anständigen Neokapitalismus, sondern hier herrscht die brutale und willkürliche Form, die typisch für unser Landesinneres ist, das viel zu schnell in die kapitalistischen Produktionsverhältnisse hineingezogen wurde. So wie die Dinge liegen, ist das Urteil des Volkes hart und bitter. Dieses System kann nicht kuriert, sondern nur abgeschafft werden. Die Leute treten den Mächtigen, die die tragenden Säulen dieses Systems sind, ohne Illusion entgegen und sparen nicht mit direkter Kritik, auch wenn es sich um hohe Vertreter des Staates handelt. Offenbar haben sie den Unterdrücker, der sie mit seinen Fetischen bisher niederhielt, hinausgeworfen. Diese Einstellung ist mittlerweile fester Bestandteil der Sicht, die die Gemeinden von der Gesellschaft haben. Aber man lasse sich nicht täuschen: Diese Einschätzung hat nichts mit Marxismus zu tun, sondern ist schlicht Frucht dessen, daß Menschen das Evangelium im Kontext vielfältiger, unbestreitbarer Unterdrückung lesen.

d. Die Gemeinden und ihre Verbindung zu den Volksbewegungen

Ein Punkt kam in den Arbeitsgruppen wie im Plenum ganz klar heraus: Die Kraft des Volkes zu Widerstand und Befreiungsengagement hängt von der Fähigkeit der Gemeinden zur Einheit untereinander und zur Verbindung mit den Volksbewegungen ab. Niemanden wundert es da, daß unter den Teilnehmern auch etwa zwölf Führer und an die dreißig sonstige Verantwortliche von Gewerkschaften waren – abgesehen von den aktiven Mitgliedern in popularen Parteien und Leitern von Stadtteilvereinen. Bewaffnete Gewalt, Verbrechen oder andere von den Mächtigen rücksichtslos angewandte Methoden wurden von niemandem als Kampfmittel ins Gespräch gebracht. Treffend sagte eine Teilnehmerin aus dem Staat Goiás: »Wenn die Polizei oder Killertrupps kommen, dann halten wir uns an den Frieden Jesu Christi«, und sie erklärte, was sie mit »Frieden Jesu Christi« meinte: daß sie mit ihren Gerätschaften, Ackerbauhacken, Pflügen, Treckern und was sonst noch immer, mit ihren alten Leuten, Kindern und Frauen in großen Gruppen den bewaffneten Angreifern entgegentreten und sie so unter Druck setzen. Andere erzählten immer neue Episoden, gleichsam Stationen auf einem Kreuzweg des Volkes, und zeigten, welche Wirkung Einheit und entschiedener Widerstand haben können. Eines der meistgesungenen Lieder war das von Dom José Maria Pires aus den Gemeinden des Staates Paraíba: »Ich glaube, die Welt wird besser sein, / wenn die Kleinen in ihrem Leid an die noch Kleineren glauben, / wenn Habenichtse auf ihrer aller Gemeinwohl setzen / und die Bedürfnisse spüren, an denen jeder trägt. / Vereint mit Jesus Christus werden wir alle eins.«

e. Politik als große Waffe

In den Gemeinden hat man dem Begriff »Politik« weithin seine positive Bedeutung zurückgegeben – im Sinne eines gemeinsamen Bemühens um das Wohl des ganzen Volkes. Der Weg dahin sind Gemeinden, Vereine jeder Art und Initiativen, die das soziale Netz wiederherstellen und den Menschen ihren Charakter als Volk zurückerstatten, das eigenverantwortlich für sein Schicksal und mitverantwortlich für die Schaffung eines lebenswerten Zusammenlebens für alle ist. In diesem Sinn heißt es im Schlußbericht von Itaici: »Die Politik ist unsere große Waffe, die wir einsetzen können, um eine gerechte Gesellschaft zu erreichen, wie Gott sie will.« Das ist das eine.

Zum anderen wurde auch klar, daß eine kirchliche Gemeinde mit ihrer religiösen Zielsetzung nicht zu einer Parteizelle werden kann. Aber das entbindet sie nicht davon, sondern verpflichtet sie dazu, sich ein kritisches Urteil über die verschiedenen Parteien und ihre Programme zu bilden und herauszufinden, welche Interessen ihnen zugrunde liegen und wie sie sich zu den Anliegen des Volkes verhalten. Die Mitglieder haben die Freiheit, die Partei zu wählen, die sie wollen. Gleichwohl werden sie aufgrund des in den Basisgemeinden entwickelten Bewußtseinsstandes bestrebt sein, nur solche Parteien zu unterstützen, die wirklich aus dem Volk kommen und sich für die Interessen und Rechte des arbeitenden Volkes einsetzen. Mit der billigen Euphorie von großen Wahlkämpfen oder der elektrisierenden Ansteckung von Massenbewegungen hat das nichts zu tun; die sind typisch für den von der herrschenden Klasse inszenierten Populismus. Das Volk hat zuviel Verletzungen und Wunden abbekommen, um solchen Illusionen noch nachzulaufen; die gibt es nur in der Einbildungskraft von Intellektuellen, die mit der wirklichen Volksbewegung nichts im Sinn haben. In Itaici sagte ein Teilnehmer: »Ich laß' es langsam gehen, weil ich's mit der Befreiung eilig habe.« Das Volk ist sich dessen bewußt, daß der Weg – übrigens eines der meistgebrauchten Wörter in den Gemeinden – auf seiner ganzen Länge mit Mühen, Widerstand und Kämpfen und nicht bloß mit Begeisterung gepflastert ist.

5. Schluß: »Neue Barbaren« treten als Befreier auf den Plan

Alle unsere Überlegungen haben soviel zu erkennen gegeben: Die Bedeutung der Kirchlichen Basisgemeinden überschreitet die Grenzen des Religiösen. In ihnen entsteht der neue Christ mit »einer neuen Sprache«, der Sprache »für eine neue Gerechtigkeit und Wahrheit«, wie die Sprache Jesu »befreiend und erlösend«. So wünschte es sich der prophetische Theologe Bonhoeffer, der auch ein kritischer, aktiver und demokratischer Bürger war und der sich nicht für ein vorgefertigtes System, sondern für eine neue Hoffnung in der Gesellschaft einsetzte. Ihm ähneln die Einfachsten unseres Volkes, die »neuen Barbaren«, die kraft ihrer eine neue Gesellschaft ankündenden Kreativität die Fundamente des Imperiums erschüttern. Die neuen, aus dem Nichts auftauchenden Subjekte der Geschichte sind sie, die – an der Seite aller anderen von der Basis der Gesellschaft – sich zusammenschließen und für ein besseres Gemeinwesen kämpfen. Niemand wird sagen können, wie die Gesellschaft der Zukunft aussehen wird. Aber kraft der Hoffnung, die in dem Samenkorn steckt, möchten wir dennoch sagen: Ohne Zweifel wird sie mehr Partizipation und Brüderlichkeit beinhalten als die, die wir von unseren Eltern und Großeltern ererbt haben. Das organisierte Volk steht für das, was sein soll. Und was sein soll, hat die Kraft des Unbesiegbaren.

VI. Kirchliche Basisgemeinden: die ganze Kirche an der Basis

Kirchliche Basisgemeinden sind wesentlich mehr als ein Instrument zur Evangelisierung der einfachen Volksschichten im Rahmen der Pfarrei. Basisgemeinden sind die spezifische Art und Weise des Kircheseins unter dem Volk, die der Geist während der letzten dreißig Jahre in Lateinamerika und insbesondere in Brasilien hervorgebracht hat. Im Folgenden möchten wir uns anhand eines landesweiten Treffens solcher Gemeinden vor Augen führen, wie sich diese Wirklichkeit mit ihrer Dynamik darstellt.

Das Fünfte Interekklesiale Treffen Kirchlicher Basisgemeinden vom 4. bis 8. Juli 1983 in Canindé im Staat Ceará stellt ohne Zweifel den bisherigen Höhepunkt auf einem Weg dar, der 1975 begonnen hat. Die gottesdienstliche Eröffnungsfeier am Abend des 4. Juli rief den Werdegang der Kirche der Armen in Erinnerung. An der Spitze einer Prozession bewegte sich die Osterkerze, als Sinnbild Christi, des Messias der Armen. Dann folgte die Lokomotive der Hoffnung, die den Weg durch die Geschichte öffnet und das Evangelium als befreiende Kraft darstellen sollte. Daran schlossen sich im Rhythmus, in dem sich die Prozession fortbewegte, vier Waggons an. Sie standen für die vier bisherigen Interekklesialen Treffen mit ihren jeweiligen Themen: »Kirche, die durch den Geist Gottes aus dem Volk geboren wird« (Vitória 1975), »Kirche, ein Volk unterwegs« (Vitória 1976), »Kirche – ein Volk, das sich befreit« (João Pessoa 1978), »Kirche – das unterdrückte Volk schließt sich zu seiner Befreiung zusammen« (Itaici im Staat São Paulo, 1981). Schließlich wurde ein fünfter Waggon angehängt, unter dem Titel: »Kirchliche Basisgemeinden – Samenkörner einer neuen Gesellschaft« (Canindé 1983). Wie auf den Synoden der Alten Kirche waren auch auf diesem Interekklesialen Treffen alle Teile des Volkes Gottes vertreten: 243 Mitglieder der Basis (Landarbeiter und Kleinbauern, Industriearbeiter, weibliche Hausbedienstete, Schneiderinnen, Bus- und Lastwagenfahrer, Fischer, Goldsucher, Handwerker, kleine Kaufleute, Arbeitslose und Saisonarbeiter), 60 Träger der Pastoral (Priester und Ordensfrauen), mehr als 30 Bischöfe, einschließlich Kardinal Dom Aloísio Lorscheider, 15 Berater (Theologen, Pädagogen, Historiker, Politologen, Pastoraltheologen usf.), Beobachter, Presseleute und Dienstpersonal, insgesamt an die 500 Personen. Besonders wichtig war, daß auch Dom Luciano Mendes de Almeida, Generalsekretär der Brasilianischen Bischofskonferenz, und Dom Celso Queiroz, Beauftragter in der Bischöflichen Pastoralkommission für die Basisgemeinden, in Canindé dabei waren. Wenn der gute Papst Johannes XXIII. anwesend gewesen wäre, hätte er sich gewiß sehr gefreut, denn er hätte seinen Traum verwirklicht gesehen: »Die Kirche stellt sich dar, wie sie ist und sein will: als Kirche aller und insbesondere als Kirche der Armen« (Rundfunkansprache am 11. September 1962). Dies ist die neue Form des Kirchesein: Alle-als-Volk-Gottes-zusammen, Basis und Spitze bilden gemeinsam den einen Leib der Kirche, in der Vielfalt der Funktionen und in der Gemeinschaft ein und desselben Glaubens.

1. Das Volk stieg hinauf, die Bischöfe stiegen hinunter

Viele werden sicherlich eine Mischung von Neugierde und Bedrohung in sich verspüren, wenn sie von interekklesialen Treffen, deren Leitung in den Händen der Basis liegt, reden hören. Sie meinen, derlei Veranstaltungen folgten der Strategie der »Kirche des Volkes«, die gängigsten Wörter seien dort Sozialismus und Marxismus, Parteien des einfachen Volkes, Gewalt, Revolution und Befreiung. Angst gebiert Monstren. Monstren dieser Art hausen in den Köpfen gewisser uninformierter Zeitgenossen, welche die Kirchlichen Basisgemeinden kritisieren. Nichts davon geschah. Bei keiner Gelegenheit war die Rede von Marx oder von Sozialismus. Nicht ein einziges Mal fiel das Wort »Kirche des Volkes«. Allein schon diese Tatsache diskreditiert alle diejenigen, die in eigenem Interesse das Gespenst der »Kirche des Volkes« in Brasilien an die Wand malen. Ein brasilianischer Bischof, der sich zum Vorkämpfer in diesem Kreuzzug entwickelt hat, wurde eigens zu dem Treffen eingeladen, nahm die Einladung auch an, meldete sich an, zog aber im letzten Augenblick seine Anmeldung zurück und kam nicht nach

Canindé. Die Transparenz des Ereignisses – Bischöfe, Priester und Laien zusammen! – wie auch das Gewicht des evangelischen Lebens hätten ja seine Verdächtigungen auflösen können. So verpaßte er eine Chance, sichere Informationen über das zu bekommen, vor dem so viele Angst haben. Aber sie brauchen die Unwissenheit, denn so können sie – mit vermeintlichem Eifer für den Glauben – ihre Kampagne fortsetzen. Nur daß ihre Unwissenheit fortan nicht mehr zu entschuldigen ist. Treffend sagt Bonhoeffer: »Dummheit ist ein gefährlicherer Feind des Guten als Bosheit. Gegen das Böse läßt sich protestieren, es läßt sich bloßstellen, es läßt sich notfalls mit Gewalt verhindern... Gegen die Dummheit sind wir wehrlos. Weder mit Protesten noch mit Gewalt läßt sich hier etwas ausrichten; Gründe verfangen nicht; Tatsachen, die dem eigenen Vorurteil widersprechen, brauchen einfach nicht geglaubt zu werden...« Für Bonhoeffer ist es »ganz deutlich, daß nicht ein Akt der Belehrung, sondern allein ein Akt der Befreiung die Dummheit überwinden könnte«. Zur Befreiung aber kommt es, wenn die Wirklichkeit geachtet und die Wahrheit geliebt wird. Diese Achtung war auf dem Treffen in Canindé intensiv zu erfahren. Alle lauschten dem quälenden Kreuzweg der Gewalt, die das Volk unter der Herrschaft des Großgrundbesitzes oder unter der Ausbeutung durch die Arbeitsbeziehungen zu erleiden hat; dennoch brachte niemand den Weg der Gegengewalt als ein christliches Mittel zur Befreiung ins Gespräch.

Für uns Berater und Theologen war Canindé das faszinierende Schauspiel einer großartigen Begegnung, die geprägt war vom Sinn für Organisation, Entschlossenheit und Beteiligung aller Teilnehmer. Wie bei den früheren Treffen ging alles auf die Initiative der Mitglieder der Basis zurück: die Thematik, die Aufteilung in die Gruppen, die Plenumsveranstaltungen, die Leitung der Gottesdienstfeiern. Es gab kein geschlossenes Getto, alle Gruppen waren beteiligt (Bischöfe, Träger der Pastoral usf.). Dennoch wurde auf die Unterschiede Wert gelegt. Nicht einen einzigen Augenblick lang verfiel man einem naiven Demokratismus oder demagogischen Nivellierungen. Im Gegenteil: Die Mitglieder der Basis rühmten sich, wenn auch ihre Bischöfe dabei waren. Diese lauschten aufmerksam den Paränesen (Ermahnungen und Botschaften) der Laien, einfacher, aber in ihren Gemeinden und in ihrem gesellschaftlichen Raum fest engagierter Männer und Frauen. Es war beeindruckend zu sehen, wie der Generalsekretär der Bischofskonferenz, Dom Luciano Mendes de Almeida, Plakate malte und mit geschickter Hand in Graphiken die Ergebnisse seiner Arbeitsgruppe festhielt. Die Berater verteilten sich auf die Kleingruppen; im Plenum äußerten sie sich nur, wenn sie von den Vertretern der Basis dazu aufgefordert wurden. Mit einem Wort: Die Bischöfe kamen auf die Ebene des Volkes herab, und das Volk stieg auf die Ebene der Bischöfe hinauf. So war das hervorragende Merkmal dieser Begegnung die Integration der ganzen Kirche-als-Volk-Gottes. Bei den Pressekonferenzen sprach neben dem Kardinal eine Frau aus dem Volk und neben dem Theologen ein Landarbeiter. Bei den gottesdienstlichen Feiern standen die zelebrierenden Bischöfe und Priester um den Altar, aber auch die Laien, die die Funktionen koordinierten und leiteten und allen das Wort Gottes austeilten. So entdeckten wir den alten Sinn der Liturgie wieder als der Konzelebration der ganzen Gemeinde, die in ihre unterschiedlichen Funktionen und Ämter gegliedert ist.

Die »Mechanik« in Canindé unterschied sich im Stil beträchtlich von den üblichen Studientreffen, an die sich auch die Pastoralagenten und Bischöfe inzwischen gewöhnt haben: Speziell eingeladene Referenten (Theologen, Sozialwissenschaftler oder Fachleute in Pastoral) halten ihre Vorträge vor dem Plenum. Dann geht's in Arbeitsgruppen, und schließlich findet sich alles im Plenum zu einer offenen Diskussion wieder. In Canindé war das reflektierende Subjekt das Kollektiv. Deshalb gab es auch keinen einzigen thematischen Vortrag. Jedermann war das Generalthema bekannt: »Kirchliche Basisgemeinden – Samenkörner einer neuen Gesellschaft«. Anhand der wichtigsten Fragen des Lebens bildeten sich Gruppen. Diese berichteten im Plenum ihre Ergebnisse, die dann offen diskutiert wurden. Eine Gruppe schrieb den Bericht vom laufenden Tag, während sich eine andere die wichtigsten Fragen merkte, die am folgenden Tag erneut in den Gruppen vertieft, ins Plenum gebracht und in der sich anschließenden Diskussion noch einmal offen erörtert werden sollten. Auf diese Weise wurde das Monopol gebrochen, das sonst kleine spezialisierte Eliten mit ihrem Wissen und mit ihrer Wortgewandtheit haben. Der Wert solcher Eliten soll nicht bestritten werden; aber in der Gruppe, in der jeder redet, produzieren alle das Wissen und das erhellende Wort. Vorrang hatte der Austausch von Erfahrung und Wissen: das Volk mit seinem in Kampf, Schweiß und Blut gewonnenen Wissen und der organische Intellektuelle mit seinem Wissen, das er sich aufgrund kultureller Bildung, wissenschaftlicher Reflexion und aus Büchern erworben hat. Diese Begegnung gibt dem Volk Kraft für seinen Weg, weil es sich mit Verbündeten trifft, die ihre Wissenschaft und ihr gesellschaftliches und kirchliches Prestige in den Dienst der Befreiung stellen, die ihm die große Gesellschaft versagt.

Es war wunderbar zu sehen, wie sich die Mitglieder der Basis im Plenum mit großem Selbstvertrauen vor Wissenschaftlern, Bischöfen und anderen Genossen in direkter und bedächtiger Sprache zu den großen Problemen äußerten – wie Grund und Boden, Arbeitslosigkeit und Ungerechtigkeit des Systems, das die Arbeiter mehr und mehr an den Rand drängt. Arbeiter haben weder die schönfärberische Sprache noch die Redekunst herkömmlicher Politiker, die die Probleme mehr vertuschen als offenlegen. Was sie sagen, sind keine Wörter, sondern Fakten – Realitäten, die bluten. Niemals prangern sie nur an, sondern erzählen immer auch die Siege und Errungenschaften. In ihren Berichten hat nie das Leiden das letzte Wort, sondern die Hoffnung und die Gewißheit, daß sich Gott für die Sache der Armen verbürgt und daß diese deshalb letztendlich unbesiegbar ist.

2. Eine neue Form von Kirchesein

Wer beobachtete, wie die Teilnehmer – Männer und Frauen von der Basis, Priester, Ordensleute, Theologen, Sozialwissenschaftler und Bischöfe – miteinander umgingen, konnte feststellen, daß das, was immer wieder in den Basisgemeinden zu hören ist und was auch das jüngste Dokument der Brasilianischen Bischofskonferenz dazu sagt, tatsächlich der Wahrheit entspricht: Hier ist eine neue Form von Kirchesein im Entstehen. Die Geschichte kennt verschiedene Modelle von Kirchesein. Einige sind sogar im Neuen Testament belegt: das der Gemeinde, in der das Matthäusevangelium geschrieben wurde, das paulinische Gemeindebild und das Kirchenverständnis der Pastoralbriefe (1 Tim, 2 Tim, Tit). Wir haben zwei große Paradigmen geerbt: der Kirche-als-Gemeinschaft, das mehr oder weniger im ersten Jahrtausend galt, und das der Kirche-als-Gesellschaft, das von da an bis in unsere Tage reicht. Mit den Basisgemeinden knüpfen wir schöpferisch wieder an die große Tradition des ersten Jahrtausends an, deren Wurzeln in Wirklichkeit in der Gemeinschaft der Zwölf um Jesus und in der Erfahrung der Urkirche der Apostelgeschichte (Apg 2; 4) liegen. Die Mitglieder der Basisgemeinden sind sich dieses ihres evangelischen und apostolischen Hintergrundes voll bewußt.

Was macht die Kirche-als-Gemeinschaft und was die Kirche-als-Gesellschaft aus? In der Kirche-als-Gemeinschaft herrschen die kommunitären, das heißt die unmittelbaren, primären, affektiven und namentlichen Beziehungen vor. Die Leute kennen sich mit Namen und teilen nicht nur ihren Glauben und ihre Hoffnung, sondern auch ihr Leben und ihre Kämpfe. Die so strukturierte Kirche übt neben ihrer spezifisch religiösen Funktion auch eine eminent humanisierende und intregrierende Wirkung aus.

Dagegen beruht die Kirche-als-Gesellschaft auf anonymen, funktionalen und interessengeprägten Beziehungen. Der Gläubige geht zur Kirche, den zelebrierenden Priester oder den Beichtvater braucht er dabei nicht zu kennen. Es genügt ihm die Eucharistie bzw. das Beichtsakrament. Die Beziehung ist namenlos, und jeder hat seine Funktion. Die Kirche-als-Gesellschaft hat eine sehr klare Struktur: auf der einen Seite der Klerus, dem die Verwaltung des Heiligen und die Führung des kirchlichen Lebens obliegen, und auf der anderen Seite die Menge der Gläubigen – Kunden der Pfarreien und Mitglieder in Bewegungen, die freilich nicht an die hierarchische Struktur rühren. So wundert es nicht, daß Kirche schließlich nur noch den Kreis von Hierarchen und Priestern (Papst, Bischöfe, Priester) bedeutete.

3. Vierfache Bedeutung von »Basis«

Die Basisgemeinden liegen auf der Linie der Kirche-als-Gemeinschaft. Ihr augenfälligstes Merkmal besteht in der Tatsache, daß sie *Basis* sind und sich als Basis betrachten. Was heißt *Basis* im Zusammenhang der Kirchlichen Basisgemeinden? Die Mitglieder dieser Gemeinden selbst heben in ihren Überlegungen vier hauptsächliche Bedeutungen hervor:

1. Basis ist gleichbedeutend mit Grundlage, Prinzip, Wesen. So heißt es, die Gemeinde baue auf dem auf, was für den christ-

lichen Glauben grundlegend und wesentlich sei: Jesus Christus, Evangelium und Nachfolge von Leben, Los und Leiden Christi in der Kraft des Heiligen Geistes. Dies ist die theologische Bedeutung von Basis.

2. Basis ist, was der Spitze von Kirche und Gesellschaft gegenübersteht. Das setzt einen pyramidischen Aufbau voraus, in dem die Spitze eine breite Basis zu führen und zu leiten hat. Die »Kuppel« muß die Basis nicht zwangsläufig unterdrücken. Zwischen beiden kann sehr wohl auch Partizipation und Repräsentation herrschen. Unter unseren gesellschaftlichen Bedingungen verfügt die Basis in der Regel weder über Habe noch über Macht noch über Wissen; mit anderen Worten: Basis sind die Armen. In der Kirche besteht die Basis aus denen, die nicht zum Kreis der Hierarchen gehören, das heißt aus den Laien, die kaum an den innerkirchlichen Entscheidungen (Ernennung von Bischöfen, Wahl der Pfarrer, Festlegung der Ziele in der Pastoral) beteiligt sind. Dagegen gab es Zeiten in der Kirche, in denen die Bischöfe unter Mitwirkung des Volkes gewählt wurden und eine Bischofsernennung ohne das Votum des Volkes ungültig war. Soweit die gesellschaftliche und kirchliche Bedeutung von Basis.

3. Basis kann weiter einen pädagogischen Prozeß bedeuten. Vorschläge und Entscheidungen, insbesondere solche, die alle angehen, müssen soweit wie möglich von unten her, von der Basis her, diskutiert werden und reifen. Alle kirchlichen und gesellschaftlichen Schichten müssen eingespannt werden. Basismus nennen einige dieses Vorgehen abschätzig. Aber es gibt eine alte Regel, die in der Urkirche hoch in Ehren stand: »Was alle angeht, muß auch von allen entschieden werden.« Dieses Vorgehen praktiziert die Basis allerorten in folgendem methodischem Dreischritt: Zunächst gilt es, die Realitäten zu *sehen,* die dann nach den Kriterien des Evangeliums *beurteilt* werden müssen; schließlich kommt es darauf an, so zu *handeln,* daß die Situation verändert wird. Dies ist die pädagogische Bedeutung von Basis.

4. Basis benennt endlich noch eine kleine Gruppe oder Gemeinschaft, in der die Menschen Glauben und Leben miteinander teilen und sich in dem oben unter dem Stichwort »Gemeinschaft« beschriebenen Beziehungsnetz gegenseitig stützen. Dies ist die anthropologische Bedeutung von Basis.

4. Gehören Bischöfe und Priester auch zur Basis?

In diesem Zusammenhang drängt sich die Frage auf, ob Bischöfe und Priester Basis seien. Wenn man in den Kategorien von Kirche-als-Gesellschaft denkt, dann gehört die Hierarchie, eben weil sie Hierarchie und mit dem Leitungsamt betraut ist, nicht zur Basis. Wohl aber kommt ihr gegenüber der Basis eine Aufgabe zu, insofern sie ihrer religiösen Funktion der Leitung und der Einheitsstiftung im Dienstgeist Jesu Christi nachzukommen hat, ohne den Unterschied mißbräuchlich im Sinne von Privilegien und Zentralisierung von Informationen und pastoraler Entscheidungsfindung hervorzuheben. In der neuen Form des Kircheseins hingegen gehören Bischöfe, Priester und Ordensleute insofern zur Basis, als sie sich auf den Weg der kirchlichen Gemeinden einlassen, Machttitel aufgeben und tatsächlich zu Brüdern ihrer Glaubensbrüder und -schwestern werden. Dann werden sie von den Gemeindemitgliedern auch als ihre Hirten akzeptiert, die sie im Glauben aufbauen und in ihrer Mitte die vertikale Dimension der mit der großen Tradition verbundenen Apostolizität ebenso wie die horizontale Dimension der Katholizität und Universalität als Verbindungsbrücke zur übrigen Kirche und zum Einheitszentrum im Rom der Päpste vergegenwärtigen. Dieses neue Modell von Kirchesein wird nicht nur von männlichen und weiblichen Laien gebildet, sondern es schließt alle ein – unter Berücksichtigung der Unterschiede ihrer Dienste und Ämter, wie Priester- und Bischofsamt. In dem Maße, in dem sie ihre Funktion nicht zu einer Fraktion in der Kirche machen, sondern zum Dienst der Verlebendigung und Integration der anderen Dienste (»Charismen« in der Sprache des Apostels Paulus), gehören sie zur Basis, sind Mitglieder der Kirche an der Basis (das heißt der Gemeinschaft, der kleinen Gruppe) und nehmen soweit wie möglich am induktiven Prozeß der Erarbeitung des kirchlichen Lebens teil.

Gemeinschaft ist in den Basisgemeinden ein fundamental wichtiges Datum. Freilich kommt es darauf an, daß sich diese Gemeinschaft in zwei Richtungen verwirklicht: seitens der Bischöfe und Priester gegenüber den übrigen Gemeindemitgliedern ebenso wie seitens der Gemeindemitglieder gegenüber den Priestern und Bischöfen. Allein schon die Natur einer Gemeinschaft fordert diese Wechselseitigkeit; wenn sich ein Pol verhärtet, zerbricht die Gemeinschaft unweigerlich. Es kommt zu dem Schema, nach dem sich Priester und Bischöfe die Gläubigen untertan halten, selbst aufhören, Animateure nach Art des Heiligen Geistes zu sein, und zu Chefs nach Art der Welt werden. Oder umgekehrt können die Laien die Bischöfe unter Druck setzen und an den Rand drängen, so daß die Gemeinde kopflos wird.

Das Fünfte Interekklesiale Treffen in Canindé war ein einziger Aufruf, daß sich noch mehr Bischöfe und Priester auf den Weg der Basisgemeinden einlassen. Im Zeugnis der teilnehmenden Bischöfe heißt es treffend: »Die Gemeinschaft mit den Bischöfen ist ein weiteres Merkmal der Basisgemeinden. Es wurde in der Begeisterung sichtbar, mit der sie sich äußerten, wenn ihre Bischöfe und Priester anwesend waren, wie auch in den Klagen des einen oder anderen, wenn dies nicht der Fall war.« Die Feststellung der Bischöfe ist deshalb wichtig, weil sie einige böse Zungen widerlegt, die – ohne Beweise zu bringen – behaupten, in Kürze drohe uns eine parallele, das heißt von der Gemeinschaft mit der Hierarchie losgelöste »Kirche des Volkes«.

Was von den Mitgliedern der Basisgemeinden kritisiert wird, ist nicht der priesterliche und bischöfliche Dienst, sondern ein gewisser Stil in der Ausübung des heiligen Amtes, den Jesus im Evangelium mit der Haltung von Heiden und den weltlichen Hampelmännern unserer Gesellschaften vergleicht (vgl. Mt 20,25–27; Lk 22,25–27). In diesem Sinn wurden bei den Plenumssitzungen heftige Appelle laut, daß die Seminaristen schon von früh an im Zusammenleben mit dem Volk ihre Ausbildung erfahren und ihren Glauben mit den Gemeinden teilen und daß die jungen Ordensleute nicht weiter gezwungen werden sollen, ihr Studium fern von ihrer Herkunft aus dem einfachen Volk zu machen. Denn oft genug sagen sie dann aufgrund ihres Studiums und Lebensstils ihrer Zugehörigkeit zur Klasse der Kleinen ab und übernehmen die Denk- und Lebensformen der herrschenden Klassen. Überdies legen sie das Gelübde der Armut ab und vergessen dabei, daß sie aus Familien stammen, die ohne das Verdienst des Gelübdes wirklich in einer Situation der Armut leben. Ebenso wurde die Notwendigkeit betont, daß die Führungskräfte der Gemeinden tatsächlich an der Basis bleiben, denn nur so haben der Gemeinschaftscharakter der Basisgemeinden und ihre besondere Gestalt des Kircheseins Bestand.

5. Die Kirchlichkeit der Kirchlichen Basisgemeinden

Wir sprachen bereits darüber, was Gemeinschaft und was Basis bedeutet. Was noch fehlt, ist eine – summarische – Reflexion über die Kirchlichkeit der Basisgemeinden. Sie wollen sichtbare Kirche sein, die durch die vier Elemente: Glauben, Feier des Gottesdienstes, Gemeinschaft und Mission, konstituiert wird. Die Kostbarkeit des *Glaubens* ist das große Kennzeichen der Basisgemeinden. Glaube ist hier nichts Süßliches, kein Allheilmittel für Mittelmäßige, kein Zufluchtsort für Angsthasen, keine Resignation vor dem Elend der Welt. Glaube ist hier Prinzip von Kritik und Engagement zur Befreiung des ganzen Menschen und jedes Menschen, angefangen mit den objektiv Unterdrückten unserer kapitalistischen Gesellschaft. Die wichtigsten Bezugspunkte markieren für einen solchen Glauben das Wort Gottes, die Praxis Jesu und das Vertrauen auf die vulkanische Kraft des Geistes. Jemand sagte im Plenum: »Wir bringen das Evangelium in unser Leben und unser Leben ins Evangelium.« Aus der wechselseitigen Verbindung zwischen Evangelium und Leben entstehen die Dimension der Befreiung von aller Ungerechtigkeit und der Hunger und Durst nach Mitbestimmung und Teilhabe an Gesellschaft und Kirche. Der Glaube wird zum Sauerteig, der die Menschen auf den Weg bringt (»Weg« ist ein Schlüsselwort der Basisgemeinden). Dort gibt es Kampf und Auseinandersetzung mit den Kräften des Antireiches, und es fehlt nicht an Märtyrern, aber auch nicht an Samenkörnern des neuen Himmels und der neuen Erde. Im Dienst am Glauben entstehen die verschiedensten Ämter und Dienste: Prediger des Wortes, Bibelkurse, Katechese, Vorbereitung auf die Sakramente des Glaubens usf.

Eine Kirche lebt nicht nur vom Glauben, sondern vor allem von den *Feiern des Glaubens.* Feiern heißt nicht einen Ritus vollziehen, sondern das Leben vor Gott und vor den Brüdern und Schwestern im Ritus feiern. Die Basisgemeinden reservieren ihre Hoch-Zeiten für die gottesdienstlichen Feiern. In Canindé fanden wie schon bei den früheren Treffen jeden Tag große, von den Teilnehmern selbst vorbereitete Feiern statt. Der Symbolreichtum des Volkes und das Einbeziehen des Körpers, der Musik und der Volkskultur (Bänkelsänger und Stegreifdichter) zeigen, wie kalt und formal die Mehrzahl der liturgischen Gottesdienste der Großkirche ist. Viele Teilnehmer werden wohl nie die Feier der Vergebung vergessen, die der große Bischof und Prophet Dom Pedro Casaldáliga zusammen mit einer Gruppe von Laien leitete. Die ganze anwesende Gemeinde fühlte sich – ganz auf der ekklesiologischen Linie des Zweiten Vatikanischen Konzils – als Sakrament, das die Vergebung vermittelt und weitergibt. Auf Bitten Dom Pedros standen die verschiedenen Gruppen auf, zunächst die Schwarzen, dann die Landarbeiter und Kleinbauern, die Frauen und die Mitarbeiter in der Pastoral. Sie hielten ihre Hand über den Kopf des Nachbarn und versinnbildeten so, daß Gott sein Erbarmen über jeden von ihnen ausgießt. Zum Schluß wurden die anwesenden Bischöfe gebeten, vor der Versammlung niederzuknien und Verzeihung zu erbitten. Mit ausgestrecktem Arm – wie Mose auf dem Berg – boten sie dann im Namen Gottes und der Kirche die Vergebung des Vaters an. In solchen Feiern erarbeitet sich das Volk die Mystik von Widerstand und Engagement. Wie kein Stern ohne Lichthof strahlt, so gibt es auch keinen Veränderungsprozeß ohne eine mächtige, symbolträchtige Idee und ohne die Voraussetzung von Werten, die immer wieder zu verändernden Handlungen anregen.

Die Kirchlichkeit der Basisgemeinden schließt außer Glauben und Feier die *Gemeinschaft* ein. Wir sprachen bereits davon und brauchen nicht weiter darauf einzugehen. Dennoch möchten wir noch einmal unterstreichen, daß die Gemeinden einen neuen Stil in der Gemeinschaft aller fordern. Neben dem Bischof muß auch der Bänkelsänger zählen und Geltung finden, neben dem Priester der Laie, der eine Gruppe leitet, neben dem Ordensmann der Landarbeiter und neben dem Armen, den Gott liebt, gerade weil er arm und nicht so sehr weil er gut ist, auch der Reiche, der sich zur Sache der Gerechtigkeit bekehrt hat. In der Kirche-als-Volk-Gottes herrscht eine evangelische Geschwisterlichkeit, die in der Komplementarität der Funktionen und in der Überwindung der starren kirchlichen Arbeitsteilung zum Ausdruck kommt. Niemand hat das Monopol des Lehrens, sondern alle lernen voneinander, alle sind Schüler des alleinigen Lehrers Jesus (vgl. Mt 23,10). Jemand sagte in Canindé: »An den Basisgemeinden sind die nach der Apostelgeschichte echten Merkmale von Kirchlichkeit abzulesen: der apostolische Glaube, das Brechen des Brotes, die Gemeinschaft bzw. das Teilen der Güter und das Gebet. Mehr noch: Freude, Verfolgung um des Glaubens willen, Offenherzigkeit des Wortes (parrhesia) und Wanderpredigertum. Und ihrem ganzen Stil nach sind sie *eins* (das heißt geeint vermittels der Bischöfe mit der Großkirche und vereinigt mit Jesus Christus, mit dem Reich Gottes, mit seiner Sendung und mit seiner Hoffnung), *heilig* (durch das Engagement für Gerechtigkeit, durch die Solidarität usf.), *katholisch* (weil sie sich an jeden Menschen und an den ganzen Menschen wenden) und *apostolisch* (weil sie zum Glauben, zum Leben und zur Sendung der Apostel ebenso wie zur Gemeinschaft mit den Hirten der Kirche stehen, obwohl diese ihnen zuweilen nicht in der gleichen Weise entsprechen).«

Das letzte Grundelement der Kirchlichkeit besteht in der *Mission* und im Dienst an den Menschen in der Welt. Wie man leichter an das Geheimnis Jesu von seiner göttlichen Sendung her herankommt, so läßt sich auch das Wesen der Kirche besser von ihrem Auftrag her verstehen. Unbestritten ist, daß die Grundmission der Kirche in der Evangelisierung besteht. Die Kirche hat die Botschaft Jesu vom Reich Gottes weiterzutragen und dieses in der Geschichte der Völker auszubreiten. Normalerweise vollzieht sie ihren Auftrag in zwei Grundweisen: in Prophetie und Pastoral. In der Prophetie *sagt* die christliche Gemeinde das Vorhaben *an,* das Gott in Jesus Christus konkretisiert hat und das er im Geist durch die Zeit hindurch stets aufs neue wieder vergegenwärtigt; ebenso *klagt* sie aber auch die Kräfte des Antilebens und des Antireiches *an* und nimmt damit als Konsequenz ihres Mutes Verfolgung und Martyrium auf sich. In der Pastoral begleitet die christliche Gemeinde Menschen und menschliche Gruppen in ihrer jeweiligen konkreten Situation, bestärkt sie in der Hoffnung, fördert Leben und uneingeschränkte Offenheit für die anderen und für Gott und schafft Gemeinschaften des Glaubens, der Hoffnung und der Liebe, die sich für umfassende Befreiung engagieren. Was Lateinamerika anbelangt, so fühlt sich die Kirche in ihrer Sendung hier durch die kollektive Unterdrückung herausgefordert, die auf den Menschen lastet. Aus diesem Grund muß sich ihre Pastoral als befreiend erweisen, muß die Rechte der Armen fördern und allenthalben für Gemeinschaft, Beteiligung und Mitbestimmung sorgen.

Gestützt auf diese vier Säulen, haben die Kirchlichen Basisgemeinden nicht nur ekklesiale Elemente, sondern sie sind wirklich Kirche an der Basis und unter dem verarmten Volk. Treffend sagte Papst Johannes Paul II. den Leitern von Basisgemeinden am 10. Juli 1980 in Manaus (Staat Amazonas): »Kirchlich sein ist ihr eigentlicher Ausweis und ihre Weise, zu sein und zu handeln« (Nr. 3).

6. Das Herz des Untiers treffen

Hauptanliegen der Fünften Interekklesialen Begegnung war es, die Frage nach dem Verhältnis zwischen Basisgemeinden und neuer Gesellschaft zu vertiefen. Ein Problem beschäftigte uns einen ganzen Tag lang: Wie sieht das Leben des Volkes in den einzelnen Regionen aus, und wie reagiert das Volk darauf? In den Berichten kamen im wesentlichen fünf Problemknoten zur Sprache: fehlender Grund und Boden, die Proletarisierung von Landarbeitern und Kleinbauern, die hoffnungslose Arbeitslosigkeit, die Dürre in Nordostbrasilien und der allgemeine Hunger. Die Diskussionen im Plenum zeigten, daß die führenden Klassen nicht mehr den geringsten Kredit haben: Die Regierung hat alles Ansehen verspielt und wird nicht als Repräsentantin des Volkes, sondern als Vertreterin der Interessen des Kapitals betrachtet. Die Gruppen analysierten ihre Elendssituation bereits mit beachtlichem theoretischem Vermögen. So heißt es in dem Brief der Vertreter der Basisgemeinden in Canindé an die Gemeinden im ganzen Land: »So wie die Gesellschaft heute strukturiert ist, ist sie schlecht und verfault; sie produziert immer mehr Armut und Tod in unserem Volk.« Über das System ist das Gerichtsurteil bereits ergangen. Worum es jetzt geht, ist, es zu überwinden. Mit einem gewissen, in erbitterten Lebenskämpfen erworbenen Stolz schreiben die Teilnehmer in ihrem Brief von Canindé: »Gegen jede einzelne Kralle des Untiers bauen die Gemeinden und das organisierte Volk eine Verteidigung auf. Freilich wissen wir, daß es nicht damit getan ist, die Krallen des Drachen anzugehen, an sein Herz müssen wir herankommen, wenn wir ihn aus dem Weg der Befreiung schaffen wollen.« Sie wissen, daß es darauf ankommt, das Volk auf jede nur mögliche Weise zu organisieren und Verbindungen zwischen allen für die Befreiung eintretenden Bewegungen herzustellen.

Ein ganzer Tag galt der Frage, wie die Veränderung der Gesellschaft christlich zu motivieren sei. Ausdrücklich wird erklärt: »Wir Christen in den Kirchlichen Basisgemeinden wollen die Befreiung im Glauben, die Befreiung, die geboren wird aus dem Evangelium und aus der Bereitschaft, das Reich Gottes anzunehmen.« Während der langen Debatten im Plenum konnte man beobachten, daß diese neuen Christen einen neuen Ausdruck für den Glauben entwickeln. Der Glaube schwebt nicht gestaltlos über der Geschichte. Er enthüllt, wieweit Gottes Zielsetzung in der Geschichte verwirklicht bzw. geleugnet wird. Glaube bedeutet eine befreiende Sicht der Welt. Im Brief von Canindé heißt es mit theologischer Schärfe und rührender Einfachheit zugleich: »Der Plan Gottes des Vaters geht dahin, daß wir uns alle als seine Kinder verstehen, als Brüder und Schwestern lieben und die Früchte der Erde allen zur Befriedigung ihrer Bedürfnisse zur Verfügung stellen. Er hat mit uns einen Bund geschlossen, daß wir in Gerechtigkeit, Recht und Geschwisterlichkeit leben. Wenn es Arme unter uns gibt, ist das ein Zeichen dafür, daß der Bund gebrochen wurde. Und wenn die Armen schreien, hört sie Gott, prangert unsere Sünde an und verlangt, daß wir umkehren und die Gesellschaft ändern. In der Gesellschaft darf es weder Arme noch Reiche geben, sondern alle müssen sich für das Gemeinwohl einsetzen und zusammen an ihm arbeiten.« Um Begründungen für ihr Befreiungsengagement zu suchen, brauchen die Basisgemeinden nicht an fremden Quellen zu trinken. Es genügt, daß sie das Credo in die Tat umsetzen, um dieses Modell des Zusammenlebens abzulehnen, weil es den Mitmenschen dermaßen zerstört, daß ihm gar der Glaube an das Geheimnis Gottes schwer wird. So heißt es im Canindé-Papier: »Wer das Antlitz des Bruders entstellt, macht das Antlitz Christi unkenntlich, das ja im Gesicht eines jeden Gotteskindes aufleuchtet.«

Der Einsatz für Veränderung bleibt nicht auf der Ebene der Bewußtseinsbildung stehen. Die Berichte schilderten in beeindruckender Weise die Kämpfe des Volkes: auf dem Land gegen die Vertreibung von Grund und Boden, in den Favelas gegen den Abbruch der Notunterkünfte, und zwar in organisiertem Widerstand, und allerorten im Erobern der Gewerkschaften durch echte, ehrliche Führungskräfte. Eine Gruppe von Gemeinden aus dem Staat Espírito Santo erzählte, gemeinsam mit anderen Bewegungen sei es ihnen gelungen, vier städtische und acht ländliche Gewerkschaften zu erobern. Sie schilderten, wie sie ihre Siege immer durch eine – mit anderen Volksbewegungen verbunden – Organisation der Basisgemeinden und in harten Kämpfen erreicht hätten. Aufgrund dieser Siege entsteht dann wie in biblischen Zeiten eine ganze Volks-Literatur mit Gedichten und Liedern von großer Schönheit. In diesem Material findet sich das Beste an Theologie, das in den Gemeinden erarbeitet wird und das ihre Mitglieder selber vortragen. Für diese Christen ist der Glaube nicht irgendein Instrument neben anderen zur Befreiung der Menschen. Nein, denn er ist viel mehr: Er ist der Anfang und das Ende jeden Kampfes und der umfassende Horizont, innerhalb dessen alles seinen Ort hat und alles in einer Perspektive der Ewigkeit verklärt wird. Diese Menschen geben dem Glauben seine Würde zurück: Er soll nicht die Ungerechtigkeit der Gesellschaft verbergen oder das schlechte Gewissen der Unterdrücker besänftigen, sondern er soll die Früchte des Reiches Gottes hervorbringen, die da sind Wahrheit, Gerechtigkeit und geschwisterliches Zusammenleben. Zwischen Glauben und Befreiung besteht eine Wesensübereinstimmung, die die Mitglieder der Basisgemeinden überzeugend in ihrem Leben realisieren.

7. Samenkörner einer neuen Gesellschaft

Jeder ist für eine neue Gesellschaft. Dabei gehen die Technokraten davon aus, sie, die für das einfache Volk nur souveräne Verachtung haben, würden mit ihrem elitären Wissen die neue Gesellschaft schon herbeiführen. An den Folgen dieser Illusion, die in Wirklichkeit nichts anderes als eine Vergewaltigung ist, haben Brasilien und die Dritte Welt zu leiden. Die bewußt gewordenen Mitglieder der Basisgemeinden sind davon überzeugt, daß nur die Mobilisierung der gesamten Basis, das heißt aller, die sich mit ihnen zusammentun und die enorme Schöpfungskraft des Volkes anerkennen, eine neue Gesellschaft aufzubauen vermag, in der jeder Mensch für den anderen ein Freund und nicht ein potentieller Wolf ist. Die Basisgemeinden sind kein Instrument für etwas ihnen Fremdes; mit der Art, wie sie organisiert sind, wie sie die anfallenden Aufgaben verteilen, Informationen austauschen und ihre interne Macht demokratisch handhaben, stellen sie eine Miniatur einer neuen Gesellschaft dar. Dies kommt in der gegenseitigen Achtung, im Geist der Zusammenarbeit, in der ständig praktizierten Solidarität, in der Anerkennung auch des Wertes des Kleinen und in der Unterstützung der noch Ärmeren zum Ausdruck. Dieses Suchen und diese Praxis wird gut im Text eines der beliebtesten Lieder dargestellt, das Paul VI. Tränen in die Augen trieb, als er es hörte: »Ich glaube, die Welt wird besser sein, wenn die Kleinen in ihrem Leid an die noch Kleineren glauben.«

So entwickeln sich die Kirchlichen Basisgemeinden zu einem fruchtbaren Boden für Vorkämpfer der Veränderung, die den Mut zum ersten Schritt haben und nicht die Hände in den Schoß legen, bis die große Morgenröte der Befreiung anbricht. Diese kommt nicht durch bloße, großenteils routinemäßige Diskussionen über die unterschiedlichen Gesellschaftsformen. Sie kommt durch die Praxis sowie durch das, was sich das organisierte Volk in seinem Kampf für die würdige Gestaltung des Lebens und der verschiedenen Lebensbereiche nach und nach erarbeitet. Die Basisgemeinden schaffen nicht nur den neuen Christen, der sich als Bewohner des himmlischen Jerusalem versteht, das schon in der Stadt gerechter und solidarischer Menschen beginnt, sondern auch den Bürger, der sich für seine Brüder und Schwestern engagiert und den Mut hat, sein Blut und sein Leben für eine so großartige Sache einzusetzen. Allein schon diese Tatsache verleiht der Kirche an der Basis, die ja eine »Hoffnung für die ganze Kirche« (Paul VI.) ist, Würde und Größe.

VII. Basisgemeinden und Theologie der Befreiung

Zwischen dem Phänomen der Kirchlichen Basisgemeinden und der Theologie der Befreiung besteht eine sehr enge Verbindung. Im lateinamerikanischen Kontext läßt sich das eine nicht ohne das andere denken. Die Basisgemeinden und die Theologie der Befreiung sind zwei Momente ein und desselben Prozesses, in dem das Volk mobil wird und der vom Volk in Gang gebracht wird. Die Basisgemeinden stehen für die Befreiungspraxis des Volkes, und die Theologie der Befreiung steht für die Theorie dieser Praxis. Der Deutlichkeit halber werden wir jeden einzelnen dieser Pole gesondert behandeln, um sie sodann miteinander zu verknüpfen und zu zeigen, wie sie sich gegenseitig durchdringen.

1. Kirchliche Basisgemeinden: Kraft seines Glaubens schließt sich das arme und gläubige Volk zusammen

Die Basisgemeinden, die sich wie ein Netz über das ganze Land spannen, lassen sich nicht isoliert als ein rein innerkirchliches Phänomen verstehen. In Wirklichkeit bedeuten sie die religiöse Seite der Tatsache, daß das Volk seit den sechziger Jahren in ganz Lateinamerika – wenn auch an unterschiedlichen Fronten – mobil geworden ist. Lateinamerika wurde immer fester in das System des transnationalen Kapitalismus eingespannt. Dies führte zu gesellschaftlichen Widersprüchen, die die Schichten des verarmenden und angesichts der Errungenschaften der Entwicklung verrandenden Volkes unmittelbar zu spüren bekamen. Als dann die Militärregime mit ihrer Ideologie der Nationalen Sicherheit auf den Plan traten und dem Volk seine Ausdruckskanäle (Parteien, Gewerkschaften, Verbände von Industrie- und Landarbeitern usw.) zerschlagen wurden, gewannen die kirchlichen Gemeinden über ihre erste, das heißt religiöse Aufgabe hinaus eine beträchtliche gesellschaftliche Bedeutung.

Im Rahmen dieser allgemeinen Mobilisierung müssen wir uns

noch drei weitere Bewegungen innerhalb der Kirche vergegenwärtigen, deren Zusammentreffen zum Entstehen der Kirchlichen Basisgemeinden geführt hat: die Bewegung der *Volkskate-
cheten* in Barra do Piraí (Staat Rio de Janeiro), die in den sechziger Jahren gegründet wurde, um den Priestermangel in der Diözese wettzumachen; die *Bewegung für Basiserziehung* (Movi-
mento de Educação de Base: MEB) in Natal (Staat Rio Grande
do Norte), die mit ihren Radioschulen in Schichten des armen
und unterdrückten Volkes Evangelisierung und ganzheitliche
menschliche Förderung miteinander verband, sowie die *Pläne
für die Gesamtpastoral,* mit denen die Brasilianische Bischofskonferenz schon vor dem Konzil alle lebendigen Kräfte der Kirche, vor allem die Pfarreien und die Laien, zu dynamisieren versuchte. Ohne das innerliche und äußerliche Ineinandergreifen
dieser drei Bewegungen ist das Entstehen der Basisgemeinden
mit ihren alternativen Praxismodellen kaum zu verstehen. Die
kirchlichen und die gesellschaftlichen Belange gehen im Selbstverständnis der Gemeinden von Anfang an Hand in Hand.

Wie ist eine Basisgemeinde strukturiert? Wie funktioniert sie?
Eine Kirchliche Basisgemeinde besteht aus fünfzehn bis zwanzig
oder mehr Familien, die sich um das Wort Gottes versammeln,
um ihren Glauben zum Ausdruck zu bringen und zu stärken, ihre Probleme im Lichte dieses Wortes zu besprechen und sich gegenseitig zu helfen.

Eine Kirchliche Basisgemeinde ist zunächst einmal *Gemeinde*
bzw. Gemeinschaft. Das heißt: Es geht um Primär- und Nach-
barschaftsgruppen mit unmittelbaren Beziehungen und gleichberechtigten Beteiligungsmöglichkeiten. Zweitens ist sie eine
kirchliche Gemeinde. Das religiöse Element macht das struktu-
rierende Prinzip aus; das Evangelium und das Gefühl, zur Kirche zu gehören, ermöglichen das Zustandekommen der Gemeinde. Schließlich eignet der Kirchlichen Basisgemeinde das Merkmal der *Basis.* Ihre Mitglieder, die Arbeiter, kleine Angestellte,
Unterbeschäftigte, Hausfrauen, Kleinbauern, Landarbeiter oder
kleine Eigentümer, mit einem Wort: Angehörige der unteren
Volksschichten sind, stammen in ihrer überwiegenden Mehrheit
von der Basis der Gesellschaft. Auch in der Kirche bilden sie die
Basis; handelt es sich doch um Laien, das heißt einfache Christen, die allenfalls einmal in einem pfarrlichen Verein (Gebets-

apostolat, Eucharistischem Kreuzzug, Marianischer Kongregation u.ä.) waren. Am Anfang stehen immer mehrere Bibelkreise, die sich nach und nach stabilisieren, bis sie schließlich zur Gemeinde zusammenwachsen; diese besteht somit in der Regel aus zehn bis zwanzig solcher biblischen Reflexionsgruppen. Monitoren und Koordinatoren bringen Leben in die einzelnen Gemeinden, stehen ihnen vor und sorgen für ihren Zusammenhalt. Sie treffen sich ein- oder zweimal die Woche. In den Gemeinden selbst entwickeln sich verschiedene Dienste (Laienämter), wie Beauftragte für Krankenbesuche, Kinderkatechese, Jugendarbeit, Ehepastoral oder Verbindung zu anderen Gemeinden bzw. Volksbewegungen (Gewerkschaften, Stadtteilgruppen, Mütterkreisen usw.).

Die bei solchen Treffen übliche Methode ist der Dreischritt, der sich in der lateinamerikanischen Praxis und Reflexion mittlerweile voll und ganz bewährt hat: Sehen – Urteilen – Handeln. Zur Eröffnung wird stets gesungen, werden spontane Gebete gesprochen, ein Stück aus der Bibel wird gelesen, Probleme werden diskutiert, im Lichte des gehörten Schriftwortes erläutert und gemeinschaftlich kommentiert. Das Stück aus der Bibel wird mit dem Stück aus dem Leben konfrontiert. Am Schluß stehen dann Beschlüsse, die auf gemeinsames Handeln abzielen. Grundsätzlich geht es dabei darum, in jedem Fall vom Leben, so wie die Menschen es empfinden, her zu kommen. Von dort aus befragen sie die biblischen Texte auf ihre Bedeutung hin.

Der Bewußtseinsstand der Gemeinden entwickelt sich normalhin in drei Schritten. Am Anfang entdecken die Leute die *Kirche,* oder besser: sie entdecken, daß sie Kirche sind. Also halten sie Gottesdienste, greifen zur Bibel, besprechen Schrifttexte, formulieren Gebete, üben szenische Darstellungen und gottesdienstliche Feiern ein. In einer zweiten Phase geht ihnen das *Leben* auf, häusliche und berufliche Probleme, die Armut der Gruppe...; alles das ist für Glauben und Evangelium nicht gleichgültig. Aus ihrer religiösen Inspiration heraus fangen die Menschen an, sich gegenseitig zu helfen. In einem dritten Moment entdecken sie die *Gesellschaft* mitsamt ihren Unterdrückungsmechanismen. Dabei werden sie gewahr, daß ihre Situation als Randexistenzen das Produkt einer bestimmten Art von elitenbezogener Gesellschaft ist, in der einige wenige alles in ihrer Hand haben. In aller Regel sieht das einfache Volk die Dinge zunächst *religiös:* Die Armut, die ihm zu schaffen macht, ist Unterdrückung und bedeutet Sünde und Widerspruch gegen den Heilsplan Gottes. Danach sieht es alles *moralisch:* Es handelt sich um soziale Ungerechtigkeit, Habgier und ungezügeltes Gewinnstreben. Sodann gehen den Leuten *politische* Lichter auf: Klasseninteressen, Ausbeutung und Grundrechtsverletzungen sind hier im Spiel. Und schließlich finden sie zu einer *ökonomischen* Deutung: Eine Klasse beherrscht die andere, beide leben unter ungleichen Bedingungen, es herrscht Unterdrückung. Natürlich folgen die Etappen nicht mechanisch aufeinander, aber in Gruppen mit fortgeschrittenem Bewußtseinsstand werden die Ebenen der Analyse klar vor Augen gehalten. Wichtig dabei ist zu sehen, daß die Gemeinden mittels ihrer religiösen Reflexion und moralischen Fühlsamkeit zu politischen und gesellschaftlichen Problemen vorstoßen.

2. Gesellschaftliche und politische Bedeutung der Kirchlichen Basisgemeinden

Zunächst einmal: Die Bedeutung der Basisgemeinden für die Kirche ist sehr groß. Man spricht sogar von einer Ekklesiogenesis, will sagen: Aus dem Glauben des Volkes entsteht die Kirche neu. Die Basisgemeinden rühren an die Machtstruktur in der Kirche. Die Bewegung der Basisgemeinden setzt allerorten einen Prozeß zur Neuverteilung der sakralen Macht in Gang: Mit Lehre, Kult und Organisation hat es jetzt eine größere Zahl von Gläubigen zu tun. Auf den innerkirchlichen Aspekt möchten wir nicht weiter eingehen, weil er über das Thema hinausreicht, das wir uns vorgenommen haben. Näher erörtern möchten wir dagegen die gesellschaftliche und politische Dimension, wobei wir uns dessen bewußt sind, daß diese weder unabhängig von jener zu haben ist noch losgelöst von ihrem evangelischen und ekklesialen Hintergrund existieren kann.

a. Der befreiende Charakter des christlichen Glaubens
Um die gesellschaftlichen und politischen Züge der Kirchlichen Basisgemeinden zu begreifen, müssen wir zunächst bedenken, daß der Glaube hier einen befreienden Charakter angenommen hat. Bekanntlich diente die christliche Religion in der Geschichte des Westens und insbesondere während der Zeit, in der unser

Erdteil von Spaniern und Portugiesen kolonisiert wurde, ja selbst noch in jüngerer Zeit als ideologischer Apparat zur Rechtfertigung der herrschenden Mächte. Soziologen wie Max Weber und Karl Marx maßen der Religion just die Funktion bei, die unterdrückten Klassen zu besänftigen und die herrschenden Klassen zu rechtfertigen. In den Basisgemeinden wird nun jedoch die Religion zum Faktor von Mobilisierung, Protest und Befreiung. Überdies ist in der Religion im umfassenden Sinn ja auch die Rede von den Letzten Dingen und von den großen Idealen des Lebens wie Liebe und Gerechtigkeit, ohne daß sie allerdings konkrete Vermittlungen oder Handlungsstrategien böte. Wenn sich das einfache Volk in den Basisgemeinden im Namen des Evangeliums zusammenschließt, dann verbindet es damit ganz konkrete Interessen: eine Schule in einem Vorstadtviertel, Wasserversorgung, Omnibusverbindung, Lebensunterhalt, Lohnforderungen usf. Wie kam es zu diesem Kurswechsel? Welches Verhältnis besteht zwischen Glauben und sozialem Engagement?

Als erstes müssen wir festhalten, daß die Religion die natürliche Weltsicht des armen Volkes ist. Anders als die intellektuellen Eliten sind diese Menschen weder durch Aufklärung noch Säkularisierung gegangen. Die Religion ist für sie das Eingangstor zu allen Problemen. Wo das Volk irgendeinen Widerspruch sieht zwischen seinem Glauben und politischen Angeboten, die ihm gemacht werden, reagiert es sogleich mit Argwohn und Zurückhaltung. Das gilt insbesondere, wenn ihm Marxisten begegnen, die die Volksreligion kritisieren und sich als Atheisten ausweisen.

Die Religion offenbart erst dann ihre befreiende Dimension, wenn sich das Volk davon frei macht, das religiöse Kapital als Deckmantel für gesellschaftliche Widersprüche zu betrachten. So gibt es zum Beispiel einen Umgang mit der Bibel vom Vorverständnis der herrschenden Klasse her: Alles ist harmonisch, und Konflikte werden in eine abstrakte Sphäre verlagert, zwischen Gut und Böse, zwischen Sünde und Gnade, zwischen Teufel und Gott. Die ganz realen Widersprüche zwischen den Unterdrückten und Hungernden einerseits und den wohlhabenden und wohlgenährten Klassen andererseits kommen in diesem Bibelverständnis nicht vor. Wo jedoch das Volk anfängt, die Schrifttexte selbst zu deuten und vor dem Hintergrund seiner gesellschaftlichen Lage als Randexistenzen zu deuten, dort gewinnt das Gottesbild die Züge eines Gottes der Armen und der Gefangenen in Ägypten. Dieser Gott sagt jetzt: »Ich habe das Elend meines Volkes in Ägypten gesehen, und ihre laute Klage über ihre Antreiber habe ich gehört. Ich kenne ihr Leid. Ich bin herabgestiegen, um sie aus der Hand der Ägypter zu befreien« (Ex 3,7). Die befreiende und nicht mehr mystifizierende Dimension der Religion hängt von dem gesellschaftlichen Standort ab, den man als Betrachter einnimmt.

In kleinen Trainingskursen an Wochenenden erlernen Gemeindeleiter und Mitglieder von Bibelkreisen diese Art, die Gründungstexte zu verstehen. Selbstverständlich ist ein solches Verständnis interessenorientiert (ideologisch, wenn man so will), wie jedes Verständnis es ist. Hier indes besteht das Interesse in der Befreiung der Armen, und dies ist das Interesse der ganzen Bibel und vor allem der Evangelien. So kann man sagen, das Anliegen der Befreiung sei ein hermeneutischer Ort, welcher der Lektüre biblischer Texte voll und ganz entspreche und der Eigenart der Offenbarung keine Gewalt antue.

Aber weder die Bibel noch die Situation der Armut führen je allein zur befreienden Interpretation. Entscheidend ist, wie die beiden Wirklichkeiten miteinander in Verbindung gebracht werden. Erst das eine in Auseinandersetzung mit dem anderen – das Kapitel der Bibel mit dem Kapitel des Lebens – gibt den Impuls, sich für die Veränderung der Gesellschaft zu engagieren. Von dorther verbindet das Volk Religiöses und Soziales.

Wenn Religion eine befreiende Seite aufweist, dann muß allerdings gesagt werden, daß dies nur *ein* Aspekt der Religion ist. Religion geht nicht in dieser Perspektive auf. Religion ist nur dann befreiend, wenn sie bleibt, was sie ist: Religion, die von ihrem eigenen Kern lebt; und der ist: Gebet, gottesdienstliche Feier, Danksagung und Mystik. Religion ist eine nichtpolitische Größe, die freilich weder apolitisch noch antipolitisch, sondern überpolitisch ist und eine politische Funktion hat. Sie nimmt die Politik mit ihrem Streben nach Verabsolutierung unter ihre Kontrolle und hält sie in den Schranken des Relativen. Die Dimension der Befreiung ist etwas, was zur Religion nicht hinzukommt, sondern aus ihr erwächst. Der konkrete religiöse Diskurs ist auf seine Weise befreiend. Diese Erkenntnis ist wichtig gerade für Pastoralträger aus der Mittelschicht, die unter dem armen Volk arbeiten wollen. Mit gutem Willen allein ist es nicht getan. Hinzukommen muß ein Wechsel des gesellschaftlichen Ortes, der seinerseits bedeutet, daß man sich die Optik der Armen zu eigen macht und eine Ideologie übernimmt, die der herrschenden und beherrschenden widerspricht. Christlicher Glaube ist eine machtvolle Mystik, die alles Handeln des Glaubenden durchwirkt. Selbst bei eingehenden Gesellschaftsanalysen wird der Glaube nicht seiner Funktion enthoben, sondern durchdringt die Rationalität und geht mit ihr eine Symbiose ein. Seine Aufgabe besteht darin aufzudecken, welchen letzten Sinn die Geschichte – einschließlich der Politik – hat.

Nach dieser Klärung können wir jetzt den einen oder anderen gesellschaftlichen und politischen Zug an den Kirchlichen Basisgemeinden erarbeiten.

b. Basisgemeinden – Ort, an dem die Masse zum Volk wird

Die Armen sind in Lateinamerika immer am Rande der großen Gesellschaftsprozesse gehalten worden. Die Gesellschaft zielt nicht auf die Grundbedürfnisse der Armen ab, sondern berücksichtigt nur die Minderheiten, die nahezu alles besitzen und unter ihrer Kontrolle haben. Die Menschen bei uns bilden kein Volk mit Selbstbewußtsein, Gesellschaftsprojekt und Geschichte, sondern eine gestaltlose und manipulierbare Masse. Die Bedeutung der Basisgemeinden bestand nun insgesamt darin, daß das zerrissene soziale Netz wiederhergestellt wurde. Die Menschen, die sich fortan versammeln, ergreifen das Wort und können ohne Angst vor Repression sagen, was sie denken, in ihrer Sprache ihre Probleme diskutieren und mit dem besonderen Symbolreichtum der unterdrückten Klassen ihre Gottesdienste feiern. Über den religiösen Aspekt hinaus ist die Basisgemeinde gerade deshalb eminent wichtig, weil sie der Ort ist, an dem die Masse Volk werden kann. Entscheidend ist nicht, was die Menschen diskutieren; entscheidend ist, daß sie den Mund auftun und sich als Subjekte ihrer eigenen Rede verstehen, die bisher stets als dumm verachtet oder als mythologisch diffamiert wurde. In den Basisgemeinden entstehen Bande von Gesellschaftsfähigkeit, Dialog und Reflexion – alles Größen, ohne die Politik bloße Rhetorik ist. Fast jedermann in den Basisgemeinden steht unter dem Diktat der Grundbedürfnisse von Nahrung, Kleidung und Wohnung. Tag für Tag, von morgens bis abends derselbe

Kampf ums Überleben. In den Basisgemeinden tut sich den Menschen in gewisser Weise ein Spalt ins Reich der Freiheit auf: Man freut sich, daß man beisammen sein kann, daß man – was ganz wichtig ist – tanzen, feiern und Gottesdienste halten kann. Derartiges Tun, das für Klassen mit normalem Einkommen kein Problem ist, bedeutet für die Armen Räume, in denen sie wieder Lust am Leben, Hoffnung und Lebensmut bekommen, den ihnen ein wahnwitziges und zerstörerisches Gesellschaftssystem sonst fortwährend nimmt. Ein Volk, das nicht mehr feiern kann, hat weder Kraft zur Befreiung noch zur Freiheit.

c. Basisgemeinden – Werkzeug der Bewußtseinsbildung

In den Bibelkreisen und Gemeinschaftstreffen hat sich das Volk schon an die Dialektik zwischen Evangelium und Leben gewöhnt. Die Menschen haben es gelernt, im Licht des Offenbarungswortes über ihre Probleme nachzudenken. Ein solches Training ist nicht nur unter religiösem Gesichtspunkt wichtig. Lernt doch das Volk insgesamt logisch und systematisch zu denken. Es wird ihm geläufig, kritisch zu denken und so das Elend, in dem es lebt, nicht mehr als Verhängnis zu sehen. Es ist nicht mehr bloß der Wille Gottes oder eine Fügung der Natur. Mechanismen, die die Misere produzieren, Menschen, die für sie verantwortlich sind, und Strategien, die unterdrücken, gehen ihnen auf. Die neue Sicht der Dinge bleibt nicht mehr an Teilstücken haften, was für ein entfremdetes Bewußtsein typisch ist, sondern sie erkennt ursächliche Verbindungen im Gesamtzusammenhang. Diesen ganzen Prozeß nennen wir Bewußtseinsbildung.

Möglicherweise erhebt jemand den Einwand, der religiöse Diskurs sei außerstande, die gesellschaftliche Wirklichkeit zu interpretieren. Dagegen behaupten wir, er sei durchaus imstande, die Forderung nach einer Deutung der Realität zu motivieren, die, statt die Wahrheit dieser Wirklichkeit zu kaschieren, sie aufdeckt. Das Gespür für Gerechtigkeit, Verfügbarkeit, Engagement und Kampfbereitschaft aus religiöser Überlegung erheischt eine Analyse, die auf wirksame Befreiung abzielt. Aus diesem Grund unternehmen Gruppen und kleine Kurse Analysen der Klassenwirklichkeit im Land und in der Region wie auch der Ideologien, die hinter den verschiedenen Parteien stehen – auch hinter denen, die sich als Kampfgefährten anbieten.

Christlicher Glaube schließt eine politisch klare Sicht ein, insofern er ganz grundlegend Praxis oder – wie Gramsci sagt – »ein aktives Weltverständnis« ist. In diesem Sinn erweist sich Religion nicht als Hindernis für die Veränderung der Welt (wie die marxistische Annahme lautet), sondern als Faktor, der das Volk im Blick auf seine Befreiung mobilisiert.

d. Basisgemeinden – Ort befreiender Praxis

Das einfache Volk unterscheidet kaum zwischen Politik und Glauben. Alles bildet eine einzige Wirklichkeit. Der Glaube entfaltet sich ganz natürlich zur Politik. Nicht der Glaube kommt zur Politik hinzu, sondern diese erwächst aus ihm.

Obwohl die Kirchlichen Basisgemeinden religiös charakterisiert sind, haben sie auch eine gesellschaftliche Bestimmung. Allein schon die Tatsache, daß sich Menschen zusammenfinden, gemeinsam überlegen und sich ein kollektives Engagement vornehmen, stellt ein gesellschaftliches bzw. politisches Ereignis dar. So bilden unsere Basisgemeinden eine selbstverantwortete Organisationsform, die von oben weder geleitet noch kommandiert ist. Bei einigen Initiativen des Volkes spielten sie eine entscheidende Rolle – bei der Gründung freier Gewerkschaften, bei den Streiks der Metallarbeiter, beim Zustandekommen der Bewegung gegen die steigenden Lebenskosten, bei den Kämpfen für die Rechte von Kleinbauern, Landarbeitern und Indianern.

Dort, wo es keine Volksorganisationen gibt, übernehmen die Gemeinden vielfältige Funktionen: Schule, Sport, Kampf um Grund und Boden, parteipolitische Bildungsarbeit. Wo es derartige Einrichtungen, die sich allen diesen Aufgaben stellen, bereits gibt, unterhalten die Gemeinden eine freie, aber solidarische Verbindung zu ihnen. Im allgemeinen sind die Angehörigen der Basisgemeinden die aktivsten Elemente in derartigen Organisationen oder motivieren die anderen Mitglieder, in ihnen aktiv zu werden. Man darf die Basisgemeinden nicht als Substanz und als in sich geschlossene Größe betrachten. In Wirklichkeit handelt es sich um ein Gefüge sozialer Beziehungen, das zwar religiöse Wurzeln hat, aber das ganze gesellschaftliche Gewebe der kleinen Leute durchdringt.

e. Basisgemeinden – Lernort für partizipative Demokratie

Zur inneren Dynamik der Basisgemeinden gehört eine demokratische Einstellung, die auf der gleichberechtigten Beteiligung und Mitbestimmung aller Mitglieder gründet. Ständig Demokratie zu praktizieren – wenn man redet, anderer Meinung ist oder den Sieg der Mehrheit zu akzeptieren hat – ist von höchstem erzieherischem Wert für das Volk. Vielleicht zeigt sich gerade hier die befreiende Dimension der Basisgemeinden, weil Befreiung nicht nur ein Inhalt, sondern auch eine Form und ein Stil herrschaftsfreien Verhaltens ist. So erleben wir Politik im ursprünglichen Sinn als gemeinsames Bemühen um das Gemeinwohl und als Kampf um die eigene Emanzipation und um gesellschaftliche Veränderung in Richtung auf Formen des Zusammenlebens, in denen mehr Beteiligung und Mitbestimmung herrschen. Dies ist eine andere Art von Demokratie. Worum es geht, ist nicht mehr die klassische Form der repräsentativen Demokratie, in der die Kompetenzen delegiert und vom Parlament ausgeübt werden, sondern hier erleben wir eine partizipative Fundamentaldemokratie, in der die Macht direkt und in fortwährendem Kontakt mit der Quelle aller Macht, die das Volk ist, ausgeübt wird. Selbstverständlich können sich Gruppen dabei vertreten, nicht aber ersetzen lassen.

Aufgrund dieser ihrer demokratischen Praxis schätzen zahlreiche Basisgemeinden die traditionellen, in der Regel bürgerlichen Parteien sehr kritisch ein. So haben zum Beispiel in einer Diözese Hunderte von Gemeinden einen Prüfsteinkatalog zur Einschätzung der Parteien erarbeitet. Folgende Kriterien wurden dabei aufgestellt: Die Partei, der man seine Stimme gibt, muß wirklich popular sein, die Menschenrechte der Unterdrückten verteidigen, sich um gesellschaftliche Veränderungen bemühen und darf sich nicht mit der Sicherung der eigenen Existenz begnügen, sie muß jede Art von Diktatur und unterdrückerischer Macht bekämpfen, sich für die wirtschaftliche Unabhängigkeit des Landes einsetzen und eine sozialistische Linie in dem Sinn vertreten, daß sie Wirtschaft und politische Macht in die Hände des Volkes legt.

Die hauptsächlichen Formen, in denen das Volk seine Gemeinschaftspraxis konkret werden läßt, sind: Gemeinschaftsfelder, Ein- und Verkaufsgenossenschaften, Gemeinschaftsapotheken und Nachbarschaftshilfen (wenn ein Haus gebaut werden

soll oder wenn es gilt, die Felder zu bestellen). Solche Arbeits-
möglichkeiten sind die Keimlinge einer alternativen Gesellschaft.

Man könnte die gesellschaftliche und politische Bedeutung
der Kirchlichen Basisgemeinden noch eingehender beschreiben.
Doch diese Hinweise geben uns schon eine Idee davon, daß das
Volk aus eigenem Vermögen in Bewegung kommt und daß die
Mobilisierung des Volkes mittlerweile von großer Tragweite und
hinreichend stark ist, um dem vielfältigen Druck gewisser Kreise
standzuhalten, die daran interessiert sind, den Status quo und
ihre Privilegien zu erhalten. Christlicher Glaube erweist sich als
mächtige Mystik und als kraftvolle Utopie, die das Engagement
trägt und ihm das Gewicht der Ewigkeit verleiht. Politik braucht
Mystik, die allen Anfechtungen Sinn vermittelt. Ein Volk ohne
Utopie lebt nicht im sozialen Sinn. Seitdem die Faszination der
großen Gesellschaftsutopien (Kapitalismus und marxistischer
Sozialismus) erloschen ist, kann die Religion, sofern sie geläu-
tert und besser auf die Geschichte abgestellt ist, allem Anschein
nach einen Sinn bieten, für den es sich lohnt, zu leben und zu
sterben. Zumindest für die Ebene des einfachen Volkes gilt das.

3. Theologie der Befreiung – die Theorie der befreienden Praxis

Jede Praxis trägt die entsprechende Theorie in sich. Nicht anders ist es mit der Befreiungstheologie, die ja die Theorie der
Praxis des unterdrückten und glaubenden Volkes sein will. Die
Theologie der Befreiung will das Element sein, das dem Volk
auf seinem Weg der Befreiung im Lichte des Evangeliums Licht
und Ermutigung ist.

Die Dinge entwickeln sich – und das müssen wir festhalten –
in folgender Sequenz: Das zentrale Datum ist die Existenz der
Kirchlichen Basisgemeinden, die aus ihrem religiösen und evan-
gelischen Kern heraus eine Funktion der Befreiung innehaben:
Sie bilden – als Aktion – das erste Wort. Erst dann kommt die
Theologie der Befreiung, die – als Theorie – das zweite Wort ist.
Grundfaktum ist also die Existenz einer kirchlichen Bewegung,
die zur tragenden Basis solch einer Theologie und zur Kraft von
Ermutigung, Kritik und Legitimation ihrer christlichen und so-
zialen Praxis werden kann. Die Bedeutung der Kirchlichen Ba-

sisgemeinden liegt in der Verbindung zwischen Praxis und Theologie. Im Folgenden möchten wir uns mit dieser Theologie samt ihren Tendenzen befassen.

a. Zwei Grundvoraussetzungen der Theologie der Befreiung

In der Theologie der Befreiung gibt es verschiedene Tendenzen. Eine Richtung hebt vor allem den analytischen Aspekt der Armut hervor und versammelt von dort aus alle Aussagen des Glaubens, die die Lage überwinden helfen können. Eine andere Strömung geht vornehmlich von einer biblischen Sicht aus und nähert sich aus theologischer Perspektive der Wirklichkeit. Eine dritte Tendenz möchte die Volksreligiosität und den mit ihr verbundenen Aspekt von Widerstand und Befreiung aufwerten. So könnte man noch andere Richtungen nennen. Alle Strömungen jedoch gehen von zwei Grundvoraussetzungen aus und zielen eindeutig auf Befreiung ab.

Erste Prämisse: Die Theologie der Befreiung setzt die geistig-geistliche Erfahrung voraus, daß man in der Masse der Armen dem Herrn begegnet. Die Theologie ist das Bemühen, diese Erfahrung zu vertiefen und zu systematisieren.

Zweite Prämisse: Befreiungstheologie im wirklichen Sinn ist an die Bedingung gebunden, daß sich der Theologe, der sie macht, klipp und klar für die Armen und für die Befreiung der Armen entschieden hat. Gefordert ist des weiteren, daß er die gesellschaftliche Wirklichkeit im Blick auf die Interessen der Armen deutet und sich einer Methodologie bedient, die die Mechanismen aufdeckt, welche die Armut produzieren, daß er die Welt mit den Augen der Armen betrachtet und die Werte in der Kultur der Armen erkennt und verteidigt. Ohne diese beiden grundlegenden Positionen ist eine Theologie, die sich Theologie der Befreiung nennt, nichts weiter als Rhetorik.

b. Wie ist die Befreiungstheologie aufgebaut?

Hier ist nicht der Ort, um die Methodologie dieser spezifischen Art von Reflexion bis in die letzten Details zu erörtern. Nur soviel: Zunächst einmal ist festzuhalten, daß es eine Theologie der Befreiung gibt, die von den in der Pastoral Tätigen und von all den Gruppen, die über ihre unmittelbare Praxis reflektieren, selbst gemacht wird. Auf der Grundlage von Texten aus der Bibel, Lehren der Tradition und Dokumenten der Päpste bemühen sie sich, ihre konkrete Praxis zu begründen. Diese Theologie ist weder systematisch noch wissenschaftstheoretisch streng aufgebaut. Trotzdem läßt sich ihr Wert als ernsthafte Reflexion über die Praxis der Gemeinden nicht bestreiten.

Einer anderen Befreiungstheologie kommt es sehr auf die saubere Methode und die systematische Organisation aller Schritte und Vermittlungen an, die notwendig sind, damit sie ehrlicherweise Theologie genannt werden kann. Befreiungstheologie will wirkliche Theologie sein, das heißt ein Diskurs, in dem der (fleischgewordene) Gott im Mittelpunkt steht – ein Gott, der auch in den Bereichen von Geschichte, Politik, Wirtschaft und Gesellschaft anzutreffen ist. Diese Theologie arbeitet kritisch in dem Dreischritt Sehen – Urteilen – Handeln, von dem wir bereits sprachen.

Das Moment des Sehens: die gesellschaftsanalytische Vermittlung. Zuerst geht es darum, die konfliktgeladene Wirklichkeit, in der die große Mehrheit von Armen und die Minderheit von Wohlhabenden leben, kennenzulernen. Auf dieser Ebene des Sehens bedient sich der Theologe der Informationen, die ihm die Sozial- und Humanwissenschaften, wie Politik, Wirtschaft, Sozialanthropologie usw., reichen. Denn nicht jede Art von Wissenschaft hilft, die Mechanismen zu erkennen, die zu Unterdrückung und Armut führen. Da es der Befreiungstheologie um Befreiung geht und da sie für die Armen optiert hat, bevorzugt sie bei der Analyse der Gesellschaft nicht die funktionalistische, sondern die dialektische Richtung. Auf diese Weise entdeckt sie, daß die Armut das Produkt einer gewissen Art ungleicher Entwicklung ist, bei der alle Errungenschaften der reichen Minderheit und alle Lasten und Nachteile der verarmten Mehrheit zufallen. So tritt die Armut mit ihrer unterdrückerischen (Politik), ausbeuterischen (Wirtschaft), ungerechten (Ethik) und sündhaften Seite (Theologie) hervor.

Das Moment des Urteilens: die hermeneutische Vermittlung. Wenn die gesellschaftliche Wirklichkeit entschlüsselt ist, gilt es, sie mit den Möglichkeiten des Glaubens und der Glaubensquellen (Schrift, Überlieferung, Lehramt, Sensus fidelium usf.) zu deuten. Es geht darum, im Licht des Glaubens herauszufinden, wo in ihr Sünde (Unterdrückung) bzw. Früchte der Gnade (Befreiung) gegeben sind und wo der Plan Gottes verwirklicht bzw. negiert wird. Hier nun spielen Exegese, Geschichte und Theologie im eigentlichen Sinn eine Rolle; sie zeigen, wie der Glaube beim Engagement an der Seite der Armen und gegen deren Armut zum Aufbau einer Gesellschaft beiträgt, die nicht unbedingt reicher, wohl aber gerechter und geschwisterlicher sein muß.

Das Moment des Handelns: die praktisch-pastorale Vermittlung. Die Arbeit der Kirche (Pastoral) muß – auf der Basis ihrer spezifischen Identität – zum Prozeß der Befreiung beitragen können. Hier denken wir an Liturgie, Katechese, Gründung von Gemeinden und an das direkte Engagement der Laien in Bewegungen, Parteien und Gruppen, die durchgreifende Veränderungen der Strukturen der Gesellschaft wollen. In diesem Sinn kann man sagen, keine Gruppe der Gesellschaft sei konsequenter gewesen als kirchliche Gruppen – Priester, Ordensleute und Laien –, die sich entschlossen haben, unter den Armen zu wohnen und zusammen mit ihnen für die Befreiung zu kämpfen.

c. Grundinhalte der Theologie der Befreiung

Die Theologie der Befreiung will weniger neue Inhalte liefern als vielmehr eine neue Perspektive sein, innerhalb deren alle theologischen Inhalte bedacht werden. Gleichwohl kehren einige grundsätzliche Themen immer wieder. Betont wird vor allem das biblische *Gottesbild:* Gott verabscheut jede Form von Ungerechtigkeit und hat eine erklärte Vorliebe für die Schwachen und Unterdrückten. Die *Heilsgeschichte* ist eine Geschichte vielfältiger Unterdrückung (politisch: Ägypten, Babylon; wirtschaftlich: die Armen; ideologisch: Kranke, Leprose, Sünder) und anbrechender Befreiung, in der Gott und die Menschen einen Schritt nach vorne in Richtung auf das Reich des Friedens und der Gerechtigkeit tun. *Jesus Christus* stellt man sich als *Befreier* im umfassenden Sinn vor, der sich die Sache der Armen zu eigen macht und ihnen das Privileg ansagt, im Reich Gottes die ersten zu sein. Sein Sterben hat nicht nur den Charakter eines Opfers, sondern auch den Aspekt eines politischen Verbrechens aufgrund seiner Taten und seines alternativen Projektes für das menschliche Leben. Die Art und Weise, wie Christus den Tod annimmt, zeigt, daß dieser eine Dimension umfassender Befreiung hat. Die Armen sind in den Evangelien nicht irgendein Thema unter anderen, sie sind einer ihrer wesentlichen Bestandteile, ohne die die Botschaft vom Reich Gottes als Gute Nachricht vor allem an die Armen gar nicht zu verstehen wäre. Christus ist auf eine besondere Weise in den Armen gegenwärtig, und das Verhalten ihnen gegenüber entscheidet über das endzeitliche Heil bzw. Unheil der Menschen. Die *Kirche* wird als Werkzeug und Zeichen für die Befreiung durch Jesus Christus in der Geschichte verstanden; ihr theologischer Ort ist unter den Armen, und von dorther hat sie ihr Verhältnis zu allen anderen Instanzen der Gesellschaft (Ober- und Mittelschicht, Regierung, Militär usw.) zu definieren. Verfolgung und Martyrium sind der Preis, den die Befreiung möglicherweise fordert; deshalb können die Verfolgten auch seliggepriesen werden. Auch was Ordensleben und Spiritualität anbelangt, gibt es mittlerweile eine systematische Reflexion in der Perspektive der Befreiung.

d. Perspektiven: Eine Theologie für die ganze Kirche

Die lateinamerikanische Befreiungstheologie will keine Reflexion nur für eine bestimmte Region sein: für einen geographischen Ausschnitt der Kirche oder für ein eingegrenztes inhaltliches Thema des Glaubens. Sie betrifft die ganze Kirche. In dem Maße, in dem die Weltkirche den Dienst an der internationalen Gerechtigkeit und an den Menschenrechten – insbesondere der Armen – entdeckt und sich zu einer treibenden Kraft für gesellschaftliche Veränderungen entwickelt, die allen ein weniger konfliktgeladenes Zusammenleben ermöglichen, liefert unsere Theologie Begründung und Ermutigung für solche Vorstellungen und für die entsprechenden Verhaltensweisen. Die *metropolitanen Kirchen* (das heißt: die Kirchen der reichen Länder) müssen sich fragen, wie sie in ihren jeweiligen Ländern, aber auch in den internationalen Beziehungen befreiend handeln können. Mit Hilfswerken zur Unterstützung anderer, zur Unterstützung der Ärmsten ist es nicht getan. Diese Kirchen müssen sich selbst helfen und sich auf einen Prozeß realer Befreiung einlassen. Dazu aber haben sie ihren übertriebenen Verdacht, was Marxismus und Politisierung des Glaubens angeht, abzubauen; denn alle diese Verdächtigungen dienen ja bloß als Entschuldigungsmechanismen, um die notwendigen Veränderungen hinauszuschieben oder gar zu unterbinden. Sie müssen sich einem offenen und geschwisterlichen Dialog stellen, indem wir alle voneinander lernen. Ex peripheria lux et salus Ecclesiae – vom Rande her kommt heute der Kirche Licht und Heil!

VIII. Ein Theologe läßt sich auf den Weg des Volkes ein

Man kann das Thema auf vielerlei Art und Weise angehen. Wir möchten hier nur zwei Formen ansprechen, wobei die eine bloß angedeutet und die andere weiter ausgeführt werden soll.

1. Der Theologe macht die theoretischen und praktischen Implikationen des Glaubens der Kirchlichen Basisgemeinden bewußt und expliziert sie

Die erste Annäherung ist theoretischer Art, denn sie behandelt die zur Debatte stehenden theoretischen Bereiche, ohne gleich in die konkrete Praxis der »in actu« betriebenen Theologie einzusteigen. Jede Theologie – ob sie will oder nicht – blickt sozusagen mit zwei Augen: mit dem Auge des Glaubens und mit dem Auge der geschichtlich-gesellschaftlichen Wirklichkeit. Die alten Meister sagten, die Theologie sei »ante et retro oculata«. Mit dem einen Auge betrachtet die Theologie die Quellen des Glaubens (Schrift und Überlieferung), und mit dem anderen wendet sie sich der Situation zu, in der der Theologe in einer geschichtlich definierten Gemeinde lebt. Mit dem rückwärts gewandten Auge (retro oculata) eignet sie sich die biblischen, historischen, dogmatischen und liturgischen Kenntnisse an, welche die Rede über den Glauben in seiner Identität ausmachen. Mit dem vorwärts ausgerichteten Auge (ante oculata) macht sie sich die für das Leben der Gemeinde relevanten Fragen bewußt und versucht, sie mit dem Licht zu erhellen, das sie dem rückwärts gerichteten Blick verdankt. Zwischen beiden Augen herrscht ein dialektisches Spannungsverhältnis: Die Themen der Vergangenheit erleuchten die Themen von heute, und die von heute erleuchten die der Vergangenheit. In Alltagssprache gesagt, heißt das: Wir betrachten die Bibel (Tradition, Lehramt usf.) im Licht von heute und das Heute im Lichte der Bibel (Tradition, Lehramt usf.).

So gesehen, hat der Theologe eine doppelte Funktion: Einmal

ist er ein Mitglied der Gemeinde, das über einen reichen Schatz an Kenntnissen von Bibel und Lehre verfügt; diese sind nützlich, wenn es gilt, zu verstehen, was die Menschen glauben und welche Probleme sie haben, und – was unabdingbar ist – den christlichen Glauben und die christliche Hoffnung zu rechtfertigen. Zum anderen ist er ein Mitglied der Gemeinde, das hilft, die relevanten Fragen der geschichtlich-gesellschaftlichen Wirklichkeit wahrzunehmen und im Licht von Evangelium und Theologie zu durchdenken. Im ersten Fall ist er vor allem Lehrer, im zweiten Deuter (Prophet). Seine Aufgabe ist es, den Glauben zu verdeutlichen, zu vertiefen und in einer zeitgemäßen Weise neu zu sagen, so daß er sowohl in der Vergangenheit verwurzelt bleibt als auch zugleich die vitalen Fragen der Gegenwart trifft.

Zwei Risiken können das Gleichgewicht stören: Wenn man sich zu sehr auf das rückwärts gewandte Auge verläßt, kommt eine archaisierende, historistische, anachronistische und alt tuende Theologie dabei heraus; wenn man dagegen das vorwärts gewandte Auge zu sehr einsetzt, verfällt man einer modischen, auf Neues erpichten, gleißnerischen, kokettierenden Theologie.

Das Ideal besteht in einer guten klassischen Bildung mit gründlichen Kenntnissen in Bibel, Dogmatik, Geschichte und Liturgie in Verbindung mit einem treffsicheren Gespür für die Gegenwart, das heißt mit der Fähigkeit zu Kritik und Analyse, wobei zu beachten ist, daß der Diskurs über den Glauben stets mit dem Diskurs über die Geschichte verbunden wird, so daß der christliche Gedanke heutig werden kann. Wer als Theologe diesen »habitus mentis«, diese theologische Befähigung, erreichen will, muß sich unentwegt in den Kenntnissen aus Vergangenheit und Gegenwart weiterbilden, einmal erzielte Synthesen offenhalten und bereit sein, in Bescheidenheit ständig dazuzulernen, auf die jeweilige Zeit zu hören und allein der Wahrheit zu gehorchen.

Um seinem Dienstauftrag gegenüber der Gemeinde gerecht zu werden, muß der Theologe kreativ sein, Lösungsversuche vorantreiben und der Gemeinde in ihrem eigenen Reflexionsvermögen behilflich sein. Ständiges Wiederholen der einmal gelernten Lektion – so orthodox sie auch sein mag – ist weder ein Kriterium für theologische Vertrauenswürdigkeit noch für Dienst an der kirchlichen Gemeinde. Kriterium ist vielmehr, ob einer sich wirklich in seine Gemeinde hineinbegibt und sich mutig und mit Gespür für die Gemeinschaft bemüht, das zu entfalten, was in gewisser Weise in der Gemeinde schon angelegt ist. Die Gemeinde hat ein Recht darauf, den – als solchen orthodoxen – Glauben der Apostel angeboten zu bekommen, und zwar in einer aktualisierten Fassung, will sagen: im Rahmen der Ausdrucksmöglichkeiten, die der Gemeinde zu Gebote stehen. In diesem Dienstbemühen, bei dem es vor allem darum geht, die für die Gemeinde bedeutsamen Themen (die Zeichen der Zeit) zu erfassen, muß sich der Theologe den jedem Themenfindungs- und Themenerarbeitungsprozeß innewohnenden Gefahren stellen. Ein Irrtum ist keine totale Tragödie, sondern ein Moment innerhalb eines Gesamtprozesses praktizierter Glaubenstreue, bei dem man durch kritische Revision und Verbesserung lernen kann. Besser, wenn Theologen sich irren, als Pfarrer und Bischöfe. Zu vermeiden sind jedoch theologische Vorprescher, die dem Volk das Denken abnehmen wollen. Deshalb sollten Theologen in Gemeinschaft und Partizipation dem Leben der Basisgemeinden verbunden sein. Innerhalb der Gemeinde mögen sie dann die Aufgabe als Hirten (die Mut machen), als Propheten (die die Zeichen der Zeit erkennen) oder gleichzeitig als Hirten und Propheten oder aber auch als Lehrer mit ihrer charismatischen Funktion übernehmen. Nichts davon aber bedeutet einen Ehrentitel; alles ist, wie Paulus sagt, Dienst in der Nachfolge der Apostel und Propheten.

2. Der Theologe als mit der Gemeinde organisch verbundener und in sie integrierter Intellektueller

Eine zweite Form der Beziehung zwischen Theologen und kirchlicher Gemeinde müssen wir noch etwas näher betrachten. Vor allem kommt es entscheidend darauf an, das Amt der verstandesmäßigen Erhellung des Glaubens innerhalb des umfassenden Prozesses zu verstehen, in dem die Kirche entsteht, sich strukturiert und handelt. Ob als Gemeinschaft oder als Volk Gottes unterwegs, die Kirche ist stets das Ergebnis vorausgehender Prozesse: des Glaubenslebens als lebendiger Begegnung mit Jesus, mit dem Geist und mit dem Geheimnis des Vaters; der Feier der Großtaten Gottes und der Lebensereignisse des Menschen im Lichte des Evangeliums; der Sendung zu den Menschen im Sinne von Dienst an ihnen und Bezeugung dessen, was Gott für uns getan hat; der verschiedenen Ämter in der Gemeinde, die von den für die Einheit Verantwortlichen koordiniert werden, sowie der lehrmäßigen Erarbeitung des Glaubens, verstanden als Bemühen um logische und vernunftmäßige Systematisierung des Offenbarungsgutes in Verbindung mit dem Geschehen in der Welt. Dieses letztgenannte Moment ist der Ort der Theologie. Der Theologe ist also innerhalb eines umfassenden Prozesses der Kirche angesiedelt und hat dort ein spezielles Amt: Er muß den Glaubensinhalt und die Glaubenspraxis vernunftmäßig durchdringen. Jeder Christ muß denkerisch an seinem Glauben arbeiten können; anderenfalls wäre es kein menschlicher Glaube. Der Theologe übernimmt nun diese Aufgabe, die zwar alle haben, in die er sich aber besonders vertieft. So wird er zu einem Intellektuellen, der organisch mit der Gemeinde verbunden ist.

Wenn wir sagen, der Theologe sei ein mit der Gemeinde organisch verbundener Intellektueller, meinen wir damit zweierlei: 1. In eine soziohistorisch genau umschriebene Wirklichkeit eingetaucht, widmet er sich vor allem dem Studium der Inhalte des christlichen Glaubens. 2. Ebenso kümmert er sich aber auch um die Organisation und den konkreten Werdegang der Gemeinde; denn ohne das verlöre er seinen lebendig-organischen Zusammenhalt mit ihr. So erhellt, daß es nie mit einem bloß theoretischen Wissen getan ist; immer geht es um praktisches Wissen, das auf das Leben der Gemeinde abzielt. Mit seinem Bemühen, ein der Gemeinde organisch zugewandter Intellektueller zu sein, und ganz in sie hineingegeben, hat der lateinamerikanische Theologe ein sehr charakteristisches Profil. Man braucht nur eine kleine Aufstellung der Veranstaltungen, zu denen er eingeladen wird, anzufertigen, um zu sehen, wie das konkret aussieht. In diesem Abschnitt möchten wir etwas näher auf eine Tendenz eingehen, die sich bei den mit Basisgemeinden kooperierenden Theologen mehr und mehr abzeichnet. Dabei handelt es sich um einen Weg oder Stil, der sich in Einklang mit dem Leben der Gemeinden entwickelt.

a. Der Theologe als Lehrer

Zunächst einmal widmet der Theologe einen beträchtlichen Teil seiner Zeit und seines Lebens der theologischen *Lehre*. In den Instituten, in denen die Kirche ihre Führungskräfte (den Klerus) ausbildet, ist er als Lehrer bzw. Professor tätig. Nun fordert es die Natur der Lehrtätigkeit, den Akzent auf die theoretische Seite des Glaubens zu setzen. Das verlangen einfach das System, die Ordnung und umfassende Sehweisen. Wer heutzutage eine ernsthafte Theologie treiben will, muß unentwegt lesen und seine Spezialkenntnisse auf unterschiedlichen Gebieten auf den neuesten Stand bringen. Außerdem muß er die Brisanz von Themen und Akzentsetzungen aufmerksam verfolgen. Mit einem Anhäufen theologischer Kultur ist es nicht getan. Die Themen müssen je nach der Wichtigkeit, die sie objektiv für die Gemeinde haben, in eine Prioritätenfolge gebracht werden. So werden etwa für eine Basisgemeinde, die aus Armen und sozial wie politisch Verrandeten besteht, Themen ganz wichtig sein, die mit der Würde des Menschen zu tun haben, die Gott als »go'el« (Rächer, Befreier) der Unterdrückten darstellen oder Jesus als den schildern, der wirklich eine Option für die Armen getroffen hat. Damit soll nicht gesagt sein, andere Themen seien unwichtig und brauchten weder gelebt noch reflektiert zu werden. Es geht nur um die Relevanz und die existentielle Bedeutung, die bestimmte Themen der christlichen Lehre in der objektiven Situation der Gemeindemitglieder haben. Das Gespür für die Relevanz beeinflußt nun den Theologen, wenn er in Liturgie, Geschichte, Exegese oder systematischer Theologie im eigentlichen Sinn (Dogmatik) arbeitet.

Zur Lehre kommen Forschung, Veröffentlichungsarbeit, Erstellung von Texten und Mitwirkung an theologischen Treffen, Symposien und Diskussionen hinzu. Unter den Bedingungen Lateinamerikas ist die theoretische Produktion im engen Sinn des Wortes nicht besonders wichtig; dazu fehlen uns einfach die Zeit, die Quellen sowie die materiellen und psychologischen Voraussetzungen. Da ist die Produktion in den Metropolen immer noch unvergleichlich umfangreicher und durch kritische Kenntnisse der Vergangenheit besser abgesichert.

Die Kraft der lateinamerikanischen Produktion liegt in der Aktualisierung der Theologie, das heißt: in einem Denken, das auf vielfältiger Praxis und auf Daten aus der konkreten Realität der Gemeinden beruht, so daß der Glaube von dorther Brisanz und Relevanz für den Sinn christlichen Lebens heute erhält.

Trotz dieser Grenzen können wir auch in Lateinamerika nicht genug betonen, wie wichtig Studium, theologische Meditation und Zweckfreiheit des Wissens sind. Nur so werden wir die theoretische Zurüstung bekommen, die unerläßlich ist, wenn wir die Fragen der Gegenwart erkennen, die Probleme, die hinter der Praxis von Kirche und Volk stecken, wahrnehmen und uns die theoretischen Instrumente schaffen wollen, mittels deren es die Wirklichkeit zu befragen, zu entziffern und theologisch neu aufzubauen gilt.

b. Der Theologe als Berater

Viele Theologen sind als Berater bei kirchlichen Einrichtungen tätig, so bei der Brasilianischen Konferenz der Ordensleute, beim Nationalen Institut für Pastoral, bei Priester- und Pastoralräten oder auch bei Institutionen, die zwar mit der Kirche zu tun haben, aber nicht offiziell in ihrer Trägerschaft sind, wie die Kommission für die Pastoral in Grund- und Bodenfragen, der Indianische Missionsrat, die Kommission »Gerechtigkeit und Frieden« oder die Kommission für Menschenrechte usw. Bei all diesen Einrichtungen geht es grundsätzlich darum, Reflexion und Pastoral miteinander zu verknüpfen. Die Themen holen wir dabei nicht einfach aus dem Schatz der Lehre, sondern wir gehen davon aus, daß sich die Lehre in Gegenüberstellung mit den konkreten Problemen des Lebens vertiefen läßt. Hier gilt es, zu den offiziellen Dokumenten des päpstlichen, konziliaren, lateinamerikanischen und nationalen Lehramtes zu greifen, weil sie die großen Reflexionsbezüge für die Pastoral der Kirche bilden. Die Kunst besteht in der Fähigkeit, unterschiedliche Diskurse miteinander zu verknüpfen: den Diskurs über die pastorale Wirklichkeit, der seinerseits ein sachgerechtes Verständnis der politischen und kirchlichen Konstellation, der Volksbewegungen wie der Strategien des herrschenden Systems voraussetzt, mit dem Diskurs über den Glauben, der nicht ohne entsprechendes Vertrautsein mit Bibel, Dogmatik, Geschichte und Spiritualität zu haben ist. Damit die Verknüpfung der beiden Diskurse gelingt, bedarf es gründlicher Kenntnisse auf den verschiedenen Wissensgebieten mit ihrer je eigenen Methodologie und den speziellen Grenzen ihrer Gültigkeit (Überwindung der ideologischen Sicht); die Felder dürfen dabei nicht einfach nebeneinander gesetzt, vielmehr müssen sie innerhalb eines umfassenden Gesamtrahmens miteinander in Bezug und Verbindung gebracht werden.

c. Der Theologe als Verdeutlicher

In dem Maße, in dem sich die Kirche zunehmend zur Gemeinschaft entwickelte und in die örtliche Wirklichkeit hineinbegab, erfuhr sie eine enorme Verlebendigung. Je mehr alle mitmachen, desto höher entwickelt sich auch der Bewußtseinsstand. Wo Treffen zu pastoralen Fragen, zur Vertiefung des Glaubens und zur Auswertung des Weges stattfinden, werden auch immer wieder Theologen eingeladen. Doch sollen sie hier weder das Lehramt vertreten noch die Arbeit der Teilnehmer überflüssig machen. Die Arbeit wird in Gruppen, Podien und Plenumssitzungen von den Teilnehmern selbst geleistet. Der Theologe soll Probleme aufdecken und Reflexion, kritische Analysen und Zusammenfassungen einbringen. Dazu muß er ziemlich geschickt sein: er muß Probleme und Zusammenhänge zwischen verschiedenen Fragen wie auch die Verbindung der gegebenen Problematik mit der Praxis erfassen können; er muß theoretische Möglichkeiten zur Vertiefung der anstehenden Fragen haben, sich in der Geschichte der Kirche auskennen und um ihre Institutionen und ihre Lehre wissen; nur so werden sich die Grenzen des Horizonts erweitern und gar zu stramme Lösungen vermeiden lassen; er muß die Diskussion leiten und Polarisierungen vermeiden können; er muß die Bedeutsamkeit der Fragen abschätzen und die theologische Phantasie in Zaum halten können, damit nur das gesagt wird, was wirklich interessiert und die Diskussion voranbringt; und schließlich muß er abrundende Zusammenfassungen bieten und die Teilnehmer bei der Suche nach Lösungen anleiten können. Die theologisch-pastorale Beratung stellt also hohe Anforderungen an den Theologen, der sich mit der Gemeinde organisch verbunden weiß. In allem aber muß er den spezifischen Horizont des Glaubens, der sich aus Gebet und Mystik speist, durchscheinen lassen, auch wenn es um die einschneidendsten Fragen von Gerechtigkeit und Befreiung der Unterdrückten geht.

d. Der Theologe regt zur Reflexion auf der Grundlage der gemeinsamen Praxis an

Die Reflexion ist, wie gesagt, kein Monopol mehr von Theologen oder Priestern. Das Volk Gottes, das heißt: die Gläubigen in den Basisgemeinden, haben mehr und mehr das Wort, die Formulierung der Gebete sowie die Gestaltung der nichtsakramentalen und paraliturgischen Feiern übernommen. Theologen werden nicht selten zu Trainingskursen für die Führungskräfte oder Koordinatoren an der Basis eingeladen. Behandelt werden dort alle nur möglichen Themen des Glaubens, angefangen mit den Grundinhalten der biblischen Theologie, der Exegese, des Glaubensbekenntnisses und der Liturgie bis hin zu Fragen, wie die verschiedenen Aufgaben in der Gemeinde zu gestalten seien. Was dann überlegt wird, ist aber in der Regel nicht das Werk eines einzelnen Theologen, sondern der Gemeinschaft. Mit Berichten, Diskussionen in Gruppen, szenischen Darstellungen und Äußerungen in den Plenumssitzungen tragen alle dazu bei. Der Theologe reflektiert auf der Grundlage der Praxis und des Bewußtseinsstandes der jeweiligen Gruppe. Mit Theologie allein ist es da nicht getan, auch Pädagogik und die Möglichkeiten der Gruppendynamik sind wichtig. Der Theologe fühlt sich gedrängt, in die kulturelle Welt des Volkes überzusiedeln und das ganz ernst zu nehmen, was es formuliert und was es von Glaubens- und Lebenserfahrungen erzählt. So ist der Kontakt mit dem Glauben seiner Brüder und Schwestern die Hohe Schule des Theologen, in der er seinen eigenen Glauben vertieft. Damit entfaltet er wirkungsvoll seine Eigenschaft als organisch mit der Gemeinde verbundener Intellektueller und wird zum Bündnispartner und Freund des einfachen Volkes Gottes. Seine Präsenz trägt dazu bei, daß die Glaubenserfahrungen, die das Volk in seinem Leben macht und mit seinem Zeugnis belegt, an Berechtigung und Wert gewinnen.

Immer wieder werden Theologen zu Treffen über politische Themen oder Klassenfragen eingeladen. Dort vermitteln sie, was die Kirche zu dem anstehenden Problemausschnitt zu sagen hat, weil Kirche ja auch im historischen Block der Unterdrückten, die ihre Befreiung wollen, zugegen ist. So findet theologische Reflexion auch in Bewegungen statt wie denen zur Förderung der Menschenrechte, der Einheit und des Bewußtseins der Schwarzen, der Verteidigung von Favelabewohnern, in Stadtteilvereinen, unter besitzlosen Landarbeitern und Kleinbauern usw. Dabei ist der theologische Diskurs nicht der Wortführer der Reflexion, sondern er bildet sich erst im Gespräch mit allen, die dieselbe Perspektive haben und für dieselben Ideale der Befreiung des unterdrückten Volkes kämpfen.

3. Das Spezifikum der theologischen Methode

Bei all diesen Formen des theologischen Betriebes steht die Frage der Methode an. In der Tat liegt hier zu einem gut Teil die Originalität des lateinamerikanischen Denkens. Uns geht es weniger darum, Neues oder zuvor so noch nicht Formuliertes zu sagen, als vielmehr darum, die Dinge in einer bestimmten Weise der Annäherung und der Verbindung mit dem Weg des Volkes auszudrücken.

Normalhin ist der Ausgangspunkt nicht die im voraus formulierte Lehre – nicht weil wir Lehrinhalte geringschätzten, sondern weil wir den konkreten Werdegang der Gemeinde respektieren, die den Glauben ja schon hat und ganz gelassen lebt. Ausgangspunkt ist der religiöse Bewußtseinsstand des Volkes. Auf der Grundlage von Bewußtmachung und Objektivierung (in Berichten, szenischen Darstellungen und Erfahrungsaustausch) entwickelt sich die Reflexion. Vor allem die hervorstechendsten und problematischsten Fragen werden in den Mittelpunkt gerückt. Auf sie konzentrieren wir uns, wenn wir sodann von der Bibel her reflektieren und uns die allgemeine Lehre, die Dokumente der Kirche (Enzykliken, die Beschlüsse von Medellín und Puebla, die Verlautbarungen der Brasilianischen Bischofskonferenz) oder theologisch-pastorale Texte von Fachleuten vergegenwärtigen. Schließlich muß »der Sack zugebunden werden«, das heißt, die Fragen müssen auf der Ebene des Glaubensverständnisses wie der pastoralen Praxis in Handlungswege einmünden. Diese drei Momente (Sehen – Urteilen – Handeln) müssen stets in einem dialektischen Zusammenhang und als Schritte eines Gesamtprozesses von Ausdruck, Vertiefung und Mobilisierung des Glaubens betrachtet werden, so daß dieser den Menschen soziale Anerkennung, Würde als Kinder Gottes und ein Zusammenleben in mehr Beteiligung und mehr Geschwisterlichkeit vermittelt.

Mit dieser Arbeitsweise, die in den Basisgemeinden inzwischen weithin akzeptiert ist, geht ein intensives Leben in Liturgie, Frömmigkeit und Gottesdienstfeier einher. Das Gebet steht wieder im Mittelpunkt des Glaubenslebens des Volkes. Alles endet und gipfelt in der Zelebration, in der diese einfachen Menschen die Geheimnisse des Glaubens in Zusammenhang mit ihrem Leben, ihren Kämpfen und ihrer Kirchenzugehörigkeit feiern.

4. Herausforderungen für theologische Theorie und Praxis

Aus einem derartigen Stil theologischer Praxis erwachsen nun verschiedene Herausforderungen, die – wenn man sie entsprechend angeht – die theologische Reflexion beträchtlich bereichern können. Einige seien genannt.

a. Individuelle und gemeinschaftliche Produktion

Aus der Natur der Sache heraus betont diese Art der Reflexion den Aspekt der Gemeinschaft. Vom Pol »Gemeinde« her bauen sich die Beziehungen zu anderen theologischen Gegebenheiten auf; insbesondere gilt das für die Frage, wie wichtig der einzelne Theologe ist. Dieser denkt nicht einfach, was ihm Spaß macht, sondern was ihm die Gemeinde vorgibt. Die erste Initiative in diesem Zusammenspiel geht von der Gruppe aus, der er angehört, bzw. von den Fragen, die diese konkrete Kirche stellt. Deshalb ist es für den Theologen grundlegend, das Ohr an der Gemeinde zu haben, ihre Werte ernst zu nehmen und Formulierungen, die sie bringt, aufzugreifen. Hier kann er noch viel lernen. So wird die Gemeinde zu einer Quelle des Wissens und der Überprüfung des Denkens.

b. Verbindung von Theologie und Gesellschaft – Einheit von Mystik und Politik

Die Aufmerksamkeit für die Gemeinschaft führt uns dazu, über die Gesellschaft im Prozeß der Veränderung nachzudenken. Gesellschaft ist etwas äußerst Komplexes. Wenn wir uns in ihr zurechtfinden wollen, brauchen wir eine Theorie der Gesellschaft. Keine Theologie – auch nicht die klassische der Vergangenheit – kommt ohne Gesellschaftstheorie in ihrem Unterbau aus. Allerdings hat man sich das fast nie deutlich gemacht. Die lateinamerikanische Theologie jedoch ist sich dieser Theorie ebenso klar bewußt wie der Position, die der Theologe in der Gesellschaft innehat. Sie bemüht sich, die Gesellschaft von unten, aus der Perspektive der großen, verrandeten Mehrheit der Bevölkerung, zu betrachten. So aber werden die Konflikte in der Gesellschaft sichtbar, und es wird deutlich, daß an Veränderung des Gemeinwesens kein Weg vorbeiführt, wenn alle in ihm Platz haben sollen und das Volk eigenverantwortlich seinen Weg gehen soll. Diese Verbindung bringt die objektiv befreienden und gesellschaftlichen Elemente im christlichen Glauben, in der Praxis Jesu und im Geheimnis der Kirche zutage. Auch die Spiritualität sucht den Zusammenhang nicht einfach mit irgendeinem, sondern mit dem verändernden Handeln, das heißt mit der Politik. Die Theologie wird sich ihrer politischen Dimension bewußt, daß nämlich ihre Rede die soziale Praxis mitgestaltet; sie will nicht mehr je nach den Interessen der Gruppen hin und her schwanken; deshalb bezieht sie nach Maßgabe des Evangeliums Position. An der Seite der Unterdrückten und aus ihrem Blickwinkel stellt sie alle anderen gesellschaftlichen Bezüge her. Ideopolitische Wachsamkeit muß den Theologen bei seiner Arbeit ständig begleiten.

c. Popularer und bürgerlicher Stil

Eine Reflexion, die von der Praxis der Gemeinde und des Volkes Gottes her entworfen wird, hat auch das Kolorit des Volkes. Immer mehr Leute aus dem einfachen Volk fangen an, theologische Texte zu lesen. So entsteht allmählich ein popularer Stil, wie auch eine echte populare Kirche im Entstehen ist. Die sogenannte Kirche des Volkes steht überhaupt nicht in Frontstellung zu Institution, Hierarchie oder Tradition; sie ist nur anders als die bürgerliche Kirche. Als der christliche Glaube in den herrschenden Schichten Fuß faßte und sich der Werkzeuge der herrschenden Kultur bediente (die in Schule, Universität, Wissenschaft usw. geschmiedet wurden), übernahm er damit auch Merkmale der herrschenden Klasse. Dagegen paßt sich die populare Kirche in Sprache, Symbolen und Werten den Gegebenheiten des einfachen Volkes an. Ja, selbst die Theologie gewinnt populare Züge. Allerdings steckt die Entwicklung erst in den Anfängen und muß noch erheblich weiter und tiefer gehen.

d. Neue Felder theologischer Reflexion

Zu den klassischen Themen der Theologie kommen neue Fragen, die aus der Praxis des Volkes erwachsen. So fehlt uns etwa noch immer eine kohärente Sicht von Geschichte und Theologie, die einmal aus der Perspektive der Unterdrückten konzipiert und zum anderen von diesem Gesichtspunkt her durchaus für die Gesamtwirklichkeit offen ist. Die Mitwirkung von Christen in revolutionären Prozessen zum Aufbau einer neuen Gesellschaft taucht die Frage nach dem (nicht nur religiösen, sondern evangelisatorischen) Auftrag der Kirche in der Geschichte in ein neues Licht. Das Verhältnis zwischen Eliten und Masse ist unangemessen, ja sogar falsch; denn was wir brauchen, ist die Gemeinde als Vermittlung zwischen namenloser Masse und organisiertem Volk, wobei letzteres das Resultat eines weitgespannten Netzes von Gemeinden und Zusammenschlüssen ist, in denen die Menschen zu Bewußtsein gelangen, ihre vielfältige Praxis organisieren und ihr Geschichtsprojekt vertiefen. Mehr noch als in der Vergangenheit muß die Theologie lernen, daß sich das Reich Gottes auch jenseits der Grenzen der christlichen Gemeinde, das heißt in Bewegungen realisiert, die Beteiligung und Mitbestimmung praktizieren und sich für eine Veränderung in Richtung auf eine wirklich geschwisterliche Gesellschaft einsetzen. Um zu wissen, ob derartige Phänomene Elemente von Reich Gottes in sich tragen oder nicht, muß man sich gründlich mit ihnen auseinandersetzen. Deshalb muß theologisches Arbeiten auch eine analytische Dimension bekommen, zu der es die Werkzeuge in den Sozial- und Humanwissenschaften findet.

e. Die Transzendenz der theologischen Arbeit

Auch wenn sich der Theologe in die Gemeinde hineinbegibt und wir die Grenzen nicht übersehen, die jedes Sicheinlassen objektiv mit sich bringt, hat Theologietreiben darüber hinaus doch nach wie vor einen transzendenten Charakter. Schließlich muß die glaubende Vernunft die Wahrheit Gottes denken, wo immer sie sich kundtut. So hat auch der Theologe die Fragen zu entfalten, schöpferisch die Aussagen des Glaubens zu vertiefen, den Horizont mit neuen Perspektiven des Geheimnisses zu bereichern, sich über die Notwendigkeiten seiner Zeit hinaus zu bemühen und den Glauben in seiner besonderen Eigenart mit allem, was dazu gehört, zu denken. In diesen Koordinaten – so arm die Verhältnisse auch sein mögen – kann die Theologie erneuernd wirken. Deshalb muß der Theologe für die Kritik seiner Kollegen offen sein und das bessere Urteil jener Instanzen akzeptieren, die zum Wohle der Gemeinde das Amt der Unterscheidung haben. So wie die Bibel nicht nur formelle Wahrheiten lehrt, sondern auch Hypothesen, Anregungen, Hinweise und Versuche bietet, so ist es auch Aufgabe der Theologie, mutig, inbrünstig und mit Ehrfurcht vor dem Geheimnis die »profunda Dei«, die Tiefe Gottes, zu ergründen.

IX. Der Politiker in einer Perspektive der Befreiung[1]

Die Kirche des Volkes war Bischöfen, Priestern, Ordensleuten und Laien behilflich, ihre Rolle in der Gemeinde neuzudefinieren. Aber nicht nur ihnen. Auch Politikern vermittelte sie Zielvorstellungen, Intuitionen und Handlungsmodelle, die für sie relevant sind. Zahlreiche Politiker haben ihre Berufung auf dem Weg der Kirche an der Seite der Armen und ihre Bildung in direktem Kontakt mit den Kirchlichen Basisgemeinden bzw. mit den verschiedenen kirchlichen Diensten zur Verteidigung der Menschenrechte oder zum Schutz von Arbeitern, Landnutzern und Indianern erfahren. Um ihre von der vorrangigen und solidarischen Option für die Armen bestimmte Sozialpastoral verwirklichen zu können, mußte die Kirche eine Pädagogik der Veränderung entwickeln; ja, es bedurfte eines neuen Zuschnitts von Politiker. Die Institution, die in Brasilien die größte Erfahrung in der Arbeit mit dem Volk hat, ist ohne Zweifel die Kirche. Insofern sie dazu beiträgt, von den Bedingungen der Entrechteten her das Gemeinwohl zu realisieren und eine demokratische Gesellschaft mit gleichen Rechten für alle zu schaffen, hat sie eine eminent wichtige und politische Aufgabe.

1. Eine neue Philosophie für eine neue Politik

Wie mag ein Politiker in einer Perspektive der Befreiung aussehen? Er wird – und das versteht sich von selbst – mit dem Volk arbeiten, damit die einfachen Menschen zu Subjekten ihrer Geschichte und zu Betreibern ihrer Freiheit werden.

Damit eine politische Arbeit mit dem Volk auf der Linie der befreienden Pastoral, so wie sie von der Kirche des Volkes entwickelt und von der Theologie der Befreiung reflektiert wird, ge-

---

[1] Den folgenden Text habe ich gemeinsam mit meinem Bruder *Frei Clodovis Boff* erarbeitet. Gründlichere Abhandlungen von ihm zu diesem Thema finden sich noch in: Agente pastoral e povo, Petrópolis 1980, und vor allem in: Como trabalhar com o povo, Petrópolis 1985.

lingen kann, brauchen wir eine bestimmte Philosophie und eine bestimmte Methodologie einschließlich entsprechender Techniken.

Unter *Philosophie* verstehen wir hier ein Bündel von Überzeugungen, Werten und tragenden Ideen, welche die Arbeit mit dem Volk immer wieder in Richtung auf eine demokratische Gesellschaft inspirieren, in der Beteiligung und Mitbestimmung herrschen. Diese Philosophie geht aller Methodologie und Technik voraus. Sie ist eine Art Mystik oder Ethik, die Hirn, Herz und Hand des Politikers bewegen soll. Politiker, die sich von solch einer Mystik bzw. Ethik durchdringen lassen, können sich sogar dann siegreich wissen, wenn sie augenscheinlich verlieren. Von Hindernissen lassen sie sich weder niederschlagen noch entmutigen, haben sie doch innere Energiereserven, die sie vorwärts blicken und weiter kämpfen lassen. Genau betrachtet handelt es sich um eine politische Philosophie, die Politiker mit Berufung hervorbringt – Politiker, die sich mehr von der Tugend und von der Kunst der Politik als von Technik und Machenschaft des politischen Hin und Her leiten lassen.

Methodologie bedeutet hier jene pädagogischen Schritte, die es zu tun gilt, damit die Philosophie wirksam werden kann. Methodologie sind alle konkreten Initiativen und Positionen, die der in der Politik Tätige in Einklang mit der politischen Philosophie und in Übereinstimmung mit dem Volk ergreifen muß. Die Frage lautet: Wie arbeitet man mit dem Volk? Wie läßt sich eine demokratische und populare Philosophie in die Wege leiten? Welcher Reflexionen und Aktionen bedarf es, wenn man eine politische Verwaltung will, die darauf abzielt, daß sich das Volk befreien und eigenständig seinen Weg in eine Gesellschaft mit gleichen Rechten für alle gehen kann?

Mit *Techniken* meinen wir das Gesamt von Möglichkeiten und Mitteln, über die wir verfügen bzw. über die das Volk verfügt, um eine Philosophie im Rahmen einer entsprechenden Methodologie in die Tat umzusetzen. Unsere Techniken müssen befreiend, popular und demokratisch sein. Anderenfalls führen sie – gemessen an dem anvisierten Ziel, das heißt: an der Beteiligung des Volkes und an dem Sich-Einlassen der Verwaltung auf den Weg des Volkes – zu negativen Ergebnissen.

Auf jeden einzelnen dieser Punkte müssen wir eingehen. Zuvor jedoch wollen wir noch zwei Voraussetzungen betrachten, auf denen dieser politische Wille aufbaut: das Heranreifen des Volkes und die Bildung des Politikers.

2. Heranreifen des Volkes und Bildung des Politikers

Wir unterscheiden zwischen Masse und Volk. Was wir in Brasilien jahrhundertelang hatten, war eine gewaltige Menschenmasse von Sklaven, Landarbeitern und Proletariern, die allesamt in der Gesellschaft nichts zu sagen hatten. Sie durften weder einen eigenen Geschichtsentwurf haben noch das Bewußtsein, zu einer unterdrückten Klasse zu gehören, noch Organisationen, die ihre Interessen hätten formulieren oder vertreten können. Als Masse ließen sie sich manipulieren und nahmen die Befehle der leitenden Klasse hin. Der Populismus brachte ihnen ein Zipfelchen von Mitsprache, unter der Bedingung freilich, die (wirtschaftlich, politisch und kulturell) herrschende Klasse zu stabilisieren und nie zur Bedrohung für sie zu werden.

a. Heranreifen des Volkes

Wenn der (der sozialen Natur des Menschen innewohnende) Wille nach Beteiligung und Mitbestimmung in der Masse anfängt, Gestalt anzunehmen, beginnt die Lebensgeschichte eines *Volkes*. Ein Volk besteht nicht einfach, ein Volk wird. Volk ist das Ergebnis einer Praxis bewußter und organisierter Mitbestimmung und Teilhabe. Damit also ein Volk werden kann, bedarf es 1. eines *kollektiven Bewußtseins,* das seiner Probleme, Konflikte und Unterdrückungen gewahr wird; 2. einer *Organisation* im Hinblick auf die Interessen und konkreten Kämpfe; 3. eines *historischen Projektes,* das Bewußtsein und Organisation bewegt und das 4. zur *Mobilisierung* und zur Eroberung von mehr Macht führt, damit neue Verhältnisse in der Gesellschaft (im Produktionsprozeß, in den Machtverhältnissen, in der Herstellung und Verteilung von Kulturgütern) entstehen können.

Dazu sind Initiativen, in denen sich das Volk zusammenschließt, von größter Wichtigkeit: Gewerkschaften, Stadtteilvereine, Frauen- und Mütterclubs, Aktions- und Reflexionsgruppen, Kirchliche Basisgemeinden und vieles mehr. Hier entdeckt sich das Volk wie in einem Spiegel selbst, erkennt, welche Kraft es hat, und baut in einem ständigen Prozeß das Gewebe seines Lebens immer wieder neu auf. Solche Volksorganisationen sind:

ein Ort von Mitsprache und Mitbestimmung. Hier kommen die Probleme auf den Tisch, hier wächst das kritische Bewußtsein für ihre Ursachen, hier ringt man um Konsens zur Lösung. In den Volksvereinen entdecken die Menschen, daß es Andersheit gibt, was Pluralismus ist und daß das Volk ein lebendiger Organismus ist, der reagiert, aufnimmt, ablehnt, wächst, Beziehungen aufbaut und Macht ausübt. Beim Reden, beim Entscheidungenfällen und beim kollektiven Handeln sind alle gefordert;

eine Bildungschance. In diesen Organisationen besitzt das Volk eine kollektive Schule, in der es redet, hinhört, argumentiert, sich kontrolliert, sich selbst erzieht und gemeinsam Kritik äußert;

Mutterboden kritischen Bewußtseins. Hier wächst das soziale *Wir* heran, ebenso wie das Bewußtsein, Bürger mit Rechten und Pflichten zu sein. Reden ist ein Akt des Mutes und der Befreiung. Mit Hilfe der Sprache wird das soziale Leben problematisiert, bemüht man sich, Mechanik und Funktionieren der Gesellschaft zu ergründen, und werden Alternativen zum Vorfindlichen erarbeitet (»wird die Welt ausgesprochen«, wie Paulo Freire sagt);

ein Kanal zur Mobilisierung. In seinen Organisationen entwickelt das Volk das Bewußtsein dafür, daß es aus eigener Kraft kämpfen muß, um die Gesellschaft zu verändern. Solidarität ist seine entscheidende Waffe. Hier entsteht Klassenbewußtsein und baut sich Vertrauen in die eigene Kraft auf, das ja eine unabdingbare Voraussetzung für jeden Kampf ist. Doch worauf es ankommt, ist nicht einmal, daß das Volk zu allgemeinem Bewußtsein und zu Klassenbewußtsein kommt, sondern daß es mobil wird und Initiativen ergreift, um die Verhältnisse im Stadtteil, am Arbeitsplatz und im Leben überhaupt zu verändern oder zumindest die Forderung danach zu erheben.

b. Bildung des Politikers

Wir sind Erben einer autoritären Politik. Als noch die Masse die Regel war, bestand das einzige Mittel, sie zu führen und mit ihr fertig zu werden, in Zwang und autoritärem Auftreten. Das war die Politik des *Knüppels.* Dann kam der Populismus, der sich der Politik der Manipulation und Demagogie bediente. Das war die Politik des leichten *Schlags in den Nacken.* Wer jedoch eine Politik mit Fundamental- und Basisdemokratie, mit Partizipation, also Beteiligung und Mitbestimmung des Volkes will, muß offen sein für den Dialog, muß auf die Ängste des Volkes hören und bereit sein, von der Kultur der kleinen Leute zu lernen, und sich an ihren Kämpfen beteiligen. Das ist die Politik der *gereichten Hände* und der Macht als Dienst an der Gesamtheit. Dem stehen aber etliche Hindernisse entgegen, die abgebaut werden müssen:

Bankiersverhalten: Die Vorstellung ist, der Politiker wisse alles und das Volk wisse nichts. Aufgabe des Politikers sei es, das Volk mit Daten (wie auf einer Bank) vollzustopfen und es damit für das Leben zu rüsten. Diese Beziehung gleicht einer Einbahnstraße, bei der der Politiker nichts zu lernen braucht und einzig seine Vormachtstellung und Herrschaftsposition ausbaut.

Aufgeklärtes Verhalten: Hier wird dem Volk zwar Wissen zugesprochen, das aber unrechtmäßig, weil nicht in der Schule erworben sei. Nur die Schule legitimiere Wissen. Zugegebenermaßen habe das Volk eine gewisse Erfahrungsbreite; der aber mißt man keinen besonderen Wert bei. Auf diese Weise tritt der aufgeklärte Intellektuelle auf, der sich als Monopolträger sicheren und anerkannten Wissens begreift. Als solcher steht er über dem Volk, und zwischen ihm und dem Volk herrscht ein Verhältnis wie zwischen Schulmeister und unreifen Kindern.

Unterordnung des Volkes: Vertreter dieser Position anerkennen die Kraft des Volkes, seine Erfahrung und sein Wissen, ordnen es sich aber unter und machen es zu einem Verbündeten für ihr Projekt. Sie sehen nicht, daß der Geschichtsentwurf etwas Gemeinsames sein muß, geboren aus dem Kollektiv und aus ein und demselben politischen Willen. Haltungen dieser Art führen zum »Avantgardismus«, zu Vorreiterpositionen, gegenüber denen das Volk am Ende allein dasteht und politische wie soziale Konflikte unvermeidlich werden.

Mystifizierung der Klassensituation: Zwischen Volk und Politiker klafft ein ganz realistischer Graben. Die meisten Politiker stammen aus der Klasse des Bürgertums, haben die Schule besucht und sind durch den Prozeß bürgerlicher Professionalisierung gegangen. Dies ist nun einmal die Lage, die wir offen, ohne Gewissensbisse und ohne Bitterkeit anerkennen müssen. In jeder Klassensituation findet sich ein objektives Element von Herrschaft, das vom Willen des einzelnen unabhängig ist; das ist anzuerkennen, damit sich seine Wirkung möglichst begrenzen läßt. Aus diesem Grunde muß mit einer naiven Mystifizierung, wie sie etwa in folgenden Politikerworten zum Ausdruck kommt, Schluß gemacht werden: »Ich bin auch Volk; ich stamme von der Basis; die kleinen Leute sind meine Basis.« Erst wenn man akzeptiert hat, daß man anders ist, kann man sich für eine andere Klasse, das heißt für die Klasse des verarmten Volkes, entscheiden. Damit ändert man seine Klassenposition. Man schließt sich dem zukurzgekommenen Volke an, wird zu seinem Bündnispartner und kann sich dann auf seinen Weg einlassen und für seine Befreiung nützlich werden. Ohne solch eine Veränderung ist eine andere, demokratische und befreiende Politik nicht möglich.

3. Merkmale einer Philosophie der Arbeit mit dem Volk

Wie wir schon eingangs anmerkten, ist eine solche Philosophie (tragende Idee, bestimmende Inspiration) grundlegend für eine Arbeit mit dem Volk, die den Politiker prägen und das Volk respektieren und damit der demokratischen Politik Kraft und Ausdauer geben soll. Wir wollen jetzt einige Merkmale dieser Mystik des Handelns, dieser Ethik des Politikers, in Augenschein nehmen.

a. Identifizierung mit dem Volk

José Honório Rodrigues, einer der besten brasilianischen Historiker, meint: »Die Führungsschicht hat sich nie mit dem Volk versöhnt. Nie hat sie in ihm ein Geschöpf Gottes erblickt, nie es anerkannt. Immer sollte es sein, was es nicht ist. Nie hat sie seine Tugenden wahrgenommen, nie es für seine Dienste an unserem Land bewundert. Alle möglichen Namen – von Gürteltier bis Hinterwäldler – hatte sie für das einfache Volk bereit. Seine Rechte hat sie ihm verwehrt und sein Leben ruiniert. Und als sie sah, daß es auf die Beine kam, versagte sie ihm Schritt für Schritt die Anerkennung und verschwor sich, um es erneut an den Rand zu drängen – dorthin, wo es nach ihrer Meinung gehört« (Conciliação e Reforma no Brasil, Rio de Janeiro 1965, 14). Andererseits resultieren die größten historischen Werke, deren wir uns rühmen können, aus den Mühen des Volkes: die sprachliche und politische Einheit Brasiliens, die Ausdehnung und der Zusammenhalt des Landes, die kulturelle Homogenität und die rassische und religiöse Toleranz. Gewalttätig waren die herrschenden Klassen, die jede Mobilisierung des Volkes sofort unterdrückten, so daß Capistrano de Abreu schreiben kann, gegen Ende der Kolonialzeit sei »das Volk immer wieder kastriert und immer wieder zur Ader gelassen« worden (José H. Rodrigues, a. a. O. 30).

Wer sich mit dem Volk identifizieren will, muß eine andere Position beziehen als die, die in unserer Kultur den Ton angibt. Damit aber setzt er einen *kulturellen* und *politischen* Akt.

Einen *kulturellen* Akt: Es geht darum, das Volk zu schätzen, es anzunehmen und sich in es hinein zu begeben, aber nicht wie manche Künstler, die sich an das Volk heranmachen, um dort Themen für ihre Musik zu finden, ohne ihm ihrerseits irgend etwas zu geben, und auch nicht wie manche Forscher, die sich dem Volk mit ihren eigenen Absichten nähern, ohne daß es selbst irgend etwas davon hätte. Nein, es geht darum, sich die Werte des Volkes zu eigen zu machen, das heißt: seine Art und Weise, zu leben, zu lieben, mit den Kindern umzugehen, solidarisch zu sein, seine Feste zu gestalten und die Religion zu feiern. Wer das brasilianische Volk liebt, kann auf die katholische, protestantische oder afrobrasilianische Volksreligiosität weder zynisch noch skeptisch noch gleichgültig herabschauen. Liebe gebiert Hochachtung und Wertschätzung für alle diese Dinge, weil sie Orte sind, an denen das Volk seine Kraft zum Widerstand schöpft, seine Kreativität zeigt und sich den Sinn des Lebens erarbeitet.

Sich mit dem Volk identifizieren bedeutet einen *politischen Akt* zu setzen: sich die Sache und die Kämpfe des Volkes zu Herzen nehmen. Die Sache des Volkes ist das Leben: die Lebensbedingungen, die Gerechtigkeit, die ihm immer versagt worden ist, die Schulbildung, die nie ausreicht... Das Volk will Veränderung, will eine andere, menschlichere Gesellschaft, in der es die Kinder seiner Liebe haben und zusammen mit anderen in Würde arbeiten kann. Sich mit dem Volk identifizieren bedeutet auch: sich zu den Kämpfen des Volkes bekennen, auch wenn diese in der Regel von der großen Presse als Krawall, Chaos und Bedrohung für die nationale Sicherheit (sprich: für das Kapital) diffamiert werden.

Es ist interessant zu beobachten, daß alle großen Revolutionen, bei denen das Volk den Ton angegeben hat, immer auch die

Intellektuellen und die leitenden Personen verändert haben. Wo diese sich mit dem Volk identifiziert haben, hat auch die klassische Arbeitsteilung ein Ende. In Kuba verließen sie ihre Büros und machten bei der Zuckerrohrernte mit, oder anderswo stiegen sie von ihren Kathedern und gingen zur Feldarbeit, während die Landbevölkerung in Schulen und Universitäten Kurse belegte. Auch die Macht legt sich einen neuen Stil zu; sie tritt nicht mehr als Apparat oder als Sonderbesitz von Polizisten, Ministern, Sicherheitsbeamten oder einer Vielzahl von untergeordneten Kräften auf. Das Ansehen der Macht hängt nicht mehr an Abzeichen von Macht (Symbolen und Abstand zum Volk mit einer zwangsläufigen Ikonisierung und Mythifizierung des Machtträgers), sondern an den Diensten, die sie dem Volk erweist, daran, daß sie unters Volk geht, an seinen Versammlungen teilnimmt und sich am konkreten Leben der kleinen Leute beteiligt. Macht, die sich so darstellt, wird zu einer moralischen Autorität, die nicht aufgrund von Druck und Zwang, sondern von freier Zustimmung respektiert wird. Die Menschen sehen, daß sie so wirklich »repräsentiert« werden und daß ihre Kämpfe weder verraten noch beargwöhnt, sondern unterstützt und gerechtfertigt werden. Macht, die sich so gibt, erdrückt nicht die Bürger, sondern läßt sie wachsen und behindert sie nicht in ihren Aktivitäten, sondern öffnet ihnen Raum, damit sie sich entfalten können.

Einem Politiker, der sich auf diese Weise mit dem Volk identifiziert, wird auch aufgehen, wie er bei dem Prozeß, in dem sich das Volk verwirklichen will, mitmachen kann:

indem er die eigentlichen Probleme des Volkes wahrnimmt,

sie in dem Chaos von Spannungen, Tendenzen und Spaltungen klar und deutlich formuliert,

in einfacher und verständlicher Sprache dem Volk das zurückspiegelt, was seine Ängste und Sorgen darstellt;

und sich dafür einsetzt, daß das Volk vom Volk und nicht nur von den Führern her zu seiner Einheit findet und die verschiedensten Gruppen mobil werden können.

Daß sich jemand mit dem Volk identifiziert, kann sich sogar in der Art und Weise zeigen, wie er sich kleidet, wie er redet, wie er wohnt und wie er sich in seiner Vorstellungswelt ausdrückt.

b. Liebe und Vertrauen zum Volk

Brasilien war eine Sklavenhaltergesellschaft. In der Mentalität der herrschenden Klasse finden sich noch immer Spuren davon. Sie hat die Kontrolle über das, was in Schulen, Medien und Familien an Ideen umgeht. Die unmenschlichste Folge unserer alten Sklavenhaltergesellschaft besteht in der unbewußten Verachtung, mit der die Gesellschaft Arme und Randexistenzen bedenkt. Es herrscht eine große Fühllosigkeit für das soziale Drama, in dem die Mehrheit der Brasilianer lebt. In Anbetracht dieser Antitradition müssen wir bewußt eine Dimension der Sympathie für das Volk und der Liebe zu ihm entwickeln. Mit Liebe, die nichts Süßliches und Kleinbürgerliches an sich hat, meinen wir die Fähigkeit, die Herr-Sklave-Beziehungen in menschenwürdige und von Gleichheit bestimmte Beziehungen zu verändern. Es geht darum, sich dem Volk mit Liebenswürdigkeit zu nähern, wie man sich einem Menschen zuwendet, dem man Gutes will. Wir müssen der Demoralisierung, die man der Liebe (zum Teil auch durch die Predigt der Kirchen) mit einem rituellen Lächeln, mit liebevollen, aber leeren Worten und mit rein pathetischen Gesten angetan hat, ein Ende setzen. Wir müssen zwischenmenschliche Beziehungen schätzenlernen. Die kleinen Leute im Volk wollen nicht mit Barmherzigkeit, Diskriminierung und Mitleid, sondern mit ganzer menschlicher Dichte akzeptiert werden. Rührseligkeit und Mitleid lähmen das Volk nur und hindern es daran, seine Kraft zu entfalten und Anerkennung als gleichgestellte Menschen zu finden.

Wo die Kraft des Volkes nicht anerkannt wird, kann sich kein politisches Verhältnis aufbauen, das es befreien und in seinem Kampf unterstützen würde. Wenn wir uns dagegen auf die Ebene des Volkes begeben oder das Volk auf unsere Ebene holen, dann können die Menschen ein freies Wort und kritischen Geist entfalten. Dann können sie sagen, was sie denken. Andernfalls sagen sie bloß, was Politiker gerne hören möchten.

Hand in Hand mit affektiver und effektiver (engagierter) Liebe muß ein solides Vertrauen zum Volk gehen. Treffend sagt Paulo Freire: »Sich auf Liebe, Demut und Glauben an die Menschen begründend, wird der Dialog zu einer historischen Beziehung, aus der mit logischer Konsequenz gegenseitiges Vertrauen zwischen den im Dialog Stehenden erwächst... Dieses Klima gegenseitigen Vertrauens« führt »die im Dialog Stehenden in ei-

ne immer engere Partnerschaft bei der Benennung der Welt«
(Pädagogik der Unterdrückten, Stuttgart 1971, 98). Und weiter
heißt es bei dem Altmeister Paulo Freire: »Menschen, denen die
Demut fehlt (oder die sie verloren haben), können das Volk
nicht erreichen, können seine Partner in der Benennung der
Welt nicht sein. Wer sich nicht selbst als ebenso menschlich wie
jeder andere anerkennt, hat noch einen weiten Weg vor sich, ehe
er den Punkt der Begegnung erreichen kann. Dort, wo man sich
begegnet, gibt es weder totale Ignoranten noch vollkommene
Weise – es gibt nur Menschen, die miteinander den Versuch unternehmen, zu dem, was sie schon wissen, hinzuzulernen«
(a. a. O. 97–98).

Wo ein solches Verhältnis der Demut besteht, tut sich dem
Volk die Möglichkeit auf, den Unterdrücker, der es geknebelt
und in innerer Gefangenschaft hält, aus sich hinauszuwerfen.
Jetzt spricht es sein Wort über die Welt und kann sich befreien.
Mit unserem geschwisterlichen und freien Verhältnis dem Volk
gegenüber können wir ihm helfen, daß seine Kreativität alle
Hemmnisse verliert. Das Volk ist nicht arm, sondern verarmt;
das heißt, man hat es daran gehindert, sich zu entwickeln und
seine Möglichkeiten zu entfalten. Seine Armut ist weder unabän-
derlich noch naturgegeben noch schuldlos; die Unterdrückung,
die seine Anlagen verkümmern ließ, hat sie in ihm hervorgebracht. Sobald die Fähigkeiten ihren freien Lauf nehmen können, zeigen sie, welch große Kreativität und Verantwortung das
Volk besitzt. Entscheidend ist, daß wir an seine Fähigkeit glauben, schöpferisch zu sein, Probleme denkerisch zu erfassen und
Schwierigkeiten kämpferisch zu lösen. Wenn wir aber Angst davor haben, dann zeugt das nur davon, daß wir unsicher und unfähig sind, einfachen Menschen zu vertrauen und die Grenzen
unserer Klasse samt den Interessen, die hinter ihr stehen, zu
überschreiten.

c. Die Kultur des Volkes schätzen

Schätzen bedeutet hier: mit Sympathie beobachten und schmek-
ken, was man beobachtet. Aber nun nicht mit dem interessege-
leiteten, beobachtenden Blick des Analytikers, sondern mit dem
bewundernden Auge des Weggefährten. Es geht darum, dem in
der Regel aus Kämpfen und Dramen bestehenden Leben des
Volkes, das nichts als in Würde überleben will, den ihm gebüh-

renden Wert beizumessen. Gerade weil es zu kämpfen hat, hat das Leben des Volkes Würde und verdient größte Hochachtung. Aus diesem Grund müssen wir hinhören, was uns das Volk zu sagen hat.

Beim Hinhören auf das Volk kommt es darauf an, die Logik in seinem Diskurs zu verstehen. Diese hängt nicht an den Regeln des Begriffs, sondern an denen des Symbols. Einfache Menschen denken so und reden ganz anders. Deshalb muß man sich immer fragen, was dahinter steht, was das Volk mit seinen Geschichten und Forderungen eigentlich sagen will. »Ignorant und passiv ist das Volk nur für Intellektuelle, die von dem, was das Volk ist, tut und kann, keine Ahnung haben. In Wirklichkeit steht das Volk immer und immer schon aufrecht da, kämpft und versucht auf tausend Weisen, der Verrandung und Vernichtung zu widerstehen und sich den Unterdrückern mit Händen und Füßen zu widersetzen. Pastoralträger können also nicht von sich behaupten, sie weckten das Volk auf und stellten es auf die Beine« (Cl. Boff, Agente pastoral e povo, in: Revista Eclesiástica Brasileira, [1980] Juni, 230). Schon seit Jahrhunderten ist das Volk unterwegs und am Kämpfen; nur haben wir uns seinen Kämpfen bisher noch nicht angeschlossen.

Um die Reichtümer des Volkes – seine Gesten, Lieder, Bräuche, Feste und Legenden – wertschätzen zu können, müssen wir auch wissen, was es alles an *volksfremden* Elementen im Volk gibt. Dem System der Unterdrückung ist es nämlich gelungen, sich in die Seele des Volkes einzuschleichen und dort Elemente abzulagern, die die kleinen Leute assimiliert haben, obwohl sie sich in Wirklichkeit gegen sie richten. So rühren etwa gewisse Vorurteile, die das Volk gegen Schwarze, Mestizen und Abkömmlinge von je einem schwarzen und indianischen Elternteil, die »cafuzos«, sowie gegen bestimmte Arbeiten hegt, aus der herrschenden Ideologie her, die die Seele des Volkes spaltet. Unsere Liebe zum Volk muß kritisch sein, und unsere Wertschätzung muß auch in volkstümlichen Bekundungen die Spuren des Unterdrückers ausmachen und helfen, sie ausfindig zu machen und auszumerzen.

d. Dienst am Volk gemeinsam mit dem Volk

Hier müssen wir darauf achten, daß sich unser kollektives gesellschaftliches Unbewußtes vielfach auf subtile Weise tarnt. Oft genug bedienen wir uns des Volkes für unsere eigenen Interessen,
anstatt ihm zu dienen. So kommt es darauf an, die Macht nicht
für das Volk, sondern *gemeinsam mit* dem Volk auszuüben. Wir
müssen ihm zur Seite treten und unter ihm leben; dazu aber
müssen wir unsere Interessen seinen Interessen unterordnen.
Der Ort, an dem die Sache des Volkes deutlich werden und auf
den Tisch kommen muß, ist dort, wo die Menschen diskutieren,
wo sich verschiedene Gruppen gegenüberstehen und wo – unter
möglichst breiter Beteiligung – alle debattieren, damit die kleinen Leute nicht wieder Opfer des Unterdrückers werden, den sie
in sich selbst tragen. Was in den Köpfen des Volkes steckt, ist
nicht so sehr die unmenschliche Wirklichkeit, in der es lebt, sondern das Chaos von Botschaften, das die Medien der herrschenden Klasse Tag und Nacht über die Menschen ausgießen. Die
herrschende (von den herrschenden Klassen manipulierte) Realität bestimmt am Ende, welche Ideen beim Volk die Oberhand
gewinnen. Da geben ihm Diskussion und gemeinsam vorgetragene Kritik die Möglichkeit, sich zu befreien und zu entdecken,
mit welchem Köder es ständig geangelt werden soll. So gehört es
zum Dienst des Politikers, dem Volk zu helfen, die Wirklichkeit,
in der es lebt, zu entziffern.

Wir haben uns immer auch zu vergegenwärtigen, daß das
Volk das große kollektive Subjekt der Geschichte ist. Unser Vorhaben ist diesem umfassenden Projekt untergeordnet. Deshalb
muß jeder echte Dienst am Volk von Selbstlosigkeit geprägt
sein. Macht, über die wir verfügen, dürfen wir immer nur als
Vermittlung zu dem einen Ziel verstehen, daß das Volk mehr
und mehr Architekt seines eigenen Schicksals und der Gesellschaft wird, die es schaffen möchte.

Wie ein Stern nicht ohne Lichthof erstrahlt, so kann keine Politik ohne entsprechende Philosophie oder Mystik leben. Diese
ist wie eine Quelle lebendigen Wassers, das in die vielfältige Praxis einströmt und immer wieder die Kraft dazu speist, sich erneut auf den Weg zu machen.

4. Methodologische Anmerkungen zur Arbeit mit dem Volk

Von Paulo Freire stammt das Buch »Pädagogik der Unterdrückten« (deutsch: Stuttgart 1971). Der Band will weder eine Richtschnur für Unterdrückte noch ein Methodenbuch für Lehrende sein; was er sein will, ist eine Anleitung zu gemeinsamem Lernen. Das Volk lernt und lehrt, der Erzieher lehrt und lernt. Ähnlich ergeht es dem Politiker im Kontakt mit dem Volk. Es geht um eine Methode, in der die Interessen des Volkes besser formuliert werden und wirklich zum Tragen kommen.

a. Von der Wirklichkeit ausgehen

Das Stichwort beinhaltet verschiedene Aspekte. *Erstens* bedeutet es: Ausgangspunkt ist die Wirklichkeit, so wie wir sie erfahren und in ihrer ganzen Brutalität vorfinden; das heißt: irgendwelche Theorien oder vorfabrizierte Projekte können nicht der Einstieg sein. Natürlich haben wir schon bestimmte Ideen im Kopf; bei niemandem herrscht ja Tabula rasa. Doch müssen wir uns bewußt darum bemühen, diese Vorgaben mit der Wirklichkeit zu konfrontieren und zu überprüfen. Der Wirklichkeit kommt ohne Wenn und Aber der Vorrang zu. Eine *zweite* Bedeutung ist noch dichter: Ausgehen von der Wirklichkeit heißt Ausgehen von der *Praxis* des Volkes. Einschlußweise bedeutet es auch: Auszugehen ist vom Bewußtseinsstand des Volkes, der ihm aus der leidvollen Konfrontation mit der Wirklichkeit erwachsen ist. Praxis ist immer eine Einheit von Bewußtsein und Wirklichkeit (Theorie und Praxis). Zum Ausdruck kommt dieser Zusammenhang in solchen Fragen: Wie stellt sich die Wirklichkeit des Volkes (wirtschaftlich, politisch, kulturell, religiös usw. gesehen) dar, und wie reagiert das Volk auf sie? Soweit sich das Volk organisiert hat, hat es folgende Fragen voll in seine Überlegungen aufgenommen: Was für Probleme gibt es in unserem Stadtviertel, und was geschieht, um ihnen zu begegnen?

Von der Wirklichkeit ausgehen heißt also nicht: einen Fachmann kommen lassen, damit dieser – an Stelle des Volkes – die soziopolitische Wirklichkeit erhebt; und heißt auch nicht: nach dem Bewußtseinsstand fragen, den das Volk von der Wirklichkeit hat. Vielmehr heißt es: die *konkrete Praxis,* die Kämpfe, den Weg des Volkes definieren. Dieser Weg umfaßt das Bewußtsein und das ihm entsprechende Engagement.

Möglicherweise fängt das Volk mit vermeintlichen Randfragen an. Doch der Weg kann nur durch das vom Volk selbst eröffnete Tor führen. Die Funktion des Politikers kann in diesem Falle nicht darin bestehen, die Entscheidungen des Volkes zu bremsen, sondern nur darin, kritische Elemente einzuführen und die Fragen zu diskutieren. Denn es besteht immerhin die Möglichkeit, daß das Volk von den Randfragen zu den wesentlichen Problemen vorstößt. Ein solches Verhalten ist pädagogisch und weckt Vertrauen auf seiten des Volkes. Irrtum darf nicht mit Pathologie verwechselt werden; innerhalb eines erzieherischen Prozesses ist der Irrtum eine Chance zum Lernen. Erfahrungen macht man mehr durch Fehler als durch Treffer.

b. Den Puls des Volkes spüren und achten

Bildungsmäßiges Wachstum folgt einem organischen Rhythmus. Anders als beim Hochziehen einer Mauer, bei der Stein auf Stein gesetzt wird, entwickelt sich bildungsmäßiges Wachstum eher nach Art einer Pflanze: Immer wächst das Ganze und bildet eine Sinneinheit. Das Wachstum forcieren, wenn die Bedingungen nicht dafür gegeben sind, wäre so, als gösse jemand eine Pflanze zuviel, bis sie schließlich eingeht. Immer muß man sich die Frage stellen: Welcher Schritt ist in diesem Augenblick möglich? Man darf nichts vom Volk fordern, was es nicht geben kann, aber man muß alles von ihm fordern, was es geben kann. Man muß eben spüren, was gerade möglich ist. Auch die besten Chancen für Wachstum und Fortschritt kann man verpassen.

Krisensituationen bieten in der Regel Möglichkeiten für qualitative Sprünge. Not macht erfinderisch. Wenn eine Regierung mit ihrer gesamten Linie es dem Volk möglich macht zu denken, dann kommt es darauf an, das Denken (Bewußtsein) in Kampf und Fortschritt im Sinn von Zusammenschluß und Druckausüben umzusetzen.

Allerdings muß man darauf achten, dort, wo die Einheit in der Front des Volkes zerbrechen könnte, die Dinge nicht zu sehr zu beschleunigen. Besser, langsam, aber geschlossen vorankommen als die Vorsprecher anheizen, die leicht den Kontakt mit dem Rest des Volkes verlieren. Wichtig sind nicht die Vorhutspitzen, sondern die prophetischen Minderheiten, die im Volk verwurzelt sind und dessen Sehnsüchte auszudrücken vermögen, ohne die Verbindung mit ihm zu verlieren. Aber auch mit diesen prophetischen Minderheiten darf man weder ausschließlich noch zu viel arbeiten. Entscheidend ist, das Verhältnis dieser Gruppen zum Volk zu pflegen. Alles hängt von diesem Verhältnis ab. Die Praxis muß dem Bewußtseinsstand entsprechen. Wenn da etwas aus dem Schritt kommt, kann der Prozeß scheitern, kann Mißtrauen aufkommen und können die Eliten die Gruppen manipulieren.

c. Mut zum ersten Schritt

Der Wunsch des Volkes nach Beteiligung und Mitbestimmung, der organisatorische Aufbruch wie auch die ganze Arbeit an der Basis müssen auf die Praxis der Veränderung abzielen. Deshalb sind gerade die ersten Schritte und der Einstieg bei den konkreten Problemen, die dem Volk das Leben schwer machen, ungeheuer wichtig. Denn offensichtlich sind die kleinen Probleme Manifestationen der großen Strukturprobleme der Gesellschaft. Wo Schulen, Arbeitsplätze oder Möglichkeiten der Gesundheitsfürsorge fehlen, rühren wir an die Gesamtorganisation der Gesellschaft. Aus diesem Grund dürfen wir es nicht bei der Beschreibung des Systems bewenden lassen; da überkommt einen leicht das Gefühl der Ohnmacht. Wir müssen konkrete Probleme aufs Korn nehmen. Von dort aus wird uns dann auch das System verständlich, und wir können ihm Alternativen entgegensetzen. Die Aufgabe des Politikers besteht nicht darin, die konkreten Kämpfe des Volkes durch eine verallgemeinernde Sicht zu entschärfen. Politiker, die ein organisches Verständnis ihrer Rolle haben, weisen das Volk vielmehr darauf hin, welche Verbindung ein konkreter Schritt mit dem Ganzen hat. Aus diesem Grund gibt es im Prozeß des Kampfes keinen Gegensatz zwischen Reform und Befreiung. Reformen müssen auf eine alternative Gesellschaft verweisen; sie können Befreiung im Vollzug beinhalten. Befreiung geschieht immer dort, wo zwischenmenschliche und soziale Beziehungen nach einem anderen Prinzip gestaltet werden, nicht mehr nach dem Prinzip der Ausbeutung, sondern nach dem der Zusammenarbeit. Wichtiger, als die *Träger* der Unterdrückung zu beseitigen, ist es, die *Beziehungen* der Unterdrückung konkret zu überwinden. Diese treten ebenso in der Familie zutage wie im Umgang der Menschen miteinander bei der Arbeit oder bei Versammlungen. Es gibt eine Politik des Alltags, das heißt, einen Stil im Umgang, den wir mit Menschen und Dingen pflegen, die uns umgeben, und die sich in der Form zeigt, wie sich eine Versammlung physisch zusammensetzt, wie Aufgaben verteilt werden, wie ein Fest vorbereitet wird oder wie in einer Gruppe eine Diskussion abläuft. Überall dort können nämlich Verhältnisse der Unterdrückung und fehlender Zusammenarbeit herrschen. Nicht nur die Inhalte, sondern auch die Formen und die Vorgehensweisen müssen befreiend sein.

Wenn wir die kleinen Kämpfe und die bescheidenen Schritte des Volkes nicht schätzenlernen, werden wir nie zum großen Prozeß kommen. Nur wer gehen lernt, kann verlangen, daß gelaufen wird.

d. Die Wichtigkeit von Vorbereitung und Auswertung

Die Arbeit mit dem Volk ist eine sehr ernste Angelegenheit, geht es doch um das geschundene Leben von Menschen. In der *Vorbereitung* des Engagements kommt der Ernst der Sache zum Ausdruck; sie macht Schluß mit dem unverantwortlichen Improvisieren. Sie muß die Leute aus dem Volk selbst mit einspannen, damit diese mitverantwortlich werden können. Schon in der Antike hieß es: Was die Mehrheit angeht, muß auch von der Mehrheit vorbereitet und entschieden werden können.

Nicht weniger wichtig als die Vorbereitung ist die *Auswertung* nach dem Handeln. Die einzelnen Fakten dürfen nicht weiter fragmentiert werden, sondern müssen als Schritte auf einem Gesamtweg betrachtet werden. Dabei kommt es darauf an herauszufinden, wieweit – gemessen an dem Marsch, der da in Gang ist – es zu Fortschritt, Vertiefung oder auch Rückschritt gekommen ist. Die Evaluation ist deshalb wichtig, weil sie Engführungen und Hindernisse sichtbar macht und eventuelle Fehler rückwirkend beheben kann. Man muß nicht nur zu Fehlern stehen, sondern man muß sich auch fragen, was ihre Ursachen und Lehren sind. Auch aus Fehlern kann man lernen und Erfahrungen sammeln, denn kein Weg geht ohne Hindernisse und keine längere Reise ohne Unfälle ab. Wer nicht aus Fehlern lernt, wird sie unweigerlich wiederholen.

Gerade für Politiker bürgerlicher Herkunft ist dieser Aspekt bedeutsam. Aufgrund von Klassenzugehörigkeit und Bildungsgang tun sie sich schwer mit Mißerfolgen. Dagegen sind Unterdrückung und Hindernisse ständige Lebensbegleiter des armen Volkes. Wenn wir von Klassenherrschaft sprechen, ist damit gemeint, daß sich die über das Kapital verfügende Klasse samt ihren Verbündeten unentwegt über das Volk und seine Interessen aufschwingt. Das Volk lebt in ständiger Niederlage. Seine Kraft besteht im Widerstand und im Willen, weiter zu leben und weiter zu kämpfen. Der Unterdrücker kann die von ihm ausgeübte Unterdrückung nicht genießen; fortwährend fühlt er sich von der Widerstandskraft und Standhaftigkeit des Volkes bedroht. Der Politiker muß den anfänglichen Schock, den er bekommt, wenn er sich der Unterdrückung bewußt wird, überwinden. Dann wird er die Kraft des Volkes, die Mächtigkeit seines Lebens, den konkreten Inhalt seiner Sprache und den Sinn seiner Feste spüren. Auch in Mißerfolgen und Fehlern, von denen das Volk nicht verschont bleibt, muß er ihm mit tiefer Solidarität begegnen. Indem er die Ursachen seiner Fehler aufdeckt, muß er ihm helfen, zu lernen und die Lehren daraus zu ziehen. Aber oft genug gibt auch das Volk den Politikern eine harte Lektion, wenn es sie auf den rauhen Boden des Lebens zurückholt.

e. Das Ziel: Selbständigkeit der Volksbewegung

In seinem Verhältnis zum Volk hat der Politiker zu Anfang das Privileg, die Menschen einladen und bewegen zu können. Er verfügt über Fähigkeiten, und ihm liegen die Leute am Herzen. Die Beziehungen zwischen Volk und Politiker sind zwar ungleich, als pädagogische Möglichkeit aber gerechtfertigt. Das Entscheidende jedoch ist, welches Verhältnis sich aufgrund dieses Einstiegs aufbaut. Wird es eine bevormundende und paternalistische Beziehung, so geht die Herrschaft weiter – wenn auch in milderer, popularistischer Form. Das Thema »Volk« geht in den Jargon des Politikers ein.

Die Zuwendung des Politikers zu den Menschen soll jedoch bewirken, daß das Volk und seine Bewegungen autonom werden. Der Kampf des Volkes ist nichts Organisiertes, und seine Siege sind nur partiell; das ist der Grund, weshalb es unterdrückt wird. Der Politiker soll nun mit seinem Engagement die Siege des Volkes kräftigen und das Unterdrückungsregime allmählich überwinden helfen. Aus diesem Grund muß er stets vor Augen haben, daß seine Aufgabe darin besteht, das Volk auf die eigenen Beine zu stellen, damit es gemeinsam und direkt, also nicht mit Hilfe von Dolmetschern und Mittelsmännern, seine Lebensverhältnisse kontrollieren kann.

Die Fragen, die sich Politiker immer zu stellen haben, lauten: Wer ergreift da die Initiative: die Basis oder die Politiker? Ist die Gruppe imstande, den Lauf der Dinge zu verändern und die Richtung des Weges neu zu bestimmen? Wenn sich das Volk selbst regieren soll, stellt sich die Frage nach seinen *Führern*. Denn unter den Führern des Volkes gibt es auch Strohmänner, die das Spiel der herrschenden Kreise treiben; sie lassen sich auf ein Bündnis mit den Mächtigen ein, weil sie Vorteile für ihre Person oder für ihre Gruppe davon haben – unter der Bedingung freilich, daß sie die Selbständigkeit des Volkes opfern. Die Führungskräfte müssen aus dem Volk stammen und eine volksnahe Praxis haben; niemand – aus welcher Klasse auch immer – kann sie ersetzen. Auch die Handlungsmodelle müssen volksnah sein, das heißt: müssen unter der Kontrolle des Volkes stehen und *mit* dem Volk und nicht nur *für* das Volk praktiziert werden. Wichtig ist nicht die Führung, sondern die kritische Gemeinde, in der Beteiligung und Mitbestimmung herrschen und die sich in der Führung ihren eigenen Ausdruck verschafft. Diese kann und muß ihre Kenntnisse vertiefen, aber nicht außerhalb der Gemeinde, sondern innerhalb ihrer Kämpfe, und immer, um die Basis des Volkes zu stärken.

Das Engagement des Politikers unter dem Volk ist ein *wechselseitiges* Geschehen. Jeder gibt von seinem Reichtum: der Politiker von seiner Kompetenz, das Volk von seiner Erfahrung im Kampf. Die Arbeit muß stets ein gemeinsames Tun sein, so daß ein Weg entsteht, der auch dann nicht zerfließt, wenn sich der Politiker zurückzieht oder nicht mehr dabei ist. Der Grad der Befreiung des Volkes mißt sich am Grad der Unabhängigkeit und Selbständigkeit, den es in seinen Kämpfen erringt.

f. Ständiger Bezug auf die Ideale der Demokratie

Das Bemühen des Volkes um Beteiligung und Mitbestimmung wie auch das Ansinnen des Machtträgers, sich wirklich auf den Weg des Vokes einzulassen, müssen fortwährend die demokratischen Ideale zum Ausdruck bringen. Denn Demokratie ist nicht nur eine konkrete Regierungsform, sondern vor allem ein bestimmter Geist, der alle Formen von Machtausübung prägt. Demokratie will Gleichheit und Mitbestimmung für alle oder zumindest für die größtmögliche Zahl. Demokratie ist eine Herausforderung, die es Tag für Tag anzunehmen gilt.

Die demokratischen Ideale haben eine altehrwürdige Tradition. Schon in den politischen Vorstellungen der antiken Klassiker (Platon und Aristoteles) finden sie sich; und bis heute gibt es keinen modernen Denker, der nicht für sie einträte. Der Geist der Demokratie wurde im Kampf der Verrandeten um ihre Vermenschlichung geboren. Mit Hilfe von Gleichheit und Partizipation wollen sie nicht die Mechanismen der Diskriminierung nachbilden, sondern Befreiung schaffen. Machiavelli, der Theoretiker des Autoritarismus, scheut sich nicht zu sagen, der Tyrann müsse alle Menschlichkeit ablegen und sein Christentum vergessen, wenn er die »virtù«, das heißt seine Herrschaft, ausüben wolle. Das aber bedeutet, daß der Tyrann nur Tyrann sein kann, wenn er sich entmenschlicht und sein Herz vergißt. So wird er zum Unterdrücker seiner Mitmenschen und zum Vergewaltiger seiner selbst.

Je größer die persönlichen und objektiven Schwierigkeiten sind, auf die wir stoßen, desto mehr ist unser Glaube an die Demokratie herausgefordert. Demokratie ist ein Glaube, eine Lebensentscheidung und eine Überzeugung, daß die Berufung unserer Natur nicht in Richtung Herrschaft der einen über die anderen, sondern in Richtung Zusammenarbeit aller geht. Der Mensch ist dem Menschen ein Freund und kein Wolf, so lautet – schlicht gesagt – die Formel der Demokratie. Immer wieder müssen wir uns zu dieser Utopie bekehren. Zwar wird sie nie voll verwirklicht werden; wer aber nicht das Unmögliche will, wird nie das Mögliche erreichen. Stürme können einem Baum nichts anhaben, wenn dessen Wurzeln nur tief genug gehen. So können auch wir Restspuren von Autoritarismus und Herrschaft seitens der bürgerlichen Klasse ertragen, sofern nur der Geist der Demokratie tief genug in uns verwurzelt ist. Und die Tiefe der Wurzeln ist abzulesen an der Liebe, am Vertrauen und an der Hochschätzung, die wir für das Volk haben. Alle anderen Regierungsformen, die nicht das Volk einbeziehen, beinhalten immer einen gewissen Grad von Geringschätzung des Volkes. Geringschätzung aber entmenschlicht und öffnet einer Machtausübung in der Gestalt von Zwang und Unterdrückung Tür und Tor.

5. Einige Techniken für die Arbeit mit dem Volk

Auch die Techniken müssen den demokratischen Geist von Beteiligung und Mitbestimmung achten und atmen, wenn sie Gleichheit schaffen sollen. Hier kann es nicht darum gehen, bereits bekannte Experimente und Erfahrungen noch klarer zu formulieren. Nur einige Werkzeuge sollen genannt und einige Prozesse angedeutet werden.

a. Werkzeuge

Plakate und Wandzeitungen, die von aktiven Leuten aus dem Volk selbst hergestellt werden, die gesamte Volkskunst und auch – in der Regel originelle – Formulierungen, die das Volk findet, um seine Probleme auszudrücken oder seine Kritiken vorzutragen, müssen von uns unterstützt und anerkannt werden.

Fibeln zu den verschiedensten Themen: Gesundheitswesen, Bürgerrechte, Mitbestimmung in der Politik, Probleme in Sachen Gewerkschaft, Grund und Boden, Rassismus usf. Diese Fibeln werden im allgemeinen von organisch mit dem Volk verbundenen Intellektuellen hergestellt, doch müssen sie im Gespräch mit Vertretern des Volkes erarbeitet werden, damit sie wirklich die Sensibilität und die Sprache des Volkes treffen und so die Perspektive des Volkes zum Tragen kommt.

Handreichungen: Hier geht es darum, *wie* man's am besten macht, wie man anfängt, welche Punkte betont werden sollen und wie ein Problem aufzuschlüsseln ist. Solche Handreichungen sind sowohl für die Führungskräfte als auch für die Organisationen des Volkes hilfreich. Das Volk weiß um die Dinge, allerdings unsystematisch. Die Hilfe besteht hier in der organischen Systematisierung und Strukturierung.

Lieder: Das Beste, was das Volk hat, drückt es in Lied und Poesie aus. Auf diesem Gebiet ist es ungeheuer schöpferisch. Derartige Bekundungsformen gilt es zu fördern. Vielleicht läßt sich ein Problem in Form eines Bänkelliedes oder einer Volksballade (im süd- oder nordbrasilianischen Stil usw.) zusammenfassen.

Stadtteil-Nachrichtenblätter: Es gibt eine ganze Volkspresse bzw. eine ganze Presse der Volksbewegungen – bestehend aus Nachrichtenblättern, deren Redakteure und Informanten Leute aus dem Volk sind; diese erarbeiten zusammen mit volksverbundenen Intellektuellen, die den kleinen Leuten ihr technisches Wissen (Layout, Aufmachung, Formulierung von Nachrichten usw.) zur Verfügung stellen.

Trainingskurse, Seminare, Basare und informelle Volksbefragungen.

b. Prozesse

Kollektive Reflexionen finden zunächst in kleineren Kreisen und dann in der Großgruppe über Probleme des Volkes statt – wie: heimliche Grundstücksbesetzungen, Favelas, Gewalt seitens der Polizei usw.

Unterschriftensammlungen sind eine Form, auf die Behörden Druck auszuüben, und eine Möglichkeit, in der Bevölkerung insgesamt Bewußtsein zu wecken.

Märsche werden immer beliebter. Man führt Spruchbänder und Plakate mit, es wird gesungen, und unterwegs werden szenische Darstellungen aufgeführt.

Kampagnen hatten und haben wir im Blick auf die Direktwahlen, auf die Bodenreform und auf die Autonomie der Gewerkschaften.

Herstellung von audiovisuellen Medien über die Wirklichkeit des Volkes: In der Regel bringt jemand, der von der Sache etwas versteht, Leuten aus dem Volk die Technik bei. Diese werden sich dann zusammen mit dem Sachverständigen ans Werk machen – eine gute Möglichkeit zur Bewußtseinsbildung, zum Erhalt der kollektiven Erinnerung wie auch als Quelle von Inspiration und Ermutigung.

6. Schluß: Das geknickte Rohr nicht brechen und den glimmenden Docht nicht auslöschen

Abschließend möchten wir jemandem das Wort geben, der wie kein zweiter in dieser Welt Geschwisterlichkeit, Teilhabe und Mitbestimmung gewollt hat. Er gehört zu denen, die die Geschichte nachhaltig bewegt haben; nach wie vor ist er eine Quelle der Inspiration für alle, die den Mut haben, von einer menschlicheren Welt zu träumen. Als er auf der Welt lebte, »machte er alles gut« (Mk 7,37). Nachdem er etliche Menschen befreit hatte, verbot er seinen Jüngern, »in der Öffentlichkeit von ihm zu reden« (Mt 12,16). Warum? Weil er sich als einen bescheidenen

Diener aller verstand – vor allem derer, die schwer zu leiden haben. Um seine Haltung und seinen Lebensentwurf zu verdeutlichen, bezog er einen alten Prophetentext auf sich: »Er wird nicht zanken und nicht streiten, und man wird seine Stimme nicht auf den Straßen hören. Das geknickte Rohr wird er nicht zerbrechen und den glimmenden Docht nicht auslöschen, bis er dem Recht zum Sieg verholfen hat« (Mt 12,19–21 = Jes 42,1–4). Dieser Mensch war Jesus von Nazaret. Was der Prophet gesagt hatte, wiederholt der Evangelist Matthäus: »Und auf seinen Namen werden die Völker ihre Hoffnung setzen« (Mt 12,21). Er ist ein Beispiel für jeden Bürger, der aus dem anderen auch einen Bürger machen will: Einwohner einer Stadt von Gleichen, die allesamt an einem würdigen und heiteren Leben für alle schaffen, das für Glaubende die Vorwegnahme des Reiches Gottes schon in dieser Welt ist.

X. Martyrium heute: Die Wahrheit der Befreiung und der Kirche des Volkes

Es gibt in Lateinamerika eine unbestreitbare Tatsache: Märtyrer, genauerhin: Christen, die von Leuten, die sich auch Christen nennen, umgebracht werden.[1] In ihrer großen Mehrzahl sind die neuen Märtyrer der lateinamerikanischen Kirche Märtyrer, weil sie den Glauben mit sozialer Gerechtigkeit und das Evangelium mit einem Prozeß der Befreiung aus der Perspektive der Unterdrückten verbinden. Der Ort, an dem unsere Märtyrer geboren werden und an dem sich ihr Engagement im Sinne des befreienden Glaubens speist, sind die christlichen Gemeinden. Diese bilden ihrerseits die unerläßliche Grundlage für das Entstehen des Volkes Gottes und der Kirche an der Basis.

Der Märtyrer bezeugt, daß der Glaube, so wie er in der armen Gemeinde gelebt wird und wie er den Weg der Befreiung im Lichte des Evangeliums durchdringt, wahr ist. Die Überzeugungskraft der sogenannten Kirche des Volkes rührt zu einem guten Teil gerade von der Fähigkeit her, die sie bei den Christen in dem Sinne entwickelt, daß sie ihr Leben für die anderen opfern und beim Anprangern der strukturellen und sozialen Sünden wie auch beim Engagement zum Aufbau einer stärker vom Gleichheitsgedanken bestimmten, freieren und apostolischeren Gesellschaft Verfolgung, Folter, selbst den Märtyrertod auf sich nehmen. Es ist heutzutage unübersehbar, daß es in konservati-

---

[1] Vgl.: *Instituto Histórico Centroamericano* (Hrsg.), Sie leben im Herzen des Volkes. Lateinamerikanisches Martyrologium, Düsseldorf 1984; *Versch.,* Praxis del martirio ayer y hoy, Lima 1977; *Versch.,* Morir y despertar en Guatemala, Lima 1981; *F. Bermúdez/H. Goldstein,* Kirche in den Katakomben. Zeugnisse des Martyriums in Guatemala, Freiburg/Schweiz 1986; *G. Gutiérrez,* Aus der eigenen Quelle trinken. Spiritualität der Befreiung, München–Mainz 1986, 125–134; *M. Lange/R. Iblacker* (Hrsg.), Christenverfolgung in Südamerika. Zeugen der Hoffnung (Herderbücherei, 770), Freiburg – Basel – Wien ²1981; *Frei Betto,* Batismo de Sangue, Rio de Janeiro 1982; *Centro de Estudios y Publicaciones* (Hrsg.), Signos de Vida y Fidelidad. Testimonios de La Iglesia en América Latina 1978–1982, Lima 1983; Concilium 19 (1983) Heft 3: Martyrium heute; *R. Antoncich,* Os cristãos diante da injustiça, São Paulo 1982. Weitergespannte Zeugnisse des lateinamerikanischen Dramas in der Sprache von Indianern: *M. León-Portilla,* A conquista da América Latina vista pelos índios, Petrópolis 1985.

ven Kreisen, die für traditionelles Christentum und Orthodoxie eifern, weder Märtyrer gibt noch daß dort Menschen wegen ihres Einsatzes zur Überwindung der gesellschaftlichen Ungerechtigkeiten verfolgt werden. Deshalb darf es niemanden ärgern, wenn solche Kreise die Echtheit des Martyriums in der Kirche des Volkes möglichst herabmindern wollen, was so weit geht, daß selbst das Schlußdokument der Bischofsversammlung von Puebla in diesem Punkt schwankt (Nr. 91 f, 265, 668, 1138). Mit Recht hat jemand, der die Atmosphäre von Verfolgung und Martyrium in Mittelamerika aus eigenem Erleben kennt, gesagt: »Obgleich Jesus die um der Gerechtigkeit willen Verfolgten selig preist, erregt das Martyrium heute in Lateinamerika Anstoß bei den Machthabern und bei kirchlichen Kreisen, die noch mit ihnen liiert sind, weil die Märtyrer aus einer Kirche kommen, die aus ihrem Heim bei den Mächtigen ausgewandert und zu den Verarmten gezogen ist.«[2] Im übrigen kann sich die Kirche nicht damit begnügen, die neuen Märtyrer anzuerkennen. Der Schrei des vergossenen Blutes müßte sie vielmehr dazu führen, die Berechtigung des Systems, das Menschen hinrichtet, in Frage zu stellen, auch wenn es sich seiner Kultur nach als christlich darstellt. In Lateinamerika besteht ein Christentum fort, das den Widerspruch zwischen Reichtum auf der einen und Ungerechtigkeit auf der anderen Seite noch nicht hinreichend klar erkannt und weder Evangelium und gesellschaftliche Veränderung noch Jesus Christus und geschichtliche Befreiung der Menschen miteinander in Verbindung gebracht hat. Wer diese Zusammengehörigkeit jedoch entdeckt und sich vornimmt, hier wirksam einzugreifen, wird sofort zum Opfer von Verdächtigung, Diffamierung als Subversiver, Inhaftierung und Mord. Für jeden lateinamerikanischen Christen ist es gefährlich, zur Kirche des Volkes zu gehören bzw. den Glauben an der Seite der gesellschaftlich Unterdrückten auf befreiende Weise zu denken und zu leben.

Mit unseren Überlegungen möchten wir das Verständnis von Martyrium neubegründen und so der großen Würde unserer Märtyrer, deren Blut den Glauben von Millionen von armen Christen und all ihrer Weggefährten speist, zu Anerkennung verhelfen.

---

[2] *J. H. Pico,* Das Martyrium heute in Lateinamerika: Ärgernis, Wahnsinn und Kraft Gottes, in: Concilium 19 (1983) 199–204, hier 203.

1. Warum gibt es Märtyrer?

Nach allgemeinem Verständnis ist ein Märtyrer ein Mensch, der zur Bezeugung der religiösen Wahrheit oder aufgrund von Handlungen, die der religiösen Wahrheit entspringen, den gewaltsamen Tod erleidet.[3] Eine theologische, auf Systematik abzielende Reflexion kommt nicht an der Frage vorbei: Warum gibt es eigentlich Märtyrer? Welche Auffassung von Leben liegt dem Akt des Martyriums zugrunde? Die Antwort auf diese schlichte Frage führt uns in eine systematische Überlegung.

Zunächst einmal ist das Martyrium deshalb möglich, weil es Menschen gibt, die lieber ihr Leben opfern als ihre Überzeugung verraten. Für den Märtyrer ist nicht alles gangbar. Es können Situationen entstehen, in denen ihm das Gewissen sagt, hier müsse er zur Bezeugung der Wahrheit Verfolgung, ja das Opfer des Lebens auf sich nehmen.

Zweitens kann es deshalb zum Martyrium kommen, weil es Menschen und Stellen gibt, die von Ansage und Anklage nichts wissen wollen. Sie stiften Verfolgung, Folter und Mord. Das aber zeigt, daß sich die Geschichte insgesamt in einer Phase der Dekadenz befindet. Wahrheit, Gerechtigkeit und selbst Gott sind nicht offensichtlich und bestimmen auch nicht allein die Beziehungen zwischen Menschen und Gesellschaften. Es kann nämlich auch Mechanismen der Unterdrückung und der Lüge geben, die einer Leugnung gleichkommen. Unter solchen Umständen kann nur derjenige ohne Verrat und ohne Sünde von Gott, von Wahrheit und von Gerechtigkeit reden, der zu Verfolgung und Martyrium bereit ist. Immer hat es Märtyrer in der Geschichte gegeben. Auch Jesus von Nazaret steht in ihrer Tradition. In der Nachfolge Jesu hat die Kirche nicht nur Märtyrer, sondern ist eine Kirche von Märtyrern. Zum wahren Begriff von Kirche gehört das Martyrium.[4] Denn Kirche muß nicht nur treu

---

[3] Vgl. katholischerseits die als klassisch geltenden Arbeiten: *H. Delehaye*, Martyr et Confesseur, in: Analecta Bollandiana 39 (1921) 20–49; *E. Hocedez*, Le concept de martyr, in: Nouvelle Revue Théologique 55 (1928) 81–99; 198–208; und von protestantischer Seite: *F. Kattenbusch*, Der Märtyrertitel, in: Zeitschr. für die neutestamentliche Wissenschaft 4 (1903) 111–127; *K. Holl*, Der ursprüngliche Sinn des Namens Märtyrer, in: Neue Jahrbücher 35 (1916) 253–259; *R. Reitzenstein*, Der Titel Märtyrer, in: Hermes 52 (1917) 442–452.

[4] Vgl. *E. Peterson*, Zeuge der Wahrheit, in: ders., Theologische Traktate, München 1951, 167–224, hier 175; *ders.*, Martirio e Martire, in: Enciclopedia Cattolica VIII, Rom 1952, 233–236.

in der Lehre sein, sondern vor allem auch im Leben in Gemeinschaft mit Jesus, der Verfolgung und Märtyrertod auf sich genommen hat.

Wir möchten unsere theoretische Strategie in folgenden
Schritten abwickeln: Zunächst betrachten wir den Märtyrer par
excellence, Jesus Christus, dann die Märtyrer des christlichen
Glaubens in der Nachfolge des Märtyrers Jesus und schließlich
die Märtyrer des Reiches Gottes, das heißt jene, die, obwohl sie
sich nicht ausdrücklich zum christlichen Glauben bekennen,
dennoch zur Sache Christi, zum Reich Gottes stehen. Sie haben
ihr Leben für jene Güter geopfert, in denen die Utopie des Reiches Gottes im Sinn von Wahrheit, Gerechtigkeit und Liebe zu
Gott und den Armen konkret wird.

2. Jesus Christus – Quellsakrament des Martyriums

Der gewaltsame Tod Jesu ist die Folge einer Botschaft und eines
Verhaltens. Er läßt sich so oder so deuten: als Strafe für Gottes-
lästerung und Mißachtung des Gesetzes (so die Pharisäer), als
Scheitern einer subversiven und revolutionären Politik (so die
Römer) oder als Preis, den es für die Befreiung und das Heil der
Menschen in einer Umwelt zu zahlen gilt, die sich der Bekehrung verweigert (so die Deutung durch die Apostel). Im Rückgriff auf Motive und Darstellungen aus der Schrift versuchten
die Urgemeinden, sich die religiöse und heilstiftende Bedeutung
von Leben und Geschick Jesu klar zu machen. So sahen sie in
ihm den leidenden Gerechten, den Knecht, der sich der anderen
annimmt und für die anderen hingibt, den Propheten, der verfolgt und getötet wird, wie auch den Märtyrer.[5] In der Tat heißt
er im doppelten klassischen Sinn des Wortes »der treue und zu-
verlässige Zeuge« (Offb 3,14, vgl. 1,5): Zeuge ist, wer vor Gericht ein *mündliches* Zeugnis abgibt (vgl. 1 Tim 6,13) und wer mit
Hilfe einer *Handlung* etwas bezeugt und dabei Verfolgung und
Tod in Kauf nimmt (vgl. Offb 1,5). Anscheinend folgt die Urfas-
sung des Markusevangeliums in Sachen Prozeß und Verurteilung Jesu dem Schema der »Acta martyrum«, das unter dem

---

[5] Vgl. *M.-L. Gubler,* Die frühesten Deutungen des Todes Jesu, Göttingen 1977, bes.
10–94; 203–205.

Einfluß hellenistischer und frühjüdischer Märtyrerakten entstanden ist.[6]

Vor allem in den »Acta martyrum« wird Jesus als der Prototyp des Märtyrers dargestellt.[7] Die christlichen Märtyrer verstanden sich als Nachfolger des Märtyrers Jesus Christus, so daß Polykarp »socius christi«[8] genannt werden kann. Hier ist nicht der Ort, die Bedeutung des Christusereignisses unter dem Gesichtspunkt des Martyriums im einzelnen herauszuarbeiten. Einige Hinweise mögen genügen.[9] Die Perspektive des Martyriums zeigt sich in dem Augenblick, in dem Jesu Botschaft und Praxis in den verschiedenen Schichten des Judentums eine Krise auslöst. Mißverständnis, Diffamierung und Todesdrohung sind die Folge. Jesus geht nicht naiv in den Tod. Mutig stellt er sich den Risiken. Zum Schluß allerdings versteckt er sich vor der Tempelpolizei. Dennoch macht er keine Zugeständnisse, um der Situation der Verfolgung zu entgehen. In radikaler Treue steht er zu seiner Botschaft, zum Vater und zu dem Weg, den dieser für ihn ausgewählt hat. Er gibt nicht auf und schleicht sich auch nicht vor seinen Gegnern davon. Auf dem Höhepunkt der galiläischen Krise »entschließt er sich, nach Jerusalem zu gehen« (Lk 9,51), um sich der entscheidenden Schlußauseinandersetzung zu stellen.

Die Getsemanierzählung wie die Leidensgeschichte zeigen, daß es Jesus auch in einer Situation großer Bedrängnis nicht an Stärke mangelt. Die vertrauensvolle Hingabe am Kreuz (vgl. Lk 23,46) ist ein Sieg über die Versuchung der Verzweiflung (vgl. Mk 15,34). Schon bald, noch zu Zeiten der Apostel, entsteht das Bild des geduldig leidenden Jesus, der für alle ein Vorbild ist, die zu Unrecht leiden, weil sie sich in ihrem Gewissen nach Gott richten (vgl. 1 Petr 2,19): »Er wurde geschmäht, schmähte aber nicht; er litt, drohte aber nicht, sondern überließ seine Sache dem gerechten Richter« (1 Petr 2,23). Man muß das Martyrium

---

[6] Vgl. *D. Dormeyer*, Die Passion Jesu als Verhaltensmodell. Literarische und theologische Analyse der Traditions- und Redaktionsgeschichte der Markus-Passion, Münster 1974, bes. 43–50; 238–261.

[7] Vgl. *C. Montdésert / J. Comby* (Hrsg.), Les Chrétiens de Vienne et Lyon à leurs frères d'Asie . . . Lettre sur les martyrs de 177, Lyon 1976, Kap. 2, Nr. 3; andere Belege bei: *E. Hocedez*, Le concept de martyr, 200 f.

[8] Martyrium Sancti Polycarpi, VI (Schr 10,216 f); vgl. XV (228 f).

[9] Vgl. *L. Boff*, Jesucristo y la liberación del hombre, Madrid 1981, 316–363; *H. Cousin*, Le prophète assassiné, Paris 1976, 221–230.

Jesu richtig verstehen.[10] Es gehört nicht ohne weiteres und ohne Vermittlung in den Plan Gottes. Historisch betrachtet, kommt es dazu, weil Menschen, die sich nicht zum Reiche Gottes bekehren wollen, Jesu Botschaft und Person ablehnen. Wenn Jesus sich und seiner Sendung treu bleiben will, muß er Verfolgung und Märtyrertod auf sich nehmen. Gott will nicht so sehr den Tod seines Sohnes als vielmehr Treue, die in einem Kontext von Umkehrverweigerung den gewaltsamen Tod einschließt. Diese Sicht ist deshalb wichtig, damit das Martyrium nicht theologisch falsch verstanden wird: Der Märtyrer will das Martyrium nicht um seiner selbst willen, es wird ihm gewaltsam aufgezwungen. Schon Augustinus sagt: »Nicht der Schmerz, sondern die Sache macht wahre Märtyrer.«[11] Der Märtyrer verteidigt nicht sein Leben, sondern seine Sache, und die ist seine religiöse Überzeugung, seine Treue zu Gott und zum Bruder und zur Schwester. Dies also ist die Sache, die der Märtyrer mit seinem Tode verteidigt.[12] Der Märtyrer stellt die radikale Frage: Was ist der letzte Sinn eines Lebens, das sich für etwas Geschaffenes opfert, welches größer ist als das Leben? Die Auferweckung des Märtyrers Jesus Christus hat u. a. auch folgende theologische Bedeutung: Wer sein Leben auf diese Weise verliert, bekommt es in Fülle zurück. Dem Märtyrer ist die Teilhabe am vollen Sinn vorbehalten – das heißt: die Inthronisierung im bleibenden Reich des Lebens.

3. Märtyrer des christlichen Glaubens: Nachfolge und Teilhabe

In seiner Predigt spricht Jesus die wichtigsten Elemente des Martyriums an: »Alle werden euch um meines Namens willen hassen . . . man wird euch um meinetwillen vor Statthalter und

---

[10] Vgl. *J. Sobrino,* Cristología desde América Latina, Mexiko 1976, 79–185.

[11] Enn. in Ps. 34; Sermo 2,13 (CCL 38,320).

[12] Vgl. *D. R. Bueno* (Hrsg.), Acta de los mártires. Texto biluingüe, Madrid 1962, 1149. Vgl. auch einen Satz aus dem schriftlichen Nachlaß von Luis Espinal S. J.: »Man soll sein Leben nicht lassen, indem man stirbt, sondern indem man arbeitet. Slogans, die den Tod zelebrieren, können wir nicht brauchen. Jemand hat einmal gesagt: ›Lasten werden von Ochsen geschleppt und nicht von Adlern . . .‹ Das Volk ist nicht dazu berufen, Märtyrer zu werden. Wenn das Volk im Kampf fällt, dann fällt es eben, ohne Pose, und es denkt nicht daran, daß man ihm ein Denkmal setzt« *(Asamblea Permanente de Derechos Humanos* [Hrsg.], Lucho Espinal. Testigo de nuestra América, Madrid 1982, 154).

Könige schleppen ... Der Jünger steht nicht über dem Meister« (vgl. Mt 10,17–36).

Jesusnachfolge, die ja der höchste Ausdruck christlichen Glaubens ist, bedeutet Teilhabe am Leben und eventuell auch am Todesschicksal Jesu. Wie die »Acta martyrum« zuhauf belegen, haben die christlichen Märtyrer der ersten Jahrhunderte dies durch und durch verstanden.[13] Die Christen sahen sich vor einem schrecklichen Dilemma: entweder Gott (Christus) oder Kaiser.[14] Da sie wie die Apostel Märtyrer (Zeugen) der Auferstehung (vgl. Apg 1,21; 2,32; 3,15; 13,31; 22,15; 26,16; 1 Kor 9,1) waren, legten sie ihr Zeugnis für Jesus als den einzigen Herrn und Gott ab. Damit aber machten sie sich des Verbrechens der Majestätsbeleidigung (asebeia) schuldig, sprachen sie dem Kaiser doch die Göttlichkeit ab. Konsequenterweise lehnten sie auch die römischen Gottheiten ab (atheotes). So wurde der christliche Glaube zu einer subversiven politischen Größe, die die Grundlagen des politisch-religiösen Apparates des Reiches mitsamt seinen Führern in Frage stellte.[15]

Wir haben also Märtyrer, die sich öffentlich zum Glauben bekennen – und zwar zu einem Glauben, der den Mächten dieser Welt mit ihrem Anspruch, die letzte Instanz zu sein, den Charakter des Absoluten und Göttlichen nimmt. Angefangen mit der Zeit, in der sich Kaiser für Götter erklärten, bis hin zu den Jahren, da modernen faschistischen Tyranneien die Maske abgerissen wurde, ist die Geschichte voll von solchen Märtyrern.

Darüber hinaus gibt es aber auch Märtyrer der christlichen Praxis, die aus der Nachfolge Christi erwächst. Früher pflegten Christen eine Praxis, die primär religiös war und politische Auswirkungen hatte. Heute dagegen entwickeln immer mehr Christen, vor allem in der Dritten Welt, eine Praxis, die primär politisch, aber vom Glauben und vom Evangelium inspiriert ist. Zahlreiche Christen (Kardinäle, Bischöfe, Priester, weibliche wie männliche Ordensleute und Laien) haben sich aufgrund des Evangeliums vorrangig für die Armen, für deren Befreiung und Rechte, die es zu schützen gelte, entschieden. Kraft dieser Op-

---

[13] Vgl. *H. Delehaye,* Martyr et Confesseur, 46–47; *E. Hocedez,* Le concept de martyr, 200–203.

[14] Vgl. *B. Reicke,* The Inauguration of Catholic Martyrdom according to St. John the Divine, in: Augustinus 20 (1980) 275–283, bes. 283.

[15] Vgl. *I. Lesbaupin,* A bem-aventurança da perseguição, Petrópolis 1975, 13–18.

tion klagen und prangern sie die verschiedenen Formen von Unterdrückung und sozialer Entmenschlichung an. Die Folge kann sein, daß man sie verfolgt, entführt, foltert und umbringt. Auch diese Menschen sind Märtyrer im strikten Sinn des Wortes.[16]

Die Alte Kirche kannte, wie man bei einigen Autoren – so Tertullian und Cyprian (3. Jahrhundert)[17] – nachlesen kann, die sogenannten »bezeichneten Märtyrer« (benedicti martyres designati bzw. martyres vindicati). Dabei handelte es sich um Christen, die infolge von Folter, Verbannung oder Zwangsarbeit in Bergwerken oder auf Galeeren starben. Ein Beispiel ist etwa Papst Pontianus, der 235 unter Kaiser Maximinus nach Sardinien verbannt wurde und dort im folgenden Jahr starb. Ähnliches gilt von Papst Eusebius und von Optatus von Mileve, die ebenfalls im Exil starben.

Auch in den geschilderten Fällen ist das »odium fidei« – der Haß auf den Glauben – gegeben. Allerdings richtet sich der Haß nicht gegen den Glauben schlechthin (als ob man gegen jede Art von Glauben wäre), sondern gegen *diese Form* der befreienden Glaubenspraxis, die aus der Leidenschaft für Gott wie aus der Leidenschaft für die Armen als Gottes Lieblingskinder resultiert. Normalerweise werden Christen nicht gehaßt, weil sie sich Christen nennen. Verfolgung und Haß ziehen sie auf sich, weil sie sich in einem Befreiungsprozeß engagieren und bekennen, daß ihr Einsatz aus einem Leben nach dem Evangelium und aus Gebet erwächst. Diese Verbindung aber will man nicht, und deshalb müssen Leben dem Märtyrertod geopfert werden.

In seinen Überlegungen zu der Frage, ob auch ein Sterben für das Gemeinwohl Martyrium sei, sagt bereits Thomas von Aquin treffend: »Menschliches Gut kann zu göttlichem Gut werden, wenn es in Verbindung mit Gott steht. Aus diesem Grund kann jedwedes menschliche Gut, sofern es mit Gott zu tun hat, Ursache des Martyriums sein.«[18] Genau das aber ist der Fall zahlloser Christen, die für die Befreiung ihrer Schwestern und Brüder

---

[16] Vgl. *Thomas von Aquin*, In Ep. ad Rom. c. 8, lect. 7: »Patitur etiam propter Christum non solum qui patitur propter fidem Christi, sed etiam qui patitur pro quocumque iustitiae opere pro amore Christi« (ed. Marietti, Turin – Rom 1953, n. 724). Vgl. *K. Rahner*, Dimensionen des Martyriums. Plädoyer für die Erweiterung eines klassischen Begriffs, in: Concilium 19 (1983) 174–176.

[17] Vgl. *Cyprian*, Ep. X, 1 (ed. Bayard I. Paris 1962, 23f); *Tertullian*, Ad mart. (CCL 1,3–8); siehe auch: *H. Delehaye*, Martyr et Confesseur, 35f.

[18] Vgl. Summa theologiae II–II q. 124 ad 3.

eintreten und ihre Praxis in Verbindung mit Gott und mit der Nachfolge Jesu Christi sehen. So sind sie nicht weniger Märtyrer als die, die vor einem römischen Gericht furchtlos und stolz bekannten: »Christianus sum«, und heiter den Tod auf sich nahmen.

In diesem Zusammenhang gewinnt der Märtyrertod des Erzbischofs von San Salvador, Oscar Arnulfo Romero, beispielhafte Bedeutung. Sein geistliches Testament findet sich in einer Homilie, die er hielt, bevor er ein paar Wochen später ermordet wurde, während er bei einer Eucharistiefeier den Kelch mit dem Blut des großen Märtyrers Jesus Christus erhob: »Man hat mir vielfach mit dem Tode gedroht. Als Christ muß ich Ihnen sagen, daß ich an einen Tod ohne Auferstehung nicht glaube. Wenn man mich tötet, werde ich im Volk von El Salvador wiederauferstehen. Das sage ich ohne die geringste Wichtigtuerei, sondern mit der größten Demut. Als Hirt bin ich durch ein göttliches Gebot verpflichtet, mein Leben für die zu geben, die ich liebe, und das sind alle Einwohner von El Salvador. Auch für die, die mich möglicherweise töten werden. Falls die Drohungen Wirklichkeit werden sollten, biete ich Gott heute schon mein Blut an – zur Erlösung von El Salvador. Das Martyrium ist eine Gnade Gottes, von der ich annehme, daß ich sie nicht verdiene. Aber wenn Gott das Opfer meines Lebens annimmt, dann soll mein Blut Samenkorn der Freiheit und Zeichen dafür sein, daß die Hoffnung bald Wirklichkeit wird. Mein Tod – sofern Gott ihn will – gereiche meinem Volk zur Befreiung und sei ein Zeugnis der Hoffnung auf die Zukunft. Sie können sagen: Wenn man mich umbringt, verzeihe ich denen, die das tun, und segne sie. Aber sie sollten wissen, daß sie ihre Zeit vertun: Ein Bischof, ja, der mag sterben, aber die Kirche Gottes, die das Volk ist, wird nie untergehen.«[19]

Die Haltung der Bereitschaft, für das Volk zu sterben, weil man sich für den Dienst an den Unterdrückten gesandt weiß, findet ihre letzte Begründung in der Theologie der Taufe, die eine Sterbensgemeinschaft mit Christus einschließt (vgl. Röm 6,3). Den Märtyrertod für das Volk erleiden, das zugleich das Volk Gottes ist, bedeutet weder eine Niederlage für die Sache der Be-

---

[19] Vgl. Signos de Vida e Fidelidad, 487; deutsch in: *H. Goldstein* (Hrsg.), Tage zwischen Tod und Auferstehung. Geistliches Jahrbuch aus Lateinamerika, Düsseldorf 184, 134.

freiung noch für die Kirche des Volkes. Im Gegenteil: Das Martyrium ist der Same sich unentwegt erneuernden Lebens und Impuls für den Marsch zur Befreiung. Es gibt Menschen wie Gemeinden die Kraft, auch ihrerseits Leben und Zeit zu opfern, damit wir zu jener Gerechtigkeit des Gottesreiches finden, die innergeschichtlich möglich ist.

4. Märtyrer des Gottesreichs: Die Politik Gottes

Menschen sterben nicht nur, weil sie sich ausdrücklich zum christlichen Glauben bekennen oder nach dem Glauben handeln. Viele geben ihr Leben auch in gesellschaftlichen Veränderungsprozessen hin, die auf mehr Beteiligung, Mitbestimmung und Gerechtigkeit für alle abzielen.[20] Siegreiche Revolutionen (wie die in Kuba und Nikaragua) feiern ihre Helden und Märtyrer, die im Kampf zur Verteidigung der Kleinen oder in den Leiden des Befreiungsprozesses gefallen sind. Sie bilden sozusagen die höchsten Bezugspunkte, die den revolutionären Geist wach halten oder zum Aufbau der neuen Gesellschaft anspornen. Diese Männer und Frauen haben den schwierigsten Teil gewählt und besitzen, unabhängig von jedem ausdrücklichen Bezug auf die Religion, eine besondere Würde.

Nun drängt sich aber die Frage auf: Welche theologische Relevanz haben politische Märtyrer? Darf man sie überhaupt Märtyrer nennen? Unsere Meinung ist, daß sie theologisch mit Fug und Recht, im eigentlichen Sinne und nicht bloß in einem Euphemismus als Märtyrer bezeichnet werden können – wenn nicht vor der Kirche (coram Ecclesia), dann zumindest aber vor Gott (coram Deo).

Zu Recht meint Origenes: »Wer die Wahrheit – ob mit Worten oder mit Taten – bezeugt hat, hat das Recht, Märtyrer genannt zu werden. Allerdings gilt unter den Brüdern, die von Liebe zu denen bewegt sind, die bis zum Tod gekämpft haben, der Brauch, Märtyrer jene zu nennen, die mit dem Vergießen ihres Blutes ihr Zeugnis für das Geheimnis der Religion gegeben ha-

---

[20] Vgl. *A. Herzberg,* Martyrium und »Holocaust«, in: Concilium 19 (1983) 227–230; *W. Bartz,* Heroische Heiligkeit und Martyrium außerhalb der Kirche, in: Einsicht und Glaube (Festschrift G. Söhngen), Freiburg 1962, 321–331.

ben.«[21] Hier wird klar ausgesprochen, was wesentlich und allgemein verbindlich (das Zeugnis für die Wahrheit) und was auf der Grundlage der Übereinkunft besondere Verdichtung ist (das blutige Zeugnis für die christliche Wahrheit.

Auf den Einwand hin, »nur der Glaube an Christus gibt den Leidenden die Ehre des Martyriums«, antwortet Thomas von Aquin: »Christ ist, wer zu Christus gehört. Und zu Christus – so heißt es – gehört man nicht nur, weil man Glauben an Christus hat, sondern auch weil man gute Werke im Geist Christi tut.«[22] Damit hängt die Zugehörigkeit zu Christus nicht nur am Bewußtsein, das seinerseits in einem ausdrücklichen Glauben konkret wird, sondern es gibt auch einen ontologischen Bezug, der darin besteht, daß eine Handlung in dem Geist getan wird, der auch das Tun Jesu bestimmt hat. Das Leben Jesu war Proexistenz, Hingabe an die anderen, Dienst an den Menschen und unbedingte Treue zur Wahrheit und zu Gott. Thomas von Aquin zitierend, sagten wir bereits, jedes menschliche Gut könne Ursache für das Martyrium sein, sofern es etwas mit Gott zu tun habe. Allerdings muß dieser Bezug im umfassenden Sinn verstanden werden. Er ist nämlich nicht nur dann gegeben, wenn sich jemand bewußt auf Gott bezieht. Jede gute Tat steht kraft ihrer selbst, kraft ihrer ontischen Struktur in einem Bezug zum Prinzip allen Gutes, und das ist Gott. Weil das objektiv so ist, kann man bewußt alles in Verbindung mit Gott sehen.

Die Theologie verfügt über Kategorien, um die Gegenwart Gottes dort festzustellen, wo sie sich nicht ausdrücklich *als* Gegenwart Gottes ansagt: In diesem Fall sprechen wir nicht von Kirche, sondern von Reich Gottes oder von Geheimnis des Heils. Reich Gottes und Heilsgeheimnis sind theologale Realitäten, die Kirche und Gesellschaft durchdringen. In beiden finden sie sich unter verschiedenen Zeichen, jedoch real und objektiv.

---

[21] In Ioan. 11 (PG 14,176). Siehe auch folgenden schönen Text von *Johannes Paul II.*: »Auch heute fragt sich die Menschheit nach dem Sinn der Opfer. Vor allem kann sie jene Männer und Frauen nicht vergessen, die in jedem Land ihr Leben ›in sacrificio‹ gegeben haben – für die gerechte Sache, für die Würde des Menschen. Als schutzlose Opfer sind sie in den Tod gegangen – im Holokaust oder bei der Verteidigung ihrer freien Existenz. Sie haben Widerstand geleistet, nicht um Gewalt gegen Gewalt und Haß gegen Haß zu setzen, sondern um ein Recht und eine Freiheit für sich selbst und für andere, einschließlich der Kinder derer zu behaupten, die damals die Unterdrücker waren. Deshalb waren sie Märtyrer und Helden. Das war ihr Widerstand« (L'Osservatore Romano, 14. April 1985, S. 1; Sondernummer).
[22] Summa theologiae II–II q. 124, a. 5.

Gott durchdringt die Materie der Geschichte und vollbringt so sein Werk. Gottes wahrer Name lautet: Gerechtigkeit, Liebe und Frieden, und zwar im Modus des Absoluten. Wahre Treue zu Gott – und darauf kommt es ja entscheidend für das Heil an – ist Treue zur Wahrheit, zur Gerechtigkeit und zu den Imperativen des Friedens. Damit sind alle, die für diese Anliegen bisher gestorben sind und noch sterben werden, unabhängig von ihren ideologischen Abzeichen – wenn sie denn ihr Blut vergossen haben – wirklich Märtyrer und haben im Geist Christi gute Werke getan. Natürlich sind sie keine Märtyrer des christlichen Glaubens, wie sie auch keine Helden der Kirche sind. Wohl aber sind sie Märtyrer des Reiches Gottes, Märtyrer jener Sache, welche die Sache des Sohnes Gottes war, als er unter uns weilte. In der Geschichte haben sie geholfen, die Politik Gottes Wirklichkeit werden zu lassen.

Diese radikale und ontische Perspektive gestattet es uns, das Schicksal all derer, die dasselbe Los wie Jesus erleiden, als Martyrium zu deuten, wobei wir auf Einzelheiten – was vom Thema her durchaus geboten wäre – allerdings nicht weiter eingehen können. Was Arme, niedergehaltene Rassen, Indianer und Proletarier an Unterdrückung erleiden, läßt sie an der schmerzlichen Passion Jesu teilhaben. Das Leben wird ihnen zerschnitten, und ihre Kinder sterben an Blutarmut und Elend. Diese ganze Last von Unrecht – mit Leiden und nichtgetrockneten Tränen getränkt – ist weder sinnlos, noch bleibt sie ohne Frucht in Gottes Augen. Die Theologie des leidenden Gottesknechts und des geopferten Messias als des kollektiven Befreiers seines Volkes läßt uns in diesem Widerspruch einen göttlichen und erlösenden Sinn erkennen.[23] Vielleicht hängt sogar das Erbarmen Gottes mit der Erde der Menschen von der Fürsprache dieser namenlosen Leidenden der Geschichte ab.

5. Der sakramentale Rang des Martyriums

Ohne Zweifel hat das Martyrium eine eminent wichtige Funktion als Zeichen (Sakrament). Zunächst einmal kommt ihm eine hohe anthropologische Bedeutung zu. Denn was dem Leben Würde verleiht, ist nicht Konzentration auf sich selbst, sondern

---

[23] Vgl. *C. Mesters*, Die Botschaft des leidenden Volkes, Neukirchen-Vluyn 1982.

Dezentration und Strukturierung als Proexistenz. Der Märtyrer folgt der Dynamik des Lebens mit letzter Radikalität: Indem er sein Leben hingibt, gibt er sich total dem anderen. Damit aber stellt er zwangsläufig die Frage nach dem absoluten Wert. Normalhin gilt das Leben als der höchste Wert. Wer aber sein Leben im Märtyrertod opfert, verweist auf etwas, das wertmäßig das Leben noch übersteigt. Mit anderen Worten: Das Leben ist auf etwas noch Größeres und noch Wertvolleres ausgerichtet. Auf den anderen? Auf die Gesellschaft? Der christliche Glaube spricht von Gott. Der andere und die Gesellschaft, für deren Wohlergehen sich jemand opfert, erweitern qualitativ den Bereich des Lebens. Aus diesem Grund entsprechen sie nicht wirklich dem höchsten Wert des Lebens. Der andere und die Gesellschaft sind Sakramente Gottes, und Gott ist der Name für den letzten Sinn von Leben und Geschichte. Das Martyrium deckt den relativen Charakter aller Dinge auf, einschließlich des Lebens. Relativ in einem doppelten Sinn: Jedes Ding steht in Beziehung zu einem größeren Gut, in Funktion dessen alles geopfert werden kann und bisweilen auch geopfert werden muß; im Verhältnis zu diesem höchsten Gut sind alle Dinge zweit- oder gar drittrangig und damit relativ. Der Märtyrer weist in die Richtung, in der die Rede vom Absoluten bedeutungsvoll werden kann; und deshalb ist er ein Sakrament.

Dank seinem Mut wird der Märtyrer zum Sakrament der Wahrheit. Wie schon Justin, Tertullian und der Autor von »De laude martyrii« zeigen, rührt er an grundsätzliche Fragen: Eine Sache gilt es zu erforschen; einem Mut gilt es auf den Grund zu gehen; ein Glaube, um dessentwillen jemand Leid und Tod auf sich nimmt, muß ganz ernst genommen werden.[24] Nicht umsonst heißt es, das Blut sei der Same neuer Christen.[25]

Schließlich ist der Märtyrer ein wirksames Sakrament, insofern er der Kirche zur Wahrheit verhilft. Schon immer kann sich die Kirche dieser Märtyrer rühmen. Doch jedesmal, wenn sich ein Christ in der Nachfolge Jesu so einsetzt, daß er den Märtyrertod erleidet, verhilft er der Kirche zu erneuter Glaubwürdig-

---

[24] Vgl. *Justin,* Apol. II, 12; (ed. Rauschen, Bonn 1911, 130–133); *Tertullian,* Ad. Scapulam 5 (CCL 2,1131 f); *Pseudo-Cyprian,* De laude martyrii 5 (PL 4,821 C).

[25] *Tertullian,* Apol. 50,13 (CCL 1,171): »Plures efficimur, quotiens metimur a vobis: semen est sanguis christianorum.« Mit Recht schreibt *B. Pascal:* »Ich glaube fest an die Geschichten, deren Zeugen sich enthaupten lassen.«

keit. Mehr noch: Er schafft ekklesiale Substanz – in dem Sinne, daß eine Kirche nur in dem Maße Kirche Christi ist, als sie bereit ist, so zu leben, daß sie es für normal hält, das Schicksal des Märtyrers Jesus Christus zu teilen. Der Märtyrer schafft die Kirche Christi und bezeugt die Heiligkeit, die Gott der Kirche mitgeteilt hat. Die Kirche ist heilig – dank ihren Heiligen. In Lateinamerika finden sich die größten Märtyrer im Schoß der Kirche des Volkes.

Diese wenigen Überlegungen haben uns besser verstehen lassen, was Martyrium in einer umfassenden Sicht bedeutet. Märtyrer ist jeder, der den gewaltsamen Tod erleidet: um Gottes oder Christi willen, um einer vom Glauben an Gott oder Christus abgeleiteten Praxis willen oder schließlich um dessentwillen, was den wahren Inhalt des Wortes Gottes und Christi ausmacht: Wahrheit und Gerechtigkeit. Natürlich bedarf es bestimmter Vermittlungen, um die Identität von Wahrheit und Gerechtigkeit gegen die Mechanismen der Ideologie (Illusion), des Fanatismus (übersteigerte Subjektivität) und der Idolatrie (falsche Identifizierung Gottes) zu gewährleisten. Gerechtigkeit und Wahrheit sind das absolute Minimum, ohne das ein gewaltsam Getöteter nicht Märtyrer genannt werden kann. Wahrheit und Gerechtigkeit – die der wahre Name Gottes sind – gibt es trotz allem nicht so selten, daß sie nicht mehr zu finden wären. Die Existenz des Märtyrers beweist, daß sie sich in Geschichte und Gewissen benennen lassen.[26]

---

[26] Die Theologie der Befreiung betont die geistliche, ekklesiologische und (im positiven Sinn des abgenutzten Wortes) apologetische Bedeutung des Martyriums. Aufgrund der Lektüre von Märtyrerberichten aus Lateinamerika schrieb K. Rahner folgende beeindruckenden Sätze, die so etwas wie eine Antwort auf häufig vorgetragene Kritik von innerhalb der Kirche, ja selbst von offiziellen Stellen sein könnte: »Das Buch zeugt für eine echte Theologie der Befreiung. Kann man, wenn man dieses Buch gelesen hat, die Theologie der Befreiung noch in Bausch und Bogen als modernen Säkularismus ablehnen? Oder muß man zugeben, daß der ›Sitz im Leben‹, der Ausgangspunkt dieser Theologie der Befreiung legitim ist, weil diese Theologie an dem Punkt einsetzt, von dem der Weg auch zu dem Ende führt, in dem einer sein Leben hingibt für seine Brüder? Zeigt nicht dieses Buch eine Theologie der Befreiung, die gelebt wird, die gewaltlos ist, aber nicht l'art pour l'art (Kunst als Selbstzweck) ist, sondern sich für die Armen und Elenden verantwortlich weiß? Dürfen wir aus unserem spießbürgerlichen Wohlstandsmilieu heraus solche Theologen diffamieren, für eine solche theologische Sentenz drüben praktisch ihr Todesurteil sein kann? Wenn die Theologie der Befreiung eine Theologie der Dritten Welt ist, dann ist allmählich die Zeit gekommen, in der wir nicht nur unsere spärlichen Almosen und unsere guten theologischen Ratschläge von oben herab in diese Dritte Welt ex-

Die Einschätzung des Lebens als eines martyralen Prozesses – ist doch das Leben eine ständige Hingabe an Gott und an die Mitmenschen – bringt in ganz hervorragender Weise Luís Espinal zum Ausdruck. Der Jesuitenpater Espinal war in Bolivien Direktor der Wochenzeitung »Aquí« und trat für den Schutz der Rechte des Volkes und der Volksorganisationen ein. Er wurde von paramilitärischen Gruppen entführt. Am 22. März 1980 fand man ihn vier Kilometer außerhalb von La Paz (Bolivien), grausam gefoltert und mit siebzehn Einschüssen. In einem »Das Leben verlieren« überschriebenen Gebet von ihm heißt es:

»Jesus sagt: Wer das Leben gewinnen will, wird es verlieren; wer aber das Leben um meinetwillen verliert, wird es gewinnen (Mt 10,39).

Wir haben Angst davor, das Leben zu verlieren, es vorbehaltlos einzusetzen; ein schrecklicher Selbsterhaltungstrieb treibt uns in den Egoismus und quält uns, wenn wir es einmal aufs Spiel setzen wollen.

Für alles haben wir Versicherungen, die uns vor Risiken schützen sollen. Aber du, Herr, hast uns das Leben gegeben, damit wir es verlieren; mit diesem sterilen Egoismus können wir es nicht gewinnen.

Das Leben verlieren heißt für die anderen arbeiten, auch wenn sie nicht dafür bezahlen, jemandem einen Gefallen tun, auch wenn er ihn nicht vergelten kann; das Leben verlieren heißt nötigenfalls selbst das Scheitern auf sich nehmen oder die Brücke hinter sich abbrechen, um dem anderen entgegenzukommen.

Wir sind Fackeln, die nur dann Sinn haben, wenn sie brennen, nur so geben wir Licht.

Bewahre uns, Herr, vor aller feigen Klugheit, die uns jedem Opfer aus dem Wege gehen und nur auf Sicherheit setzen läßt.

Das Leben verlieren kann man nicht mit hochtrabenden Reden oder falschem Theaterspielen. Das Leben geben ist etwas Schlichtes, ohne großes Drum und Dran, wie das Wasser vom Dach fließt, die Mutter ihrem Baby die Brust gibt und der Landarbeiter sich den Schweiß von der Stirn wischt.

Lehre uns, Herr, das Unmögliche zu wagen; denn hinter dem

portieren dürfen, sondern von ihr lernen sollten« *(M. Lange / R. Iblacker* [Hrsg.], Christenverfolgung in Südamerika, 181).

Unmöglichen verbirgt sich deine Gnade und deine Anwesenheit. Du läßt uns nicht ins Leere fallen.

Die Zukunft ist voller Rätsel. Unser Weg verliert sich im Dunkel. Trotzdem wollen wir uns auch noch weiter geben, denn du erwartest uns in der Nacht, mit tausend menschlichen Augen voller Tränen.«[27]

Aus Leben, die Menschen auf diese Weise »verlieren«, erbaut sich die Wahrheit der Kirche des Volkes – einer Kirche, die aus dem Glauben des Volkes geboren wird und heute in den armen und unterdrückten Schichten die Form ist, in der Christen die apostolische Tradition und das befreiende Evangelium Jesu Christi leben und bezeugen.

---

[27] Deutsch in: *H. Goldstein* (Hrsg.), Tage zwischen Tod und Auferstehung, 131.

Zweiter Teil
Gefährten auf dem Weg der Befreiung

XI. Franziskus – Patron der Option für die Armen

Was die lateinamerikanische Kirche am augenfälligsten auszeichnet, ist ohne Zweifel ihre vorrangige und solidarische Option für die Armen und gegen die Armut. Die lateinamerikanische Kirche glaubt fest an das arme Volk. Ihr Glaube stützt nicht nur die wesentliche Dimension der Verheißung des ewigen Heils, sondern bedeutet auch eine enorme Motivation sowohl zur Kritik an der ungerechten Situation, unter der die Armen leiden, als auch zur Befreiung zu neuen Formen des Zusammenlebens, in denen mehr Beteiligung und Mitbestimmung herrschen und Leben sich entfalten kann. Weithin hat sich das Bewußtsein durchgesetzt, daß Lösungen, wie sie der christliche Glaube herkömmlicherweise angeboten hat, nicht mehr ausreichen: von oben herab dem armen Lazarus helfen zu wollen (wodurch der reiche Prasser in das Gewand eines guten Reichen gesteckt wird). Mit bloßen Gesellschaftsreformen ist es nicht mehr getan, obwohl diese immer wieder eingefordert werden müssen. Es gilt, eine Befreiung dieser Art von Gesellschaft und eine neue Form von Gemeinwesen anzustreben, in der wirklich Austausch und Gleichberechtigung herrschen. Motor dieses Vorhabens müssen die Schichten sein, denen an historisch-sozialen Veränderungen am meisten liegt, das heißt: die Unterdrückten und ihre Verbündeten. Daß die Armen im Mittelpunkt stehen, ist grundlegend für die rechte Praxis und Sicht von Befreiung.

In diesem Zusammenhang tritt uns die Gestalt des heiligen Franz von Assisi entgegen. Franziskus ist in Lateinamerika ein Archetyp der Seele des Volkes. In tausend Formen wird er dargestellt, und zahllosen Plätzen, Städten und Kirchen hat er den Namen gegeben. In ihm sehen lateinamerikanische Christen vor allem den Poverello – den, der die Armen liebte und zu einem der ihren wurde. So erweist sich Franziskus in der Tat als der Patron der vorrangigen Option für die Armen. Niemals in der Geschichte der Kirche hat jemand die Solidarität, ja mehr noch: die Identifikation mit den Armen und mit dem armen Christus so ernst genommen wie er. Es lohnt sich, noch einmal sein Leben und Beispiel zu betrachten, um die Einsichten der lateinamerikanischen Kirche (und auch der Weltkirche) hinsichtlich ihres befreienden Auftrags unter den Armen und ausgehend von ihnen für alle Menschen zu bereichern.

Wir möchten die Wirkung des Franz von Assisi nicht auf ihren individuellen Aspekt, der ja immer schon die Menschen mit ihren ganz persönlichen Inspirationen anspricht, reduzieren. Was wir deshalb eingehender behandeln und betonen möchten, ist die Bedeutung für Gemeinschaft und Kirche, die das Handeln des Franziskus gerade heute haben kann.

1. Die Armut der Dritten Welt als Herausforderung für alle

Alle Gesellschaften sind heute in einem ungeheuren, weltweiten Entwicklungsprozeß eingespannt, der zutiefst ungleich ist und assoziativ wirkt.[1] Die alten Metropolen der Kolonialimperien stellen sich als die entwickelten Gesellschaften dar; sie waren die ersten, denen die Instrumente der Entwicklung zur Verfügung standen: Wissenschaft, Technik und Naturschätze, wo immer sie auch lagen. Die ehemaligen Kolonien bilden heute den Gürtel der unterentwickelten Länder. Zwischen Entwicklung einerseits und Unterentwicklung andererseits herrschen ursächliche Beziehungen. Armut und Reichtum waren nie einfach nebeneinander bestehende Realitäten. Aufgrund ihrer Entstehungsgeschichte ist die eine an die andere gebunden und lebt von der anderen. Gegenwärtig stellen sich die Beziehungen zwischen den reichen Ländern (in der Regel des Nordens) und den armen Staaten (im Süden) nicht als Interdependenz, sondern als barste wirtschaftliche, politische, ideologische und in einigen Fällen sogar religiöse Abhängigkeit dar. Die armen Länder werden in Unterentwicklung gehalten. Auf tausendfache Weise versucht man, die Armen davon zu überzeugen, daß sie immer arm bleiben werden und daß ihr Heil nur in der treuen Bindung an den Block der entwickelten Länder besteht.

Analytisch ist inzwischen in überzeugender Weise[2] nachge-

---

[1] Eine gute Einführung in das Thema bietet: *P. Negre,* Sociologia do Terceiro Mundo, Petrópolis 1977.

[2] Vgl. die gute Zusammenfassung von *G. Arroyo,* Pensamiento latinoamericano sobre

wiesen worden, daß sich die ohnehin schon reichen Länder bzw.
– in den armen Ländern – die ebenfalls reichen und mit den
herrschenden Klassen der reichen Länder liierten Gesellschaftsschichten die Erträge des immensen Entwicklungsprozesses aneignen. Die Nachteile gehen auf das Konto der armen (in Wirklichkeit: verarmten) Länder bzw. der bedürftigen Bevölkerungs-
kreise in den einzelnen Ländern am Rande des Systems.

Diese Art asymmetrischer und ungerechter Beziehungen führt
in der Dritten Welt dazu, daß die große Mehrheit der Bevölkerung zunehmend verarmt. Schon Papst Paul VI. sprach in der
Enzyklika »Populorum progressio« (1967, Nr. 7–8) wie auch in
dem Apostolischen Schreiben »Evangelii nuntiandi« (1975,
Nr. 30) davon. Das Dokument der lateinamerikanischen Bischofskonferenz von Puebla (1979) wiederholt mit geradezu prophetischen Worten die Anklage (Nr. 28–50). Doch erschöpft
sich die Armut nicht in ihrem hauptsächlichen und dramatisch-
sten Aspekt, das heißt in der materiellen Seite. Dadurch, daß sie
die Menschen von gesellschaftlicher Beteiligung und Mitbestimmung ausschließt, nimmt sie auch die Gestalt von politischer Armut an; dadurch, daß sie sie nicht an die Prozesse der Produktion symbolischer Güter herankommen läßt, die Gestalt der kulturellen Armut; dadurch, daß sie breite Schichten der Bevölkerung durch den Kampf ums Überleben abstumpft und brutali-
siert, schließlich auch die Gestalt geistiger Armut. Eine solche
Lage ist eine Beleidigung für Gott und eine Demütigung für die
Menschen. Die Protestschreie, Gotteslästerungen und Verzweif-
lungsklagen der Unterdrückten sind Gebete, die Gott nicht über-
hört.

Die Verarmung bedingt ihrerseits die Vermassung der Menschen. Das Volk hört auf, als ein gegliedertes Ganzes aus Gemeinschaften und Gemeinden zu existieren, die Bewußtsein entwickeln, sich ihre Identität erhalten und vertiefen und an einem
Gemeinschaftsprojekt arbeiten, und wird zu einem Haufen wil-
der und entwurzelter Individuen, zu einem Heer billiger Arbeits-
kräfte, das sich leicht im Sinne einer schrankenlosen und un-
menschlichen Akkumulation manipulieren läßt. Das kapitalistische »Ethos« von Produktion und Konsum, von Individualisie-

subdesarrollo y dependencia externa, in: ders., Fe cristiana y cambio social en América Latina, Salamanca 1973, 305–321.

rung, allseitiger Konkurrenz und praktischem Materialismus zerstört die Seele des Volkes und schafft eine Subkultur der Armut ohne Identität und schöpferische Energie.

Diese Situation provoziert geradezu ein höchst autoritäres politisches Regime. Wie soll eine entstrukturierte Masse auch sonst regiert werden können? Wie läßt sich Sand mit der Hand tragen? Nur wenn man die Hand schließt, läßt sich Sand zwischen Fingern und Handfläche halten. Mit anderen Worten: Nur autoritäre und diktatorische Regierungsformen sind imstande, ein Mindestmaß an Zusammenhalt zu gewährleisten und die bedrohlichen Schreie, welche die Armut ausstößt, zum Verstummen zu bringen. Verarmung und Vermassung haben zum Regime der Nationalen Sicherheit geführt.[3] Dieses aber hat grundsätzlich zwei Funktionen: Einmal soll es die Gewinne des Kapitals absichern, und zum anderen geht es darum, eine mögliche Mobilisierung der Unterdrückten, die sich für gesellschaftliche Veränderungen einsetzen, fest unter Kontrolle zu haben. An vielen Stellen in der Dritten Welt glaubt man immer weniger daran, daß Demokratie und Entwicklung Hand in Hand gehen. Statt dessen ist ein Anwachsen der Eliten bei gleichzeitigem Abbau der Demokratie festzustellen. Ja, es breitet sich sogar die Überzeugung aus, um die Entwicklung zu garantieren, müsse man die Demokratie unterdrücken.[4] Die nationale Sicherheit des Kapitals und der herrschenden Interessen ist wichtiger als die Interessen des Gemeinwesens. Aus diesem Grund sind die Regime der Nationalen Sicherheit zutiefst volksfeindlich.

Wie nun hat die Kirche auf diesen Sachverhalt reagiert?

2. Die Kirche solidarisiert sich mit der Befreiung der Armen

In jenen Teilen der Dritten Welt wie in Lateinamerika, in denen die Kirche seit Jahrhunderten bis in die letzten Verästelungen der Gesellschaft gegenwärtig ist, engagierte sie sich seit 1960 zunehmend, prangerte die sozialen Ungerechtigkeiten an und mischte sich in die Veränderungs- und Befreiungsprozesse ein.

---

[3] Vgl. die wichtige Arbeit von *H. Montealegre*, La seguridad del Estado y los derechos humanos, Santiago 1979.

[4] Vgl. *J. Comblin*, O tempo da ação. Ensaio sobre o Espírito e a História, Petrópolis 1982, 341–343.

Zunächst waren die Führungskreise der Kirche der große Faktor der menschlichen Förderung, sei es im Bereich der Alphabetisierung, des Gesundheits- und Bildungswesens oder sei es bei der Organisierung des Volkes. Aber schon bald wurden sie sich bewußt, daß Entwicklung allein das Volk nicht befreit, sondern daß Entwicklung nur zu Lasten und auf Kosten des Volkes läuft. In dem Maße, in dem man die Mechanismen einserseits der Güteranhäufung und andererseits der Verelendung besser erkannte, änderte die Kirche schrittweise ihre Praxis und ihre Redeweise. Sie begriff, daß der Träger der unerläßlichen Veränderung das *organisierte Volk* selbst sein muß, das sich der Zusammenhänge bewußt ist und sich zusammengeschlossen hat. Deshalb ist seit Medellín (1968) und noch entschiedener seit Puebla (1979) die Rede von *umfassender Befreiung*.[5]

In ihrer offiziellen bischöflichen Repräsentanz traf die Kirche eine solidarische Option für die Armen und für deren Befreiung. Fortan verkündet sie den Reichen nicht mehr einfach Hochherzigkeit und den Armen Ergebenheit, sondern diesen Befreiung und jenen Bekehrung. Vorrangige solidarische Option für die Armen bedeutet für die Kirche an erster Stelle *Umkehr* im Sinne eines Wechsels des *gesellschaftlichen Ortes*. Seither betrachtet sie die Gesellschaft und ihre Konflikte aus der Perspektive der großen Mehrheit mit ihren besonderen Anliegen. So erkennt sie, daß die Veränderung der Strukturen die primäre Dimension ist, wenn es zu der für den sozialen Frieden unerläßlichen Gerechtigkeit kommen soll. Aus der Perspektive der Armen entdeckt sie die befreiende Dimension des Evangeliums. Dort ist ja die Rede von einem Reich Gottes, das immer schon dann auf dieser Erde beginnt, wenn mehr Gerechtigkeit geschieht und mehr Geschwisterlichkeit in die Gesellschaft einzieht.

Zweitens beinhaltet die vorrangige und solidarische Option für die Armen das Bemühen, den Armen die Möglichkeit zu eröffnen, die Kirche aufzubauen. Sich für die Armen entscheiden heißt, bezogen auf die Kirche, es ihnen ermöglichen, mit ihrer Kultur, mit ihrer Religiosität und mit ihrer besonderen Art, die Dimensionen des christlichen Geheimnisses zu verstehen und zu gewichten, sich ihre Basisgemeinden zu schaffen. Gerade in dem

---

[5] Vgl. *L. Boff,* Aus dem Tal der Tränen ins Gelobte Land. Der Weg der Kirche mit den Unterdrückten, Düsseldorf ³1985.

Augenblick, in dem sich die Kirche ohne Wenn und Aber der Sache der Armen annahm, entstanden die *Kirchlichen Basisgemeinden*. Man muß sie richtig verstehen. Sie sind nämlich mehr als ein bloßes Instrument zur Evangelisierung, mehr als ein Kanal, durch den die pfarrliche Pastoral bis ans Volk herankommt. In Wirklichkeit sind die christlichen Basisgemeinden die Kirche selbst in ihrer Konkretion an der Basis.[6] Sie sind das gläubige und arme Volk, das sich um das Wort Gottes versammelt, um seinen Hunger nach Gott zu stillen, seine Probleme zu besprechen, seine Leiden im Licht dieses Wortes zu erhellen und gemeinsam eine Praxis zur Befreiung von den konkreten Unterdrückungen, die es erfährt, in die Wege zu leiten.

In solchen christlichen Gemeinden leben die Menschen sozusagen eine Art von Alternative zu dem System, an dem wir alle zu leiden haben. Hier kann das freie Wort unter allen reihum gehen. Hier ist die Macht tatsächlich Dienst am Wohl aller, und die Gemeinde ist Subjekt und nicht bloß Objekt der Geschichte.

Die Kirchlichen Basisgemeinden haben der Großkirche wie auch den Ordensfamilien, einschließlich der Franziskaner, geholfen, vom Zentrum zur Peripherie überzusiedeln. Beträchtliche Gruppen von Christen, von männlichen und weiblichen Ordensleuten, ja sogar von Bischöfen und Kardinälen, teilen das Leben des einfachen Volkes und erweisen sich damit in einer neuen Form als solidarische Geschwister bzw. Hirten.

Der theoretische Ausdruck dieser neuen, von den Armen initiierten Praxis ist die Theologie der Befreiung. Sie will das Moment sein, das den Weg der Kirche an der Seite der Armen erhellt: ihr reflexives Moment, die systematische Erarbeitung des Diskurses über den Glauben der Väter in Verbindung mit dem Diskurs über die Gesellschaft aus der Perspektive der Armen.

Soviel hat man in der Kirche der Befreiung mittlerweile erkannt: Die Armut, die das Bild unsrer Länder prägt, ist weder zwangsläufig noch gottgewollt. Sie ist das »Ergebnis wirtschaftlicher, gesellschaftlicher, politischer und anderer Gegebenheiten und Strukturen, ... die ... die Reichen immer reicher werden lassen auf Kosten der Armen, die immer mehr verarmen«

---

[6] Vier Begriffe von *Basis* sind gebräuchlich: 1. *Basis* als kleine Gruppe; 2. *Basis* als das, was sich an der Basis der Gesellschaft (Armut) bzw. der Kirche (Laienschaft) befindet; 3. *Basis* als das, was von unten kommt; 4. *Basis* als das Grundlegende und Wesentliche (das Evangelium).

(Puebla, Nr. 30). Mit einer *moralischen* Verurteilung dieser Armut ist es nicht getan. Eine Strategie, die sie überwinden will, erfordert mehr als Nächstenliebe und Unterstützung für die Opfer der Entwicklung. So wie die Armut als weltweites Phänomen geschaffen worden ist, kann und muß sie auch wieder aus der Welt geschafft werden. Worauf es ankommt, ist also, sie mit Hilfe einer Neustrukturierung der gesamten Gesellschaft, in der schließlich der Mensch den Mitmenschen nicht mehr auszubeuten braucht, sondern ihm Freund und Weggefährte ist, *historisch* zu überwinden. Für diese gewaltige geschichliche Aufgabe kann der christliche Glaube ein entscheidender Faktor der Veränderung und der Herbeiführung von mehr Gerechtigkeit für die Unterdrückten sein. In diesem Zusammenhang gewinnt die Gestalt des heiligen Franz unverwechselbare Bedeutung.[7] Dom Hélder Câmara sieht in ihm den Schutzheiligen der vorrangigen Option der Kirche für die Armen.

3. Franziskus, der sich mit den Armen identifiziert: der Poverello

Franziskus ist ein Mensch seiner Zeit, und seine »forma vitae« (Lebensform) ist eine Antwort auf die Herausforderungen, die er in seiner Welt wahrnahm. Aber seine Bedeutung beschränkt sich nicht auf den geschichtlichen Rahmen des 13. Jahrhunderts. Franz ist eine Quelle, aus der nicht totes, sondern lebendiges Wasser sprudelt; und das erfüllt auch die Probleme von heute mit Sinn. Franz ist eine Quelle der Inspiration für die Kirche und der Ermutigung für die Armen, die Befreiung wollen.[8] Im Folgenden möchten wir einige Aspekte seines Lebens und seiner Spiritualität, die uns Christen in der Dritten Welt besonders ansprechen, herausarbeiten.

---

[7] Vgl. dazu: *J. Comblin,* O tempo da ação, 188: »Franz von Assisi ist der populärste ›Heilige‹ des Westens. Alle Armutsbewegungen vor ihm greift er wieder auf, und nahezu alle späteren Gründer sind von ihm beeinflußt. In gewisser Weise ist er die Gestaltwerdung des Christentums in der Landschaft der Christenheit. Er stellt das reine Evangelium dar. Und seine Regel, die einzig auf dem Evangelium fußt, ist sozusagen die Konkretion der Gegenchristenheit. In ihm kommt die gespaltene Seele des Christen unter den Bedingungen der Christenheit zum Ausdruck: In Treue zur Kirche weist er alles zurück, was ihn an das greifbare Leben dieser Kirche bindet, ihren üppigen Stil.«

[8] Vgl. unser Buch: *L. Boff,* Zärtlichkeit und Kraft. Franz von Assisi, mit den Augen der Armen gesehen, Düsseldorf ⁴1987.

a. Umkehr als Wechsel der gesellschaftlichen Klasse

Franziskus stammte aus der Klasse des Bürgertums, das sich aus der Krise des Feudalsystems mit seiner auf der Arbeit von Hörigen gründenden Produktionsweise entwickelt hatte. Als junger Erwachsener trat er beruflich in die Fußstapfen seines Vaters und »lebte unter eitlen Menschenkindern für die eitle Welt erzogen ... inmitten erwerbsgieriger Kaufleute«[9].

Wie bei allen großen Lebensentscheidungen kündigte sich auch bei ihm zunächst eine Krise an: »An nichts konnte er sich freuen.«[10] »Neben Friedfertigkeit und Güte« zeigte er »Erbarmen und Freigebigkeit gegen die Armen«.[11] Er beginnt ein Leben *für* die Armen, indem er ihnen von dem Reichtum seiner Familie abgibt. Als er mit dem Vater bricht, so Celano, fängt er an, *mit* den Armen zu leben.[12] Wie man sieht, gibt er seinen gesellschaftlichen Ort auf und wird zu einem anderen, zum Mitglied einer anderen Klasse. Als er das Evangelium hört, in dem Jesus seine Jünger zum Predigen aussendet (Mt 10,7–10; Mk 6,8.9; Lk 9,1–6), radikalisiert er seine Option noch weiter. Jetzt lebt er nicht mehr für die Armen oder mit ihnen, sondern *wie* die Armen, in voller Identifikation mit ihnen. Celano meint treffend: »Der Vater der Armen, der arme Franziskus, der sich allen Armen gleichförmig machte, konnte es nicht sehen, daß jemand noch ärmer war als er.«[13]

Was hier geschieht, ist ein Wechsel der sozialen Klasse. In seinem Testament bringt Franziskus den Schritt auf die prägnante Formel: »*Exivi de saeculo* – ich habe die Welt verlassen.« Welt ist hier kein kosmologischer oder moralischer, sondern ein gesellschaftlicher Begriff und meint das Gesamtgefüge von Beziehungen, die eine konkrete Gesellschaft ausmachen.[14] Franz zieht aus dem gesellschaftlichen und religiösen System seiner Zeit aus. Dabei bedient er sich aber keiner theoretischen oder praktischen Strategie des Bewußtseins oder der Institutionskritik, formuliert nicht ausdrücklich eine Alternative und setzt auch kein

---

[9] *Bonaventura*, Legenda Maior I 1 (QuSchr. VII, 256).

[10] 1 *Celano* 3 (QuSchr V, 65).

[11] 1 *Celano* 17 (QuSchr V, 78); vgl. 2 *Celano* 5 (V, 227); 2 *Celano* 8 (V, 231f).

[12] Vgl. 1 *Celano* 17 (QuSchr V, 78).

[13] 1 *Celano* 76 (QuSchr V, 141); 2 *Celano* 83–84 (V, 306f).

[14] Hinsichtlich der verschiedenen Bedeutungen von »Welt« bei Franziskus vgl. *R. Koper*, Das Weltverständnis des hl. Franziskus von Assisi. Eine Untersuchung über das »Exivi de Saeculo«, Werl/Westf. 1959.

neues Modell in Gang. Eine solche Vorgehensweise entspringt modernem Denken, nicht aber der Zeit des Franziskus. Trotzdem steht die Frage an, was es bedeutet, wenn er aus seinem System auszieht. In unserer analytischen Sprache kann man sagen, eine derartige Haltung sei die eines Revolutionärs und nicht die eines Reformators oder Vertreters des geltenden Systems. Der Reformator reproduziert das System, wobei er mit Hilfe von Reformen lediglich die Mißbräuche repariert. Analytisch (und nicht im landläufigen Sinn) betrachtet, hat der Revolutionär schöpferische Phantasie, mit der er etwas noch nicht Dagewesenes entwirft und lebt. In diesem Sinn ist Franziskus ein Revolutionär. Fängt er doch an, seinen eigenen Weg zu gehen. In seinem Testament schreibt er denn auch: »Niemand zeigte mir, was ich zu tun hatte.« Was er tut, stellt eine radikale Kritik an den herrschenden Kräften seiner Zeit dar.[15]

Gegenüber dem Feudalsystem, das auf den »maiores« (Höhergestellten) fußt, tritt Franz als »minor« (Minderer) auf. Gegenüber dem Bürgertum, das um die Achse des *Mehrwerts* strukturiert ist, vertritt er das Ideal radikaler Armut und totalen Verzichts auf den Gebrauch von Geld. Gegenüber der Kirche, an deren Spitze die Priesterschaft steht (Klerikalismus), will er Laie bleiben. Obwohl er sich später zum Diakon weihen läßt, hat er doch nichts an Pfründen. Immer will er »frater« ohne irgendeinen hierarchischen Titel sein.

So gibt er einen Ort auf und siedelt sich an einem anderen an, mit dem er sich voll identifiziert: »Der Herr führte mich unter die Aussätzigen«, und »ich übte Mitleid mit ihnen«. Doch optiert er nicht für irgendwelche Armen, sondern für die Ärmsten unter den Armen, für die Leprosen, die er voller Liebe »meine christlichen Geschwister« bzw. »meine Geschwister in Christus« nennt.[16]

Es sollte nicht übersehen werden, daß gerade in dem Augenblick, in dem das Bürgertum entsteht – jene Klasse also, die das große kapitalistische Projekt in die Wege leitet und damit so viel Unrecht in die Welt bringt – mit der Hinwendung des Franzis-

[15] Vgl. *A. Rotzetter,* Kreuzzugskritik und Ablehnung der Feudalordnung in der Gefolgschaft des Franziskus von Assisi, in: Wissenschaft und Weisheit 35 (1972) 121–137; *I. Silveira,* São Francisco e a burguesia, in: Nosso Irmão de Assis, Petrópolis 1975, 11–63.
[16] Spiegel der Vollkommenheit 58,7 (ed. Sabatier, Manchester 1928, 160).

kus zu den Armen und zu Christus auch die dialektische Vernei-
nung des Bürgertums geboren wird.

In dem berühmten neunten Kapitel seiner nichtbullierten Regel sagt Franziskus seinen Brüdern: Sie »müssen sich freuen,
wenn sie mit gewöhnlichen und verachteten Leuten verkehren,
mit Armen und Schwachen, Kranken und Aussätzigen und Bett-
lern am Wege«.[17]

Aus dem Blickwinkel des geltenden – ob feudalen oder bürgerlichen – Systems scheint der Weg, den Franz geht, ein Wahnsinn zu sein. Der Poverello ist sich dessen klar bewußt: »Der
Herr sagte mir, er wolle, daß ich ein neuer Verrückter in der
Welt sein soll.«[18] Aber diese »Verrücktheit« stiftet eine neue
Form des Zusammenlebens und eröffnet die Möglichkeit für eine neue Welt, in der sich die Menschen mehr als bisher als Brüder und Schwestern fühlen können.

b. Ablehnung des Prinzips des kapitalistischen Systems

Intuitiv und wahrscheinlich nicht reflektiert spürt Franz, daß die
Achse der neu entstehenden Gesellschaft (des Bürgertums) auf
dem Prinzip der An-eignung aufruht, das seinerseits auf Ent-eig-
nung gründet. Sein Ideal besteht, in der Sprache Bonaventuras,
darin, *in höchster Armut von demütigem Betteln zu leben*.[19] Sein
Verzicht auf die Aneignung irgendwelcher Güter und seine völli-
ge Enteignung stehen im Dienst an dem Ideal, sich mit den materiell Armen und mit dem armen Christus zu identifizieren.
Franz kennt die raffinierten Formen, durch die sich der menschliche Geist in das Spiel des Sich-Aneignens hineinziehen läßt[20]
und sich materielle, geistige und sogar strikt religiöse Güter aneignet. Alle diese Formen von Besitz lehnt Franz ab.[21] *Materiell*
sollen die Brüder wie alle anderen Armen leben, die keine Art
wirtschaftlicher Einkünfte haben. *Geistig* sollen sie wie »mino-

---

[17] QuSchr I,60.

[18] Spiegel der Vollkommenheit 68,7 (ed. Sabatier 196f); vgl. Legenda Maior XI 1–2
(QuSchr VII, 346).

[19] *Bonaventura*, De perfectione evangelica, Quaest. IIa II 20 (Opera omnia [ed. Qua-
vacchi] V, 148).

[20] Vgl. *I. Iriarte de Aspurz*, »Appropriatio« et »expropriatio« in doctrina S. Francisci,
in: Laurentianum 11 (1970) 3–35.

[21] Vgl. *K. Esser*, Mysterium paupertatis, in: ders., Temi Spirituali, Mailand 1973,
67–92; *ders.*, Die Armutsauffassung des hl. Franziskus, in: D. Flood (Hrsg.), Poverty
in Middle Ages, Werl/Westf. 1975, 60–70; *O'Mahony*, Poverty Yesterday, in: Laurentianum 10 (1969) 37–64.

res« – wie Leute niederen Standes – leben und auf jede Art von Macht wie auch auf die Verwendung von Talenten oder Ämtern zur Selbstförderung verzichten und damit jede Form von Aufgeblasenheit auf der Basis erworbener Tugenden ablegen. *Religiös* soll es den Brüdern darum gehen, »sich nicht zu brüsten noch selbstgefällig zu sein, noch in ihrem Innern stolz zu sein auf gute Worte und Werke, überhaupt auf gar nichts, was Gott bisweilen an Gutem in ihnen und durch sie spricht, tut oder wirkt«[22].

Aber trotz dieses Radikalismus ist die Armut nie ein absoluter Wert. Sie wird relativ, wenn eine *Lebensnotwendigkeit* (necessaria vitae) auftaucht. Denn die Basis, auf der die Armut gründet, ist Brüderlichkeit gegenüber den Armen und Nachfolge Jesu und Marias, die ja auch in dieser Welt arm waren.

c. Universale Brüderlichkeit als Frucht der Armut

Franz will radikal arm sein, um ganz Bruder sein zu können. Behindert wird die Begegnung mit dem Mitmenschen und mit Gott jedoch durch das Streben nach Besitz wie auch durch die Interessen, die Menschen entzweien. Wir haben Angst, uns von Herz zu Herz zu öffnen. Da halten wir uns lieber an Besitztümer, weil sie – scheinbar – Sicherheit vermitteln. Der franziskanische Entwurf lautet: »in plano subsistere«,[23] das heißt: zu ebener Erde leben, wo sich alle begegnen und Brüder und Schwestern werden. Armut besteht in dem Bemühen, jede Form von Aneignung abzuschaffen, damit sich die Menschen wirklich begegnen können.

Aber die Menschen leben nicht bloß von der Mystik der Verbrüderung und der Nachfolge des armen Jesus. Im Leben gibt es Grundbedürfnisse, die man nicht fortwährend unerfüllt lassen kann. Wie also lassen sich die negativen Auswirkungen objektiver Armut vermenschlichen?

Gerade im Kontext der Armut sieht Franz das Problem der Brüderlichkeit.[24] Wenn jeder arm ist, fühlt sich auch jeder gegenüber dem anderen insofern herausgefordert, als er sich um ihn kümmern muß; so entsteht um ihn herum eine Atmosphäre von Zärtlichkeit und Sicherheit, wie sie in einer Familie

---

[22] Nichtbullierte Regel XVII 17–19 (QuSchr I,67).

[23] 2 *Celano* 148 (QuSchr V, 366).

[24] Vgl. *M. Vovk*, Die franziskanische »Fraternitas« als Erfüllung eines Anliegens der hochmittelalterlichen Zeit, in: Wissenschaft und Weisheit 39 (1976) 2–25.

herrscht. Deshalb heißt es in der endgültigen Regel, die Brüder sollten sich als »domesticos inter se« (Hausgenossen untereinander) erweisen, das heißt: sich wie Mitglieder ein und derselben Familie verhalten, aufrichtig wie Geschwister geben und einander auch die Nöte mitteilen, auf die sie dann wie eine Mutter einzugehen hätten.

Wichtiger noch, als sich von den zeitgenössischen Formen des Zusammenlebens frei zu machen, ist es, sich für eine neue Form des Gemeinschaftsumgangs zu befreien. Franz stellt sich eine in der Tat utopische Brüderlichkeit[25] vor, die auf der Gleichheit aller gründet: »Kein Bruder soll eine Machtstellung oder ein Herrscheramt innehaben, vor allem nicht unter den Brüdern selbst... Und wer der Größte unter ihnen sein will, der sei ihr Diener.«[26] Wer eine koordinierende Funktion innehat, soll sich wie eine Mutter verhalten. Dann revolutioniert er das Verhältnis zwischen Untergebenen und Amtsinhabern; die Untergebenen können zu ihnen sprechen »wie Herren zu ihren Knechten, denn so muß es sein, daß die Minister die Diener aller Brüder sind«[27]. Franz geht mit seinen Brüdern um wie mit Rittern von der Tafelrunde und will so plastisch zeigen, daß alle gleich sind. Wenn die Gemeinschaft Mißerfolge hat, dann soll sie das Heilmittel im Geist der Brüderlichkeit suchen: »Sie sollen sich hüten, ... wegen der Sünde oder des bösen Beispiels eines anderen in Aufregung oder Zorn zu geraten«, »ihn in Demut und Sorgfalt ermahnen, ihn aufmerksam machen und zurechtweisen« bzw. »so mit ihm verfahren, wie es ihm vor Gott am besten scheint«.[28]

Die so beschriebene Brüderlichkeit ist nach außen hin offen. Wenn die Brüder durch die Welt gehen, sollen sie sich dem Evangelium gemäß aufführen, arm leben, essen, was man ihnen anbietet, auf jede Form von Gewalt verzichten und allen, die sie um etwas bitten, geben.

Auch die Mission zu den Sarazenen und zu anderen Ungläubigen zielt nicht darauf ab, das ekklesiastische System auszuweiten, sondern das weltumspannende Evangelium der Geschwi-

---

[25] Vgl. *A. Rotzetter,* Der utopische Entwurf der franziskanischen Gemeinschaft, in: Wissenschaft und Weisheit 37 (1974) 159–169; *ders.,* Franz von Assisi. Ein Anfang und was davon bleibt, Einsiedeln 1981, § 77.
[26] Nichtbullierte Regel V 22 (QuSchr I,57); vgl. Mt 20,26f.
[27] Vgl.: Brief an die Gläubigen VIII (QuSchr. I,148)
[28] Nichtbullierte Regel V (QuSchr I,56).

sterlichkeit lebendig werden zu lassen, indem die Brüder »um Gottes willen allen Menschen untertan sind und bekennen, daß sie Christen sind«. Erst später, »falls sie es als gottgefällig erkannt haben, dürfen sie das Wort Gottes verkünden«[29].

Aber die Brüderlichkeit wäre nicht offen, wenn sie sich nicht auch nach unten, in eine wahre kosmische Demokratie mit allen Geschöpfen öffnete. Das Verhältnis zur Natur, zum Feuer, zum Vogel, zur Grille ist nicht in erster Linie ein Verhältnis des Besitzes, sondern des Zusammenlebens und der Geschwisterlichkeit. All das erwächst aus der als *Lebensform* und als Haltung der Achtung und der Verehrung gegenüber allen Elementen der Schöpfung gelebten Armut. Von daher mündet die Armut in eine immense Freiheit und in eine uneigennützige Freude an allen Dingen ein.

4. Das franziskanische Charisma als Faktor der Befreiung für die Dritte Welt

Niemand kann von der historischen Gestalt des Franziskus realistischerweise Konsequenzen ableiten, wenn er sich nicht des Franziskanismus als eines historischen Phänomens samt seinen Verbindungen zu einer bestimmten Art von Gesellschaft und Kirche bewußt ist.[30] Sowohl das Charisma des Franziskus (persönliche Erfahrung) als auch der Franziskanismus (Institution und Tradition) sind legitim, wenn auch verschieden im Wert. Zuerst kommt Franz, weil er die Quelle ist, und dann erst der Franziskanismus, weil er sich von ihm herleitet. Es geht nicht darum, ohne weiteres das persönliche Charisma des Franziskus abzupausen, sondern darum, sich in einer anders gearteten Welt zu einer evangeliumsgemäßen Praxis auf der Linie der von ihm in die Tat umgesetzten Optionen inspirieren zu lassen. Dabei ist in Betracht zu ziehen, daß jede Generation ein spezifisches Selbstverständnis hat, das also bei Franziskus anders ist als bei uns. Keiner tut einfach, was er will, sondern nur das, was der Horizont seiner Zeit ihm zu verstehen gestattet und was die realen Bedingungen ihm zu tun erlauben.

So organisierte Franz zum Beispiel nicht die Armen seiner

---

[29] Nichtbullierte Regel XVI (QuSchr I,65).
[30] Vgl. *L. Boff*, Pueblas Herausforderung an die Franziskaner, Bonn 1980.

Zeit, um sie gesellschaftlich zu befreien.[31] Das Bewußtsein, das seiner Zeit möglich war, stellte nicht die Frage nach den Armen in ihrer politischen Dimension. Wir dagegen kommen nicht daran vorbei, weil uns unsere Wahrnehmung der Wirklichkeit dazu zwingt. Gleichwohl trug Franz erheblich zur Befreiung der Armen bei. Denn was die Armut so unmenschlich macht, ist nicht allein (wenn auch hauptsächlich) das Unvermögen, die Grundbedürfnisse zu befriedigen, sondern die Verachtung, der Ausschluß aus dem menschlichen Zusammenleben, die Tatsache, daß den Armen ein negatives Bild von ihnen selbst eingetrichtert wird, so wie es sich die herrschenden Klassen zurechtgelegt haben. Am Ende glaubt der Arme selbst von sich, er sei ein abscheuliches und verachtenswürdiges Gebilde.

Die Befreiungstat des Franziskus[32] bestand – soweit wie im Rahmen seiner Zeit möglich – darin, daß er, obwohl aus reichem Haus stammend, das Leben von Armen auf sich nahm. So dient er den Armen, rührt sie an, küßt sie, setzt sich mit ihnen zu Tisch, spürt ihre Haut und lebt in physischer Gemeinschaft mit ihnen. Kontakte dieser Art vermenschlichen das Elend. Sie geben den Armen das Gespür für ihre menschliche Würde zurück, die sie zwar nie ganz verloren hatten, obwohl die Gesellschaft der Gesunden sie ihnen bestritten hatte. Franz gründet eine Bruderschaft, die gerade für die materiell Armen offen ist. Damit erhebt er einen prophetischen *Protest* gegen die damalige Gesellschaft, die die Armen und Leprosen bis an ihre schmutzigen Ränder hinaustrieb, und setzt einen *Akt der Liebe,* teilt er doch ihre Welt und macht sich zu einem der ihren.

Im Folgenden müssen wir nun einige Schwerpunkte unseres gegenwärtigen franziskanischen Lebens herausarbeiten, die einerseits eine Antwort auf die Herausforderung unserer Zeit und andererseits von der Praxis des Franziskus inspiriert sind.

a. Freiheit zur Utopie

Der erste Punkt, auf den wir Wert legen müssen, ist, daß diejenigen unserer Brüder, die sich gerufen fühlen, die Utopie des Franziskus zu leben, dies auch in Freiheit tun können. Gemeint

---

[31] Vgl. *H. Grundmann,* Religiöse Bewegungen im Mittelalter, Hildesheim ²1961, 164f.
[32] Vgl. *P. Anasagasti,* Liberación en San Franciso de Asís, Aránzazu 1976; *L. Boff,* Zärtlichkeit und Kraft, 122–151: »Franziskus – Befreiung durch Güte. Der Beitrag des Franziskus zur umfassenden Befreiung der Unterdrückten«.

ist, auf Gott und die Armen »verrückt« zu sein. Es gibt doch Brüder unter uns, die alles aufgeben und sich nach dem Beispiel des Franziskus unter den Armen niederlassen, um wie sie zu leben und zu leiden. Ihr Anliegen ist es nicht, die Armen aus ihrer Armut zu befreien, sondern im Sinne des Evangeliums ihre Lebensbedingungen zu teilen. Jedes Land hat Gestalten von ähnlich charismatischer Begabung. Unsere Gemeinschaften müssen Raum dafür geben, daß sich ein derart radikaler Geist entwikkeln kann. Immer wird es Geister geben, die sensibel sind für Utopie – für alles, was schwieriger und höher ist. Worauf es ankommt, ist, daß Franziskus, der sich in jedem seiner Nachfolger verbergen kann, hervortritt und bezeugt, daß das Projekt Christi, das im Gottesreich der Geschwisterlichkeit mit einem Vortrittsrecht für die Armen besteht, wahr ist.[33]

b. Von den Armen der Erde aus denken und handeln

Die Franziskaner haben die vorrangige und solidarische Option der Kirche für die Armen in konkrete Taten umzusetzen. Zunächst meinen wir damit eine *affektive Liebe* zu den Armen. Das aber ist mehr als Mitleid; gefordert ist, daß wir die Armen als Menschen, als Brüder und Schwestern akzeptieren, daß wir ihnen allen Ernstes zuhören und sie mit allem Anderssein und allen Unterschieden lieben. Sodann muß die Liebe zu ihnen auch *effektiv* sein. Das wiederum verlangt von uns, daß wir Gesellschaft und Geschichte aus ihrer Sicht, aus der Perspektive ihrer Kämpfe für Leben und Würde, betrachten. Vor dem Hintergrund ihres Anliegens gehen einem dann auch die Ungerechtigkeiten des Herrschaftssystems, der Grad ihrer Widerstandskraft, die Würde ihrer Forderungen nach einer neuen Gesellschaft, die Werte des Volkes sowie das Spezifikum ihrer Religiosität und Kultur auf. Wenn die Liebe effektiv sein soll, haben wir Franziskaner das »exivi de saeculo« des Franziskus zu aktualisieren. Dann haben wir aus unserem kapitalistischen System mit seinem Ethos und mit seiner Utopie von einer Überflußgesellschaft auszusteigen, die nur zu Lasten und durch die Ausbeutung der großen arbeitenden Bevölkerungsmehrheit, das heißt unter ungerechten Bedingungen, zustande kommt.

[33] Vgl. *K. Beyschlag*, Die Bergpredigt und Franz von Assisi, Gütersloh 1955, bes. 153–159.

Die Option für die Armen beinhaltet und verlangt eine Neubestimmung der Prioritäten, so wie sie vom Volk gesehen werden. An erster Stelle stehen die Bedürfnisse nach Leben und Lebensmitteln wie Gesundheit, Arbeit und Erziehung. Von diesen Prioritäten her ergeben sich dann die anderen Schwerpunkte, was etwa die Meinungs- und Redefreiheit anbelangt. So ist einer der größten Wünsche der Armen das Verlangen nach einer Gesellschaft mit mehr Beteiligung und Geschwisterlichkeit für alle – einer Gesellschaft, die sich von den Vergessenen aller Zeiten, das heißt von den Kleinen, Armen, Kranken und Arbeitern her, aufbaut.

c. Wie Arme und Fremdlinge in dieser Welt leben

Es gehört zur Option für die Armen, ihren eingeschränkten und harten Lebensstil zu teilen. Angesichts der herrschenden Konsumgesellschaft haben wir uns für eine Antikultur einzusetzen, weil Konsumgesellschaft gleichbedeutend mit ungerechter Gesellschaft ist. Wir leben in einer Welt von Sachen. Alles ist Gegenstand von Tausch und Interesse. Weil sich die Dinge in einem wirtschaftlichen Kreislauf befinden, sind sie dem menschlichen und unmittelbaren Gebrauch zur Befriedigung der Grundbedürfnisse des Lebens entzogen. Gegen den *Tauschwert,* über den im kapitalistischen System alles verrechnet wird, fordert Franziskus eine menschliche Existenz, die allein auf dem *Gebrauchswert* gründet: zwei Obergewänder, eine Kapuze, Schuhwerk für die, die es brauchen, und die notwendigen Werkzeuge und Voraussetzungen für Arbeit und Gebet. Die Utopie, die Franziskus hat, ist eine Bruderschaft ohne Mehrwert, die deshalb auch sowenig ausbeuterisch wie möglich ist. Greifbar kann sie für uns in einem armen Lebensstil werden, in dem wir uns den Unsicherheiten der Armen aussetzen – wie Menschen, die in dieser Welt nur unterwegs sind und wissen, daß sie hier nicht ihre ständige Bleibe haben.

Eine solche Option fordert von uns weiter, daß wir die Funktion zahlreicher institutioneller Werke überprüfen, die uns die Vergangenheit hinterlassen hat und die oft genug aufwendig, ja monumental sind. Trotz aller Doppeldeutigkeit und trotz des Kreuzes, das sie für uns mit sich bringen mag, dürfen wir nicht resignieren. Es geht darum, jene Werke im Sinne einer Pastoral, die auf die Armen ausgerichtet ist, funktional zu gestalten.

d. Gegen die Armut, aber für die Armen und für Gerechtigkeit kämpfen

Wer nicht gegen die Armut kämpft, hat nicht wirklich für die Armen optiert, denn Armut entmenschlicht und verkörpert die Sünde der Ungerechtigkeit. Analytisch gesehen, ist Armut als kollektives Phänomen die Folge von asymmetrischen und ungleichen Beziehungen. Gesellschaftliche Armut ist Unrecht. Sich für die Armen entscheiden heißt sich für gesellschaftliche Gerechtigkeit und für eine ausgewogene Gesellschaft mit mehr Beteiligung und mehr Mitbestimmung aller einsetzen. Eine Form des Kampfes für Gerechtigkeit, die sich zunehmend durchsetzt, besteht in der Bewußtseinsbildung, in der Befähigung des Volkes an der Basis zu Reflexion und Engagement für die Menschenrechte im Sinne von Rechten für die Armen. Es gibt unter den Franziskanern Kardinäle, Bischöfe, Priester und Laien, die sich in der Dritten Welt durch ihr Eintreten für die Kleinen und für deren Würde als Arbeiter, Eingeborene und politisch Verfolgte ausgezeichnet haben. Die »legatio pacis«, mit der sich Franz betraut fühlte, können wir heute getrost als bewußtes Engagement für soziale Gerechtigkeit verstehen, weil diese ja die Grundlage jedes dauerhaften Friedens ist.

e. Erbauer einer Kirche an der Basis mit den Armen

Franz hatte ursprünglich nicht vor, neben all den bestehenden Orden noch eine weitere Religiosengemeinschaft zu stiften. Seine Absicht war es vielmehr, einfach das zu leben, was jeder Getaufte tun soll: Jesus im Geist des Evangeliums nachfolgen.[34] Die franziskanischen Bruderschaften der ersten Generation waren eine Art christlicher Basisgemeinden, die unter dem einfachen Volk lebten und die Volksreligiosität praktizierten. Eine ausgezeichnete Form, unserer Option für die Armen Gestalt zu geben, besteht in den christlichen Basisgemeinden, denn diese geben ja den Armen die Möglichkeit, nunmehr auch ihrerseits Kirche zu werden, und zwar indem sie sich versammeln, das Wort Gottes hören, sich in einer Gemeinschaft organisieren und ihr Tun und Lassen vom Evangelium her erhellen. Auf diese

---

[34] Vgl. die ausgezeichnete Arbeit von *O. Schmucki,* Franziskus von Assisi erfährt Kirche in seiner Brüderschaft, in: Franziskanische Studien 58 (1976) 1–26; siehe auch: *A. Rotzetter,* Die Funktion der franziskanischen Bewegung in der Kirche, Schwyz/ Schweiz 1977.

Weise wird aus dem einfachen Volk das Volk Gottes. Wenn wir so unter den Armen leben, dann sollten wir weniger als Beauftragte der Kirche auftreten, die von der großen Überlieferung (Institution) herkommen, sondern vor allem als Männer bzw. Frauen des Evangeliums. Natürlich kann es sich nicht darum drehen, innerhalb der Kirche (ecclesia) eine *Minikirche* (ecclesiola) zu gründen (nichts liefe dem Geist des Franziskus mehr zuwider, wollte Franz doch strikten Gehorsam gegenüber der »sancta mater Ecclesia romana«); worauf es ankommt, ist, die Freiheit des Evangeliums Gegenwart werden zu lassen. Das Evangelium gehört zur Grundlage der Kirche und ist ihr Grundgesetz; aber seine Wirkungsmöglichkeiten erschöpfen sich nicht in den institutionellen Gegebenheiten der Kirche. Als treuer Sohn der Kirche vermochte Franziskus das Neue am Evangelium aufzudecken und in seiner Zeit Geschichte werden zu lassen. Wenn auch wir eine solche Kreativität pflegen, können wir auf unserem Erdteil der Armen, der noch lange nicht vollends vom Geist Jesu durchdrungen ist, neue pastorale Initiativen entwikkeln. So können etwa Bibelkreise eine Art und Weise sein, die Liebe des Franziskus zu Gottes Wort auf der Ebene des Volkes aktuell werden zu lassen. Die Pflege der Volksreligiosität wie auch die Ermutigung zur schöpferischen Arbeit an Frömmigkeitsformen, Liedern und anderen volksnahen Kommunikationsmöglichkeiten kann sich von der ungeheuren Kreativität des Franziskus im Erfinden neuer Formen des Gebetes und des Kircheseins unter dem armen Volk anregen lassen.

5. Schluß: Franziskus als Herausforderung

Wer sich auf den heiligen Franz, auf seine Ideale und Haltungen einläßt, gerät zwangsläufig in eine existentielle Krise, besonders was das Thema Armut und Geschwisterlichkeit anbelangt. In ihm wirkt sichtbar der Sauerteig des Evangeliums, mit allem, was es an Anfragen und Herausforderungen mit sich bringt. Wir werden uns bewußt, wie träge wir sind und wie stark der alte Mensch in uns nach wie vor ist. Franziskus hat das Evangelium »ad litteram et sine glossa«, im Wortsinn, absolut ernst genommen und versucht, es großmütig und heiter zu leben. Für Weltkultur und Kirche verkörpert er eine der strahlendsten Erscheinungsformen der Utopie Jesu Christi. So gehört er bereits zur

kollektiven Erinnerung unseres Glaubens und ist ein unumgänglicher Bezugspunkt für jeden, der Jesus Christus radikal nachfolgen will. Franz ist mehr als ein Ideal; er ist eine Existenzweise,
ein Praxismodell zur Identifikation mit den Kleinen, eine Geste
der Verbrüderung mit dem Geringsten. Franz ermöglicht es, daß
das, was an Gutem in jedem Menschen steckt, sichtbar wird. Für
uns Franziskaner ist er fortwährend eine Last für das Gewissen
und eine Krise, die uns nicht verbittert, wohl aber antreibt, immer evangeliumsnäher und sensibler zu werden für die Demut
Gottes und die Leiden unserer Brüder und Schwestern. Alles
dies läßt uns den Mechanismen von Entschuldigung und Ent-
mutigung widerstehen und bahnt uns den Weg zu einer neuen
Praxis der Solidarität mit allen, die kaum etwas haben und
kaum etwas sind. So ist es der Mühe wert, weiter unseren franziskanischen Weg zu gehen und uns immer wieder von der Gestalt des Poverello und Fratello von Assisi faszinieren zu lassen.

XII. Die Bedeutung Martin Luthers für die Befreiung der Unterdrückten

Die Theologie der Befreiung ist weniger eine Lehre mit mehr oder minder definierten Inhalten als vielmehr eine bestimmte Art und Weise, mit den verschiedenen theologischen Disziplinen umzugehen. Theologie der Befreiung ist eine besondere Form, Theologie zu treiben. Die großen Themen der Überlieferung lassen sich auf der Grundlage der Option für die Armen und des Einsatzes auf dem Weg der christlichen Gemeinden, die sich aus der Kraft des Glaubens für die Veränderung der Gesellschaft engagieren, verstehen und neuverstehen, und auch die großen, zeugenhaften Gestalten der Vergangenheit lassen sich von dort aus befragen. Nun: Was haben uns diese Menschen für unser aus dem Glauben motiviertes Bemühen um die Befreiung der Armen zu sagen? Worin können sie uns bestätigen oder kritisieren?

Als einer der ganz großen Zeugen für den Geist des Evangeliums wie für mutiges Einklagen von Reformen in Kirche und Gesellschaft tritt uns Martin Luther entgegen. Seine Zeit wird bestimmt von großen Veränderungsprozessen, von Machtkämpfen unter den Fürsten und von Bauernkriegen. Was für eine Praxis hat er da entwickelt? Wie hat er über die zu seiner Zeit geltenden geschichtlichen Praktiken gedacht? Welche Haltung sollte seine Bewegung gegenüber den gesellschaftlichen Veränderungen einnehmen? Fragen dieser Art hat sich der historische Luther nicht gestellt. Wohl aber bedrängen sie uns, die wir uns im Kontext eines in gesellschaftlicher wie kirchlicher Aufwallung befindlichen Lateinamerikas schmerzlich herausgefordert fühlen. Aber vielleicht kann uns Luther zu Inspiration und Kritik anregen.

Um an ihn heranzukommen, tun wir gut daran, zunächst nach den konfessionellen Bewegungen zu fragen, die auf Luther zurückgehen und die uns sein geistiges Erbe überliefern. Sodann möchten wir mittels der Werke, die mit den uns hier interessierenden Fragen direkt zu tun haben: Glauben, Kirche und Gesellschaft im Übergang, mit Luther selbst in ein Gespräch kommen.

1. Der historische Protestantismus als Förderer der bürgerlichen Freiheit

Wie verhalten sich in Lateinamerika die »historischen« Kirchen des Protestantismus (das heißt: die konfessionell ausgerichteten Lutheraner und Presbyterianer, die Methodisten und Baptisten, letztere im Sinne eines am Evangelium orientierten »Revival«) zum popularen Befreiungsprozeß der Armen bei uns?[1] Um der Frage nachgehen zu können, müssen wir zunächst das Vordringen des Protestantismus auf dem lateinamerikanischen Erdteil historisch beschreiben. Protestanten gibt es als aktive und organisierte Gruppen bei uns seit Mitte des 19. Jahrhunderts. Sie kamen aus Mitteleuropa und aus dem nordatlantischen Raum – aus Ländern also, die bis heute Pioniere der »Moderne« und maßgebliche Träger des liberalen Projektes waren und sind. In unsere Länder brachten die historischen Kirchen die Ideale des Liberalismus mit und verstärkten damit auf wirtschaftlichem Gebiet gegen die alten Oligarchien, denen der Grund und Boden gehörte, die Modernisierung und Industrialisierung. Unter politischem Gesichtspunkt hißten sie das Banner der repräsentativen Demokratie, und in Sachen Kultur propagierten sie die Schule für alle sowie die Förderung des einzelnen und seiner Freiheit.

Klar und eindeutig schreibt der Presbyterianermissionar Stanley W. Rycroft: »Das Christentum (Evangelium) ist mit seiner Betonung des Wertes des Individuums und der Freiheit des Geistes unter der Disziplin Gottes das sicherste Fundament für Freiheit und Demokratie, nach denen sich Lateinamerika sehnt.«[2]

[1] Vgl.: *Versch.*, Protestantismo y liberalismo en América Latina, San José de Costa Rica 1983; *E. Willems*, Followers of the New Faith: Culture Change and the Rise of Protestantism in Brazil and Chile, Nashville 1967; *W. R. Reed / V. M. Monterroso / H. A. Johnson*, Avance evangélico en América Latina, Dallas 1970; *Ch. L. D'Epinay*, El refugio de las masas. Estudio sociológico del protestantismo chileno, Santiago 1968; *W. A. César*, Por uma sociologia do Protestantismo brasileiro, Petrópolis 1973; *Z. Dias*, Krisen und Aufgaben im brasilianischen Protestantismus. Eine Studie zu den sozialgeschichtlichen Bedingungen und volkspädagogischen Möglichkeiten der Evangelisation, Frankfurt – Bern – Las Vegas 1978.
[2] Religión y fe en América Latina, Mexiko 1961, 10.

Mit dieser Zielsetzung will der historische Protestantismus in Lateinamerika ähnliche Verhältnisse herbeiführen wie in seinen Ursprungsländern auf der nördlichen Halbkugel. Zu diesem Zweck geht er ein strukturelles Bündnis (das also mehr als ein bloß subjektives Ansinnen, das vielmehr Teil des gesellschaftlichen Kräftespiels ist) mit den fortgeschrittensten Kreisen der lateinamerikanischen Gesellschaft ein, die ihrerseits von den Idealen der Französischen und Amerikanischen Revolution, der Aufklärung, des Positivismus und auch des Freimaurertums beeinflußt sind. Gemeint ist die nationale Bourgeoisie, das handeltreibende, städtische und ländliche Kleinbürgertum. Dies geschieht nun gerade in dem Augenblick, in dem sich die traditionelle lateinamerikanische Kolonialgesellschaft zur modernen, liberalen Gesellschaft entwickelt. So kommt es zu Konflikten zwischen den alten Herren und dem neuen, auf den Plan tretenden historischen Subjekt. Die katholische Kirche schließt sich dem historischen Block der Herren und Vertreter des Kolonialsystems an. Damit aber baut sie sich zu einem Gegner auf, den die Protestanten nachhaltig zu bekämpfen haben – und zwar nicht nur wegen der konfessionellen Unterschiede, sondern auch wegen seiner bewahrenden Funktion in der Gesellschaft. Für den historischen Protestantismus »gilt der römische Katholizismus als Ideologie und religiöse Struktur eines umfassenden Systems, als hinfällige hispanische Herrenordnung, die auf Lateinamerika lastet und die beseitigt werden muß, um einer neuen, demokratischen, liberalen, aufgeklärten und dynamischen Ordnung Platz zu machen, die der Protestantismus, geschichtlich gesehen, inspiriert hat und der die protestantische Lehre – mit geöffnetem Buch und mit eigenem Verstand – den Weg öffnet und die er trägt und stützt«.[3]

In der Tat: Gegenüber dem Kolonialpakt zwischen dem Christentum (der römisch-katholischen Kirche) und den Kräften des spanisch-portugiesischen Imperiums wirkt der Protestantismus erneuernd. Insofern stellt er einen Aufruf zu einem neuartigen Glaubensleben in Verbindung mit dem herrschenden Geist von Freiheit, demokratischer Partizipation und Modernisierung des

[3] *J. Míguez Bonino,* Historia y Misión. Los estudios históricos del cristianismo en América Latina con referencia a la búsqueda de liberación, in: Versch., Protestantismo y liberalismo en América Latina, 25.

Produktionsprozesses dar.[4] Religiös gesprochen, erwies er sich als »lebendiger Glaube« im Gegensatz zum »toten Glauben« des Katholizismus. Gonzalo Báez Camargo zufolge war Christus in Lateinamerika ein »schweigender Christus«, während er bei den Protestanten ein »Christus ohne Ketten« ist.[5]

Andererseits wird man zugeben müssen, daß die protestantische Theologie an das liberale Geschichtssubjekt gebunden ist. Der Liberalismus wird zur Ideologie des unterdrückerischen Imperialismus, der sich ein Zentrum und eine Peripherie *schafft*. Seit Mitte des 19. Jahrhunderts entwickelt sich in Lateinamerika der Neokolonialismus. Der Protestantismus, der auf der Schiene der liberalen Ideale zu uns gekommen war, rechtfertigt zunehmend diesen neokolonialen Pakt. Gegenüber der kolonialen Tradition, so wie sie von Thron und Altar aufgebaut worden war, bedeutet er einen Fortschritt. Angesichts der Grundstruktur der Unterdrückung indes bringt er keine Befreiung. Die Herren sind andere geworden; aber das System, das das Volk unterjocht und verrandet, läuft weiter auf vollen Touren. Die gesellschaftliche Veränderung, die der Protestantismus förderte, war nur reformistisch. So begünstigte er unmittelbar die Mittel- und Oberschichten und mittelbar in ganz geringem Maße die unteren Schichten des armen Volkes. Die religiöse Veränderung, bei der es vor allem auf die Umkehr des Herzens, auf einen lebendigen Glauben und auf ethisches – wenn auch personalistisches – Handeln ankam, wirkte in die modernen Kreise der Gesellschaft hinein. Das Volk hingegen praktizierte nach wie vor seine Volksreligiosität und darbte auch weiterhin im Drama sozialer Unterdrückung.

Treffend meint Octavio Paz: »Die liberale und demokratische Ideologie ist weit davon entfernt, unsere konkrete geschichtliche Situation zum Ausdruck zu bringen, vielmehr kaschiert sie sie. So wurde in unseren Völkern die politische Lüge verfassungsmä-

---

[4] Vgl. *R. Alves,* Protestantismo e repressão, São Paulo 1979, 38–42: »O protestantismo como vanguarda da liberdade e da modernidade« (Der Protestantismus als Vorhut der Freiheit und der Modernität). Alves bringt sein Selbstverständnis als protestantischer Gläubiger in folgendem Satz zum Ausdruck: »Wenn man die Geschichte befragen würde, auf welcher Seite sie stehe oder was ihre Bestimmung sei, würde sie antworten: Der Katholizismus ist die Vergangenheit, aus der ich komme, und der Protestantismus ist die Zukunft, in die ich gehe« (38).

[5] Zitiert nach *C. Alvarez,* Del protestantismo liberal al protestantismo liberador, in: Versch., Protestantismo y liberalismo en América Latina, 49.

ßig installiert. Der moralische Schaden war unermeßlich, und er erstreckt sich auf ganz tief verwurzelte Regionen unserer Existenz. Wie selbstverständlich sehen wir uns in der Lüge verfangen. Mehr als hundert Jahre lang haben wir Gewaltregime in Diensten der Feudaloligarchien ertragen, aber im Munde führten wir die Sprache der Freiheit.«[6] Der historische Protestantismus unterhält sehr subtile Beziehungen zu dieser liberalen Ideologie.

Mit der Krise des liberalen Projekts, das sich in Lateinamerika in die Gestalt eines abhängigen und peripheren Kapitalismus kleidete, geriet auch das liberale Verständnis des Protestantismus in eine Krise. Kann diese Art von Protestantismus wirklich eine Kraft zur Befreiung der Unterdrückten sein? José Míguez Bonino formuliert bewußt folgende These: »Der Protestantismus wird die Krise seiner Identität und Mission dann und in dem Maße überwinden können, wenn bzw. in dem er seine subversive Kraft wiedergewinnt, die er in der Vergangenheit hatte, die es heute aber in einer radikal anderen Situation zu realisieren gilt.«[7] Júlio de Santa Ana, früher beim Weltkirchenrat und heute Generalsekretär des »Ökumenischen Dienstzentrums für Evangelisierung und Volkserziehung« (CESEP) in São Paulo, fordert eine Gestaltwerdung der Kirche und des Protestantismus in der Welt der Armen, wenn beide im Rahmen eines tiefgreifenden und umfassenden Veränderungsprozesses den Unterdrückten zu echter Befreiung verhelfen wollen.[8] Rubem Alves unterscheidet zwischen der ideologischen Funktion, die der Protestantismus im Blick auf den Liberalismus innehatte, und seiner bleibenden utopischen Funktion als Erinnerung an die befreiende Kraft des Evangeliums. So gesehen, »entdecken sich Katholiken und Protestanten als einen einzigen Organismus, der sich im Dienst an einer neuen Hoffnung in Lateinamerika weiß«[9].

Und in der Tat: Es gibt eine protestantische Befreiungsfront, die im globalen Prozeß der Befreiungspraxis und der Reflexion auf der Grundlage dieser Praxis eine gewichtige Rolle spielt.

[6] *O. Paz,* El laberinto de la soledad, Mexiko 1974, 99.
[7] *J. Míguez Bonino,* Historia y misión, 31.
[8] Vgl. *J. de Santa Ana,* Protestantismo, cultura y sociedad, Buenos Aires 1970, 110–127.
[9] Función ideológica y posibilidades utópicas del protestantismo latinoamericano, in: ders., De la Iglesia a la sociedad, Tierra Nueva/Uruguay 1971, 21.

Die Frage ist jetzt, wieweit sich diese Sendung von Luther her erhärten läßt.

2. Luther als Befreier in der Kirche und Reformator in der Gesellschaft

Wir fragen also: Wieweit spielt Luther im geschichtlich-gesell-schaftlich-religiösen Prozeß eine befreiende Rolle, und wieweit trug er mit seiner Theorie und Praxis zur Legitimation der Neuzeit bei, die den großen Volksmassen von heute die ganze erbärmliche Unterdrückung und Verarmung bringen sollte. Zur Beantwortung dieser Frage bedürfte es eingehender Untersuchungen zum Phänomen Martin Luther an sich wie auch zu seiner Wirkung auf die Kräfte seiner Zeit insgesamt. Dazu aber ist in diesem kurzen Aufsatz weder Zeit noch Raum. Gleichwohl möchte ich versuchen, einige (unvollständige) Linien aufzuzeigen, die uns helfen können, die Herausforderung zu verstehen, mit der die Ausgebeuteten uns alle als Christen wie als Kirche konfrontieren.

Um mit einem gewissen hermeneutischen Gespür an die Dinge herangehen zu können, brauchen wir Mindestelemente eines Bezugsrahmens. Ich vertrete die Hypothese (die ich hier allerdings weder vertiefen noch begründen kann), daß ein religiöses Phänomen wie Luther nicht ausschließlich mit religiösen Kategorien beschrieben werden kann. Wer nur eine religiöse Analyse will, bringt am Ende nicht einmal die zustande. Das ist so, weil der religiöse Faktor (ähnlich wie Kultur, Ideologien und Werte) niemals in sich allein besteht, sondern immer nur in Verbindung mit der konkreten Geschichte und den sozialen und politischen Strukturen einer Gesellschaft. Neben seinem jeweiligen spezifischen Charakter hat jeder Faktor seinen Grad von Auswirkung auf die anderen Faktoren. Es mag Zeiten geben, in denen der religiöse Faktor tonangebend zu sein scheint;[10] möglicherweise trifft das für die Zeit Luthers und der Reformation zu. Die Reformation ist zuvörderst, aber nicht ausschließlich ein religiöses

---

[10] Zu dieser ganzen Frage vgl. das grundlegende Werk von *O. Maduro*, Religión y lucha de clases, Caracas 1979 (Religião e luta de classes, Petrópolis 1981). Siehe außerdem: *M. Godelier*, Marxisme, anthropologie et religion, in: ders., Epistémologie et marxisme, Paris 1952, 209–265; *H. Portelli*, Gramsci y la cuestión religiosa, Barcelona 1977, 58–64.

Geschehen. Auf dem Gebiet der Religion traten alle Konfliktebenen zutage, welche die Gesellschaft und das Bewußtsein des damaligen Europas durchzogen. Mit Recht meint Henri Hauser: »Die Reformation des 16. Jahrhunderts hat den doppelten Aspekt einer gesellschaftlichen und einer religiösen Revolution. Die Klassen des Volkes erhoben sich nicht nur gegen die Korruption des Dogmas und die Mißbräuche des Klerus. Sie erhoben sich auch gegen Elend und Ungerechtigkeit. In der Bibel suchten sie nicht nur die Lehre vom Heil aus Gnade, sondern auch den Beleg für die ursprüngliche Gleichheit aller Menschen.«[11]

Die Frage nach den Ursachen der Reformation ist höchst komplex.[12] Es wäre verwegen, sie auf ein paar Faktoren reduzieren zu wollen. Was sich trotzdem mit Sicherheit sagen läßt, ist, daß die Reformatoren und besonders Luther den großen Sehnsüchten ihrer Zeit entsprachen – einer Zeit, die aufgrund der Entdeckung neuer Erdteile, der Kolonisierung neuer Länder, der Erfindung der Buchdruckerei, der Einführung neuer Finanzmethoden, des Auftauchens des Humanismus und vor allem des Schreis der ganzen Christenheit nach gründlichen Reformen an Haupt und Gliedern (in capite et in membris) von tiefgreifenden Veränderungen geprägt war. Im Blick auf den spezifischen (das heißt religiösen) Raum, in dem er sich bewegte, setzte Luther einen grandiosen Befreiungsprozeß in Gang. So ist er für alle, denen es um Freiheit geht und die für Freiheit zu kämpfen und zu leiden verstehen, für immer ein unumgänglicher Bezugspunkt. Mit Recht betrachtet Hegel die Luthersche Reformation als eine »Hauptrevolution«, denn erst »mit Luther begann die Freiheit des Geistes« – eine Freiheit, die »nicht nur anerkannt«, sondern »schlechthin gefordert«[13] ist. In den Genuß dieser Freiheit gelangt man dadurch, daß man mit der »babylonischen Gefangenschaft« bricht, in der sich die Christenheit unter der Führung Roms befand. Um die Bedeutung Luthers für die Befreiung auf

[11] *H. Hauser,* Études sur la Réforme Française, Paris 1909, 83.
[12] Als klassisch gilt noch immer der Aufsatz von *J. Lortz:* Wie es zur Spaltung kam. Von den Ursachen der Reformation, in: ders., Die Reformation als religiöses Anliegen heute, Trier 1948, 15–105; oder auch: *ders.,* Die Reformation in Deutschland I, Freiburg – Basel – Wien, ⁶1982, 3–20. Siehe auch: *H. Loewe / C.-J. Roepke* (Hrsg.), Luther und die Folgen, München 1983.
[13] *G. W. F. Hegel,* Vorlesungen über die Geschichte der Philosophie III (Theorie-Werkausgabe 20), Frankfurt 1971, 49, 50, 51 f.

religiösem Gebiet und von dorther auch in anderen Bereichen besser zu erkennen, müssen wir im Folgenden rasch den Ort der Kirche in der damaligen Feudal- und Herrengesellschaft betrachten.

a. Die Befreiung der Kirche aus der babylonischen Gefangenschaft

Für das halbfeudale und merkantile Europa des 15. und 16. Jahrhunderts ist die Kirche ein konstitutives Element. Rom und die Bischöfe – vor allem in Deutschland – haben große wirtschaftliche, politische, juristische und militärische Interessen. Man darf nicht vergessen, daß der Papst aufgrund zahlloser Verträge und Pfründen immerhin große zeitliche Macht ausübt. Im halbfeudalen wie im bürgerlich-merkantilen Gesellschaftssystem stehen sich Vasallen und Untergebene, Herren und Sklaven, Kolonisatoren und Kolonisierte gegenüber. Um vor allem die Bauern, die sich in Böhmen, Schwaben, Frankreich und anderen Gegenden Mitteleuropas immer wieder erheben, in Schach zu halten, greifen die Herren nicht nur zur bewaffneten Unterdrückung, sondern auch zur religiösen Überredung.[14] Feudalaristokratie und merkantilistische bürgerliche Gesellschaft schließen einen Pakt mit dem Klerus (der auch über weltliche Macht verfügt), so daß die Kirche zur hauptsächlichen Institution bei der Reproduktion der halbfeudalen und merkantilistischen Gesellschaft wird. Das bedeutet: Mit ihrer Multifunktionalität sanktioniert und konsolidiert die Kirche die Verhältnisse des Status quo, das heißt: der Unterdrückung. Diese ihre besondere Funktion übt die Kirche mit Hilfe von tausenderlei frommen Werken, Heiligenverehrungen und gegen Geld gewonnenen Ablässen aus. So wendet sich Luther zum Beispiel gegen die Anhäufung von 17 413 Reliquien in einer einzigen Kirche auf der Burg Friedrichs des Weisen, vermittels deren Verehrung man gegen entsprechende Bezahlung 128 000 Jahre Ablaß gewinnen konnte.[15] Dieses ganze Gemenge zwischen der herrschenden Ordnung und dem Klerus hatte sein Zentrum, von dem es letztlich angeregt und gerechtfertigt wurde, in Rom und im Papsttum.

---

[14] Vgl. *O. Maduro*, A religião no regime semifeudal da Colônia, in: ders., Religião e luta de classes, 87–90.
[15] Vgl. *J. Delumeau*, La reforma, 32.

In Anbetracht dieser Lage erhebt Luther (der aus einer schweren geistlichen Krise kommt und von einem tiefen Wunsch nach Reform in seinem Orden wie in der ganzen Kirche bewegt ist) sein prophetisches Wort. Er tritt gegen das auf, was er immer wieder die »papistische Tyrannei« nennt. Der Rechtfertigung durch Werke setzt er die Rechtfertigung aus Glauben gegenüber.[16] Er macht die unerhörte, neue Entdeckung des grenzenlosen Erbarmens Gottes im gekreuzigten Jesus Christus. Der Mensch ist weder dazu verurteilt, Gesetze zu erfüllen, noch dazu, sich durch gute Werke das Heil zu erwerben. Sein Auftrag in dieser Welt besteht also nicht darin, sich anzupassen und alle Normen zu reproduzieren in der Gewißheit, daß er doch innerlich unfähig ist, das alles in vollkommener Weise zustande zu bringen. Mit seiner Grundthese von der Rechtfertigung aus Glauben ermöglicht Luther eine radikale Befreiung; denn mit ihr will er sagen, der Mensch sei frei *von* allen Verpflichtungen, um frei *dafür* zu sein, Gnade und Erbarmen als reines, ungeschuldetes Geschenk und Angebot Gottes anzunehmen. Als Folge der Gnade und des puren Glaubens (der ein die ganze Existenz umgreifender Akt und damit mehr ist als einfaches intellektuelles Anhangen an einen Kodex geoffenbarter Wahrheiten)[17] tut der Mensch gute Werke. Die Werke machen nicht die Person gut, sondern die Person muß zuerst gut sein, damit von Gnaden ihrer Gutheit die Werke gut sein können – so ein Grundsatz Luthers,[18] den er freilich schon bei Meister Eckhart fand[19].

Rechtfertigung durch Glauben ist der Ausdruck unglaublicher innerer Freiheit, die sich Luther erworben hat und die er als das Banner der Befreiung auch für die anderen Christen hißt. Als Karl V. ihn auf den 17./18. April 1521 vor den Reichstag nach Worms ruft und ihn auffordert, seine Thesen zu widerrufen, antwortet er: »Widerrufen kann und will ich nichts, weil es weder sicher noch geraten ist, etwas gegen sein Gewissen zu tun. Gott

[16] Vgl. *O. H. Pesch,* Theologie der Rechtfertigung bei Martin Luther und Thomas von Aquin. Versuch eines systematisch-theologischen Dialogs, Mainz 1967; *ders.,* Hinführung zu Luther, Mainz 1982, 264–271.

[17] Eine Darstellung des Glaubensbegriffs bei Luther bietet *G. Ebeling,* Luther. Einführung in sein Denken, Tübingen 1965, 178–197.

[18] WA IV 3,28f; LXVI 3,13f; 4,11; 172,8; 268,4f.

[19] Vgl. *L. Boff* (Hrsg.), Mestre Eckhart: a mística de ser e de não ser, Petrópolis 1983, 104–105, 111–114.

helfe mir, Amen.« Ein letztes Mal dringt der Offizial auf ihn ein: »Laß dein Gewissen fahren, Martin. Das einzige, was keine Gefahr bedeutet, ist, sich der geltenden Obrigkeit zu unterwerfen.«[20] Luther läßt sich nicht beirren. Keiner irdischen Obrigkeit will er sich als letzter Instanz knechtisch unterwerfen. Die letzte Instanz kann allein Gott sein. Gott ist der unvertretbare höchste Herr und der Papst sein Diener.

Die Texte, die Luther im Juni (Von dem Papsttum zu Rom), im August (An den christlichen Adel deutscher Nation), im Oktober (Von der babylonischen Gefangenschaft der Kirche) und im November 1520 (Von der Freiheit eines Christenmenschen) schreibt, schaffen ohne Zweifel eine Atmosphäre der Befreiung. Wir betonen: Natürlich ist die thematische Darlegung religiöser Art, sie hat aber auch gesellschaftliche, politische und ökonomische Auswirkungen, weil die Kirche als grundlegende Institution zu Koordinierung, Leitung und Reproduktion des herrschenden Systems es auch mit all diesen Instanzen zu tun hatte.

In seiner Schrift »Von dem Papsttum in Rom« definiert Luther das Grundverständnis protestantischer Ekklesiologie. Die sichtbare Kirche (corpus christianorum) sei rein menschlich und könne nicht mit dem Mystischen Leib Christi gleichgesetzt werden. Die Kirche Christi sei wie das Reich Gottes, das in uns sei, unsichtbar, geistlich und innerlich.

In seiner äußerst wortgewaltigen Schrift gegen Klerus und Papst, »An den christlichen Adel deutscher Nation«, prangert Luther in der Erwartung eines Konzils zur Reform der Kirche drei Mauern an, die die Romanisten errichtet hätten und mit denen sie die Freiheit der Christen verhinderten: 1. das Vorrecht des geistlichen Standes über den weltlichen Stand, mit dem der Papst über alle herrschen wolle. Die Macht in der Kirche sei einzig und allein geistlich, bedeute Dienst und habe so lange Bestand, wie sie den Dienst auch leiste. Ohne diesen Diensteinsatz blieben die Machtinhaber Laien bzw. würden wieder zu Laien. Wenn sie auf ihre »characteres indelebiles« verwiesen, dann seien das »alles von Menschen erdichtete Reden und Gesetze«[21]. Hier verteidigt Luther die bleibende Gültigkeit des allgemeinen Priestertums aller Christen. 2. Die zweite Mauer ist das Recht,

---

[20] Zitiert nach *J. Delumeau*, Naissance et affirmation de la réforme, Paris 1965.
[21] Zitiert nach: *Martin Luther*, Ausgewählte Schriften (ed. K. Bornkamm / G. Ebeling), Frankfurt 1982, Bd. I, 157 (WA VI 408, 22–25).

das sich der Papst anmaße, allein die Schrift zu deuten. Luther, der sich phantastisch in den Texten der Bibel auskennt (seine Bibelübersetzung, die genial in der Wiedergabe und einfach im Stil ist, wurde noch zu seinen Lebzeiten 84- und nach seinem Tod 253mal aufgelegt), behauptet dagegen, jedermann habe das Recht, zur Bibel zu greifen; denn der Geist werde ihm das Verständnis eröffnen. Damit aber bricht der Reformator das Monopol der rechtmäßigen Deutung und bahnt den Weg für die freie Interpretation. 3. Die dritte Mauer sieht Luther in der Annahme des Papstes, nur er könne ein Konzil einberufen und bestätigen. Im Rückgriff auf Texte aus der Schrift und auf Zeugnisse aus der Tradition fordert er für die Fürsten das Recht, ein Konzil einzuberufen und die Reform in der Kirche zu forcieren.[22]

In seiner Schrift »Von der babylonischen Gefangenschaft der Kirche« prangert Luther die Art und Weise an, wie sich die Priester der Sakramente bemächtigt hätten, mit deren Hilfe sie sich jetzt die Gläubigen samt und sonders untertan hielten. »Und diese alle sind uns durch den römischen Hof in ein elendes Gefängnis geführt, und ist die Kirche aller ihrer Freiheit beraubt.«[23] Drei Sakramente läßt er gelten: die Taufe, die Buße und das Brot. Die übrigen seien kirchliche Riten, die das Leben und die Organisation der Gemeinde gewährleisten sollten und die man als religiöse, menschliche Konstruktionen, jedoch nicht als Ausdruck des Willens Gottes gelten lassen könne. Für Luther ist das Sakrament auch Evangelium, das heißt: Konkretisierung des Wortes der Verheißung. Ohne das sakramentale Element bleibe die Verheißung »nuda promissio«. Aber das Sakrament sei nie bloßes Zeichen, sondern immer Zeichen, das die Verheißung enthalte. Aus diesem Grund vermittelt – immer Luther zufolge – nicht das Sakrament (Zeichen) das Heil, sondern der Glaube an das Sakrament (das ja die Verheißung in sich trage).[24]

Was die Messe anbelangt, fordert der Reformator die Kommunion unter beiderlei Gestalten (des Brotes und des Weines) für das Volk und bedauert, daß sie in dem unverständlichen Latein gehalten werde. Der Zelebrant erneuere nicht das Kreuzes-

---

[22] Vgl. *Luther,* Ausgewählte Schriften I, 164f (WA VI, 413, 12–26).
[23] De captivitate Babylonica ecclesiae praeludium; dt.: *Martin Luther,* Ausgewählte Werke (ed. H. H. Borcherdt / G. Merz), Bd. II, München ³1962, 158 (WA VI 501, 35–38).
[24] Vgl. ebd. 174 (WA VI 513f).

opfer, sondern kommemoriere die »Verheißung der Vergebung der Sünden«, und diese Verheißung sei »durch den Tod des Sohnes Gottes bestätigt« worden. »Denn ist sie eine Verheißung..., so wird mit keinen Werken, mit keinen Kräften, mit keinen Diensten dazu gegangen, sondern allein mit Glauben (sola fide). Denn wo da ist das Wort Gottes, das verheißet, da ist der Glaube des zugreifenden Menschen nötig; das also ist klar, der Glaube sei ein Anfang unserer Seligkeit.«[25] Die Gefangenschaft, in die Rom dieses Sakrament gezwungen habe, bestehe darin, daß es es zu einer Geschäftemacherei mit bestellten Votivmessen und Fürbitten gemacht habe. Besonders hart geht Luther mit der Priesterweihe als Sakrament ins Gericht (obwohl er den kirchlichen Ritus zur Amtseinführung in die Gemeinde akzeptiert): »Das Sakrament der Weihe ist eine feine List gewesen und auch heute noch, alle grausamen Wunder zu bestätigen, so bisher in der Kirche geschehen sind und noch weiter geschehen werden. Hier hat die Christliche Brüderschaft ganz ein Ende genommen, hier sind aus Hirten Wölfe, aus den Knechten Tyrannen und aus den Geistlichen mehr als Weltliche geworden.«[26]

»Von der Freiheit eines Christenmenschen« ist einer der schönsten Texte der christlichen Tradition. Die Schrift, die Luther zusammen mit einem Brief an Papst Leo X. sandte, gründet auf zwei Thesen: »Ein Christenmensch ist ein freier Herr über alle Dinge und niemand untertan. Ein Christenmensch ist ein dienstbarer Knecht aller Dinge und jedermann untertan.« Das Buch ist eine Apologie der inneren Freiheit: Der gläubige Mensch fühle sich von jeder Sorge um sein Heil und um die Beobachtung der Vorschriften und anderer Imperative frei, weil er wisse, daß ihm das Heil von Gott unverdient angeboten werde. Kraft dieses Geschenkes habe er Hände, Augen und Herz frei, um sich für seine Brüder und Schwestern – aus reiner Liebe zu ihnen – einsetzen zu können.[27] Der letzte Satz der Schrift faßt das Ganze gut zusammen: Ein Christenmensch lebt »nicht in sich selber ..., sondern in Christus und seinem Nächsten; in Christus durch den Glauben, im Nächsten durch die Liebe... Siehe, das ist die rechte geistliche christliche Freiheit, die das

[25] Ebd. 175 (WA VI 514,12–15).
[26] Ebd. 241 f (WA VI 564,1–5).
[27] Zu dieser ganzen Frage vgl.: *W. Maurer*, Von der Freiheit eines Christenmenschen. Zwei Untersuchungen zu Luthers Reformationsschriften 1520–21, Göttingen 1949.

Herz frei macht von allen Sünden, Gesetzen und Geboten. Sie übertrifft alle andere Freiheit wie der Himmel die Erde.«

In seinem Werk »De servo arbitrio« (1525 gegen »De libero arbitrio« des Erasmus geschrieben) führt Luther aus, menschliche Freiheit könne sich vor Gott nicht behaupten; statt dessen komme es ihr zu, Gottes Heilshandeln anzunehmen; aus sich allein sei der menschliche Wille außerstande, ein Verhältnis zu Gott aufzubauen bzw. aufrechtzuerhalten;[28] dazu gehe die Initiative immer von Gottes freier Barmherzigkeit aus. Aber in den Dingen des Lebens auf dieser Erde könne der Mensch bestimmen und, wenn er einmal die Gnade empfangen habe, könne er beim Aufbau des Reiches Gottes frei mit Gott mitarbeiten.[29]

Zum Schluß dieses Abschnitts müssen wir anerkennen, daß Luther trotz gewaltiger verbaler Übertreibungen und trotz einseitiger und teils auch falscher Einschätzungen mit seiner Forderung nach Umkehr und Reform der ganzen Kirche eine wirklich prophetische Stimme darstellt. Evangelium und Kreuz wies er wieder ihre Bedeutung als Quelle und Bezugsrahmen zu, um so die Kirche von aller Art von Mißbrauch sakraler Macht und von Manipulation der Lehren zugunsten des Dominium mundi, der Herrschaft über diese Welt, zu befreien. Unstreitig durchzieht eine Atmosphäre der Befreiung die wichtigsten Texte Luthers, und damit liefert er einen Sauerteig zur Befreiung des Corpus christianorum. Bekanntlich hatte Luther nie vor, eine weitere christliche Konfession zu gründen. Diese wurde seit dem Torgauer Bund (1526) von den evangelischen deutschen Fürsten betrieben, die damit gegen die Liga der katholischen Fürsten antreten wollten. Besiegelt wurde das Ganze endgültig im März 1531 durch den Schmalkaldischen Bund. Als im Jahre 1555 der Augsburger Religionsfrieden unterzeichnet wird, ist Deutschland nach dem Prinzip »Cuius regio, eius religio« bereits in Luthertum und römischen Katholizismus gespalten.

---

[28] In den Augen Luthers führt die Meinung des Erasmus von Rotterdam über die Freiheit des menschlichen Willen zu einer übermäßigen Autonomie gegenüber Gott. Erasmus definiert das »liberum arbitrium« als »die Kraft des menschlichen Willens, mittels deren sich der Mensch jenen Dingen zuwenden kann, die ihn zum Heil führen oder ihn davon abbringen«: Diatribe seu collatio de libero arbitrio I b, 10,7–10 (ed. W. Welzig, Darmstadt 1969, 36 f).

[29] Zu diesem Punkt vgl. WA XVIII, 695,29; 754,1–17; siehe auch: *M. Seils,* Der Gedanke vom Zusammenwirken Gottes und des Menschen in Luthers Theologie, Gütersloh 1962.

b. Die Aneignung des protestantischen Geistes durch die neuen Herren

Auf religiösem Gebiet hat Luthers Tätigkeit befreiende Wirkung. Im Bereich der Politik wirkt sie sich jedoch anders aus. Die römisch-katholische Kirche verliert ihre religiöse Monopolstellung und befindet sich fortan in einem religiös gespaltenen Raum. Ihr gesellschaftlicher Einfluß ist zurückgegangen und hat seither konfessionell und politisch mit jenen Fürsten zu konkurrieren, die (vor allem in den nördlichen Gebieten) zum Protestantismus übergetreten sind. Luther selbst ist außerstande, die Bewegung, die er in Gang gesetzt hat, zu steuern. Ja, er ist sich nicht einmal ihrer gesellschaftlichen und politischen Auswirkungen bewußt. Im übrigen darf man das auch nicht von ihm erwarten, denn es übersteigt die Grenzen des Bewußtseins, das damals überhaupt möglich war. Luther selbst sagt, sein Evangelium habe nichts zu tun mit den Dingen dieser Welt. Es sei etwas ganz Eigenes, das allein die Seelen angehe; und es sei nicht seine Aufgabe, die zeitlichen Geschäfte zu erledigen. Dazu gebe es Leute mit entsprechender Berufung: den Kaiser, die Fürsten und die Obrigkeiten. Die Quelle aber, aus der sie ihre Weisheit zu schöpfen hätten, sei nicht das Evangelium, sondern Vernunft, Sitte und Gerechtigkeit.[30]

Das Fehlen eines bewußten Konzeptes tritt zutage, als die Bauernkriege (1489–1525) ausbrechen.[31] Die Erhebung der Bauern unter der Führung des Predigers Thomas Müntzer ist allerdings Teil einer größeren Bewegung, die schon lange vor der Reformation einsetzt. Zu Beginn des 16. Jahrhunderts befanden sich die Bauern in einer verhältnismäßig guten Lage.[32] Was sie forderten, waren – wie den »Zwölf Artikeln« zu entnehmen ist – mehr Rechte auf gesellschaftlichem Gebiet. So schließen sich der Bewegung nicht nur kleine Herren, sondern auch Äbte, Fürsten und Bischöfe (Fulda, Bamberg, Speyer) an.[33] Als Luther dazu Stellung nehmen muß, schreibt er im April 1525 eine »Vermahnung zum Frieden«. Darin sagt er unumwunden, an die

---

[30] Vgl. WA XVII, 321.
[31] Vgl. *M. M. Smirin*, Die Volksreformation des Thomas Müntzer und der große Bauernkrieg, Berlin 1956; *P. Althaus*, Luthers Haltung im Bauernkrieg (Libelli 2) Basel 1953.
[32] Vgl. *J. Lortz*, Die Reformation in Deutschland I, 322.
[33] Ebd. 324.

Herren gerichtet: »Es sind nicht Bauern, liebe Herren, die sich euch widersetzen – Gott ist's selber«, und an die Aufständischen gerichtet: »›Wer das Schwert nimmt, soll durchs Schwert umkommen‹ (Matth. 26,52). Da müssen wir begreifen, daß es nicht genug ist, wenn jemand uns unrecht tue und wir eine gute Streitsache und ein gutes Recht haben.« Auf politischer Ebene ist Luther kein Revolutionär.[34] Grundsätzlich tritt er für die weltliche Macht ein, weil er in ihr von Gott gesetzte Einrichtungen sieht, denen man Gehorsam schuldet. Auf der Wartburg spricht er sich 1522 ausdrücklich gegen Aufstand und Aufruhr aus: »Ich halte und will's allzeit halten mit der Seit, die Aufruhr erleidet, wie unrecht ihre Sache auch sein mag, und will wider die Seite sein, die Aufruhr macht, wie recht ihre Sache auch immer sei, weil Aufruhr nicht kann ohne unschuldiges Blut und Schaden geschehen.«[35]

Mit Recht zieht Jean Delumeau aus all dem den Schluß: »Der Bauernaufstand zeigte eindeutig, daß der Reformator auf politischem Gebiet inkompetent war. Insbesondere nahm ihm die Revolte den Glauben an das Volk, das sich in Gemeinschaften organisiert hatte. Von dem Augenblick an neigte er dazu, bei den Fürsten um die Einführung des reformierten Gottesdienstes

---

[34] Vgl. *G. Casalis,* Luther et l'Eglise confessante, Paris 1983, 82.

[35] Zitiert nach: *Luther.* Ausgewählte Schriften IV, 103; IV, 115; IV, 25. Luther war mit den führenden Kräften, die die Bauern unterdrückten, wie Philipp von Hessen, befreundet und riet ihnen: »Darum soll hier zerschmeißen, würgen und stechen heimlich oder öffentlich, wer da kann, und daran denken, daß nichts Giftigeres, Schädlicheres, Teuflischeres sein kann als ein aufrührerischer Mensch. Wie wann man einen tollwütigen Hund totschlagen muß: Schlägst du nicht, so schlägt er dich und ein ganzes Land mit dir« (in: Wider die räuberischen und mörderischen Rotten der Bauern, in: *Luther,* Ausgewählte Schriften IV, 135). Daß Luther eine solche Position eingenommen hat, werden die Unterdrückten nie vergessen – unabhängig davon, daß sie keinen klaren Begriff davon haben, wie sich Religion in einer Klassengesellschaft artikuliert und daß sich die herrschenden Kreise ihrer für ihre Interessen bedienen können. In seinem Kommentar zum Magnifikat interpretiert Luther die Reichen und Mächtigen im spiritualistischen Sinn: »Ebenso dürfen die Hungrigen auch nicht die sein, die wenig oder keine Speise haben, sondern die selbst gern Mangel leiden, vor allem wenn sie von andern mit Gewalt um Gottes oder der Wahrheit willen dazu gedrängt werden.« Seine Begründung dafür, nicht den Unterschied zwischen arm und reich zu meinen, ist: Gott »richtet nicht nach dem äußerlichen Ansehen und der Gestalt, ob sie reich, arm, hoch, niedrig sind, sondern nach dem Geist, wie sich der darin halte. Es müssen solche Gestalten und Unterschiede der Personen und Stände bleiben auf Erden in diesem Leben; aber das Herz soll nicht daran kleben oder davor fliehen, nicht hängen an den hohen und reichen, nicht fliehen die niedrigen und armen« *(Luther,* Ausgewählte Schriften II, 180). Vgl. auch Luthers spiritualisierenden Kommentar zu dem Vers: »Er stürzt die Mächtigen vom Thron und erhöht die Niedrigen« *(Luther,* Ausgewählte Schriften II, 176–179).

nachzusuchen. An die Stelle des Luthers der ›christlichen Freiheit‹ tritt der Luther der ›Landeskirche‹.«[36]

Um herauszufinden, wie sich der religiöse Faktor auf den gesellschaftlichen und politischen Bereich auswirkt, müssen wir nach den Bündnispartnern fragen, die die religiöse Bewegung auf den Plan ruft. Im Falle Luthers läßt sich mit Sicherheit sagen, daß es hier weniger das arme Volk, die Bauern und die Leibeigenen, war als vielmehr die Fürsten, die Humanisten und Künstler (Dürer, Cranach und Holbein) sowie das städtische Bürgertum. Das in seiner Praxis verkrustete historische Projekt bewegt sich nicht so sehr auf der Linie der Befreiung als vielmehr auf der der Anhäufung von Reichtümern und Privilegien. Max Weber hat auf die natürliche Verwandtschaft zwischen Protestantismus und Kapitalismus hingewiesen.[37] Der in protestantischem Rahmen gelebte Glaube hat die Funktion, die kapitalistische Produktionsweise zu etablieren und auszuweiten. »In dem Maße, in dem die westliche Welt von der Logik des Kapitalismus regiert wird, so können wir schlußfolgern, fühlt sich der Protestantismus zu Hause, während der Katholizismus den Eindruck hat, er befinde sich in der Verbannung. Die protestantische Ideologie vereint die Freiheit des Individuums, die liberale Demokratie und den wirtschaftlichen Fortschritt zum Ausdruck des protestantischen Geistes. Zusammengefaßt heißt das: Die moderne Welt ist ein Ergebnis des Protestantismus.«[38]

Das historische Bündnis der lutherischen Bewegung mit den Fürsten und mit dem siegreichen Bürgertum führte dazu, daß der Protestantismus die gesellschaftlichen Interessen und Ideale dieser Klasse in sich aufnahm und mithin legitimierte.

Paul Tillich hat sehr genau gesehen, welche Herausforderung das Proletariat mit seiner Sache für den modernen Protestantismus bedeutet. Deshalb sagt er: »Daß Protestantismus und proletarische Situation nichts miteinander zu tun haben, erscheint von vielen Seiten her als selbstverständlich ... die proletarische Situation als Massenschicksal ist unzugänglich für einen Protestantismus, der mit seiner Botschaft den Einzelnen isoliert vor die

---

[36] *J. Delumeau,* La reforma, 45.
[37] Vgl. *M. Weber,* Die protestantische Ethik und der Geist des Kapitalismus, in: ders., Die Protestantische Ethik I (Siebenstern-Taschenbuch 53/54), München – Hamburg ²1969, 27–277.
[38] *R. Alves,* Protestantismo e repressão, 42.

religiöse Entscheidung stellt, in der gesellschaftlich-politischen Sphäre sich selbst überläßt und die herrschenden Gewalten als gottgewollt hinnimmt.«[39] Der berühmte protestantische Individualismus fühlt sich angesichts der Unrechtsstrukturen ohnmächtig und schweigt. Wenn er sich vom Evangelium her auf die Herausforderung besinnt, läuft er Gefahr, die Konflikte, welche die Armen bedrücken, zu vertuschen und damit zur messianischen Aufgabe der Befreiung der Verdammten dieser Erde nichts beizusteuern.

Zurück zur Frage nach dem Protestantismus in Lateinamerika: Auch bei uns bestätigt sich der Verdacht, auf gesellschaftlichem Gebiet habe der Protestantismus kaum etwas mit der Befreiung der Armen zu tun. Gleichwohl läßt sich die Verbindung des einen mit dem anderen von einigen Intuitionen Luthers und insbesondere von seinem eindeutig befreienden Geist innerhalb der Kirche aus herstellen.

3. Der protestantische Evangelismus als Faktor zur Befreiung der Unterdrückten

Zunächst einmal müssen wir uns klar vor Augen halten, daß unsere Lage, verglichen mit der Zeit Luthers, erheblich anders ist. Damals war die Kirche der wichtigste Faktor zur Reproduktion des gesellschaftlichen Systems, so daß die Veränderungen, die Luther auf religiösem Gebiet eingeführt hatte, sich auch unmittelbar auf das Gesellschaftliche auswirken konnten. Heute spielt die Religion eine subsidiäre Rolle. In unseren Gesellschaften, die von einem – wenn auch peripheren und elitistischen – Kapitalismus bestimmt sind, bildet die Wirtschaft die zentrale Aktivität, organisiert als führender Faktor alle anderen Bereiche und drängt das verarmte Volk in bittere Randexistenz. Das bedeutet: Eine mögliche Befreiung ist nicht von Veränderungen im religiösen Bereich zu erwarten, wenn diese nicht ausdrücklich mit den anderen Bereichen verbunden werden, die in unserem Kontext bestimmender und beherrschender sind. Nur vom Gesellschaftlichen und Politischen her und in ständiger Verbindung mit ihm kann sich der religiöse Faktor als befreiend erweisen. Im Fol-

---

[39] *P. Tillich,* Protestantisches Prinzip und proletarische Situation, in: ders., Der Protestantismus als Kritik und Gestaltung (Schriften zur Theologie 1), Stuttgart 1962, 84–104, hier: 84.

genden möchten wir einige Punkte hervorheben, in denen der evangelische Protestantismus reich an Befreiungspotential ist.

a. Das protestantische Prinzip

Um Luthers Grundansatz zu beschreiben, hat Paul Tillich den Ausdruck »das protestantische Prinzip« geprägt.[40] Im Namen des Evangeliums lehnte sich der Reformator gegen die Anmaßung der sakralen Macht auf, gegen das Bedingte, das den Anspruch des Unbedingten erhob, gegen das Geschichtliche, das sich als göttlich ausgab. Protestantischer Geist entlarvt die religiösen und politischen Idole und weigert sich, den Status quo ohne weiteres zu rechtfertigen. Alles muß durch einen Prozeß der Umkehr und der Veränderung, das heißt: muß sich von jeder Art von Unterdrückung frei machen, damit der Raum der Freiheit für Gott und für freies Handeln des Menschen größer werden kann. Das protestantische Prinzip hilft auch den Protestanten, sich von ihrem bürgerlichen Moralismus zu befreien und sich – wie Luther – auf den evangelischen Radikalismus zu konzentrieren.

b. Wiederentdeckung des Befreiungspotentials im Evangelium

Das Wichtigste an Luther ist seine tiefe Bindung an Bibel und Evangelium. In einer Zeit, in der gebildete und klerikale Eliten das Evangelium als ihre Beute betrachteten, gab Luther ihm den Charakter als »viva vox«, als lebendige Stimme, wieder und legte es in die Hände des Volkes zurück. In Lateinamerika wird das Evangelium heute in Hunderten von Bibelkreisen und Tausenden von Kirchlichen Basisgemeinden gelesen und meditiert, als Quelle prophetischer Anklage gegen das System der Ausbeutung und als Ursprung des befreienden Engagements verstanden. Das befreiende Potential der Schrift tritt dann zutage, wenn sie vor dem Hintergrund jener Fragen gelesen wird, die aus der sozialen Konfliktlage wie aus dem Schrei der Unterdrückten herauszuhören sind. Dieser Austausch zwischen dem Wort Gottes und dem Wort des verarmten und gedemütigten Lebens läßt die bleibende Aktualität der Offenbarung und des Heilshandelns Gottes wiedererkennen – Gottes, der sein Reich auch gegen die Machenschaften des Antireiches herbeiführt.

[40] Ebd. 163.

c. Glaube, der Befreiungstaten in Gang bringt

Luther hilft uns allen zu verstehen, daß die Befreiung ein Geschenk ist, insofern Gott vor jeder geschichtlichen Tat, die Menschen tun, die Initiative ergreift. Doch braucht das Bewußtsein darum die Menschen in ihrem Engagement und Kampf nicht zu lähmen. Im Gegenteil: Es spornt sie an, sich mit noch größerer Kraft für gute Werke zur Befreiung des Nächsten einzusetzen. In diesem Sinn stellt Luther die »fides abstracta vel absoluta« (Glaube ohne gute Werke) der »fides concreta, composita seu incarnata« (Glaube, der in guten Werken aktiv wird) gegenüber.[41] So kann der Reformator auch von einem Christus sprechen, der in seinen Gliedern »actuosissimus« sei, weil sich diese seine Haltung zu eigen gemacht hätten und somit ein bekehrtes und befreites Leben führten.[42] Mit einem griffigen Ausdruck betont er, der Glaube äußere sich durch die Werke, die aufgrund von Gabe und Barmherzigkeit getan würden.[43] Heute lassen sich diese Werke nicht mehr auf den rein subjektiven Bereich beschränken, als ob sie sich nicht auch auf die Strukturen der Gesellschaft auswirkten. Um zu gewährleisten, daß das Handeln aus Glauben auch etwas bewirkt, bedarf es zunächst einer Analyse der Mechanismen, die die Unterdrückung verursachen, wie auch der Festlegung konkreter Schritte, die zur Befreiung führen. In diesem Punkt müssen wir als Katholiken wie als Protestanten lernen, ja zu sagen zu einer neuen Art theologischer Praxis, in der sich der Diskurs des evangeliumsgemäßen Glaubens mit dem sozialen Diskurs verbindet, ohne daß sich der eine dem anderen unterzuordnen hätte und ohne daß beide einfach nebeneinanderher liefen. Im Rahmen dieser Zuordnung kristallisiert sich das befreiende Potential des christlichen Glaubens heraus.

Zum Schluß möchten wir uns die Worte der internationalen Gemeinsamen Römisch-katholischen / Evangelisch-lutherischen Kommission zu eigen machen, die in einer Verlautbarung vom Mai 1983 festhält: »Zusammen betrachten wir Luther als

---

[41] Rhapsodia de loco iustificationis (1530): WA XXX 2, 659,13–21; *P. Manns,* Fides absoluta – fides incarnata. Zur Rechtfertigungslehre Luthers im Großen Galater-Kommentar, in: Reformata Reformanda (Festschrift für H. Jedin) I, Münster 1965, 265–312.

[42] Vgl. WA I, 364,23–28. Vgl. *J. Wicks,* Il cuore della teologia di Lutero, in: Rassegna di Teologia 24 (1983) 110–125; 219–237: »Fede e giustificazione in Lutero«.

[43] Vgl. WA XXX 2, 659.

Zeugen des Evangeliums, Lehrer des Glaubens und Stimme, die zur geistigen Erneuerung ruft.«[44]

Für uns, die wir in Lateinamerika leben, muß das Evangelium auf befreiende Weise gelebt werden. Für uns hat sich der Glaube als eine Kraft erwiesen, die zum Engagement mit den Bedürftigsten führt – ausgehend von der Erfahrung, daß Gott uns gegenüber zuerst hat Barmherzigkeit walten lassen; ausgehend auch von einer geistig-geistlichen Erneuerung im Sinne einer Mystik, die Glauben und Politik miteinander verbindet und von unten, von den Kleinen aus, ein Gemeinwesen aufbaut, damit dieses wirklich die messianische Gemeinde werden kann, die den erlösenden und befreienden Auftrag des vom Geist erfüllten Messias, Jesus Christi, fortzuführen vermag.

---

[44] Martin Luther – Zeuge Jesu Christi. Wort der Gemeinsamen Römisch-katholischen / Evangelisch-lutherischen Kommission anläßlich des 500. Geburtstags Martin Luthers, in: KNA-ÖKI, Dokumentation 1983, Nr. 14.

XIII. Was heißt heute ein christlicher Intellektueller und Denker sein?

In unserer Kultur gilt die Schrift als das bevorzugte Mittel, um gesammelte und zu Wissen gewordene Erfahrung zu erhalten und weiterzugeben. Mit dem Wissen haben wir sogleich auch die historische Gestalt des Denkers und Intellektuellen. Wie sieht man im Christentum den Auftrag des Denkers und Intellektuellen? Wir möchten uns in unserem Aufsatz auf den »Denker« konzentrieren, weil dies der umfassendere Begriff ist, der auch andere Ausdrucksformen des Wissens und Denkens – wie den des Intellektuellen – umgreift. Zunächst versuchen wir die Termini unserer Frage zu erläutern und abzugrenzen. Sodann möchten wir die Gestalt eines christlichen Denkers unseres Jahrhunderts vorstellen, der bestrebt war, an das Ideal eines christlichen Denkers und Intellektuellen heranzukommen: Alceu Amoroso Lima bzw., mit seinem Pseudonym, Tristão de Athayde.

1. Der Intellektuelle und Denker in einer Klassengesellschaft

Was ist der Status des Denkers? Welche Aufgabe hat er gerade in einer Klassengesellschaft, die wie unsere Kultur stets der instrumentellen Vernunft und der Subjektivität den Vorrang einräumt? Welche Art von Diskurs schafft er? In welchem Verhältnis steht er zu verschiedenen Betätigungsformen der Vernunft? Als Denker hat er es mit dem Gedanken zu tun. Seine Praxis liegt auf der ideologischen Ebene, und die Güter, die er produziert, sind symbolischer Art. Was aber heißt denken, und zwar radikal denken? Diese Frage gehört zu unserer größten philosophischen Tradition, angefangen mit den Vorsokratikern bis hin zu Heidegger.[1] Die Antwort ist nicht leicht, weil es sich hier um einen Grenzbegriff und eine unhintergehbare Erfahrung han-

---

[1] An dieser Stelle möchten wir auch ausdrücklich zwei brasilianische Philosophen nennen, die sich eingehend mit der Frage beschäftigt haben: *A. R. Buzzi*, Introdução ao pensar, Petrópolis 1985; und: *E. Carneiro Leão*, Aprendendo a pensar, Petrópolis 1977.

delt. Nur im Prozeß des Denkens zeigt sich der Gedanke in seiner Identität. Verschiedene Schritte und unterschiedliche Prozesse sind in ihm eingeschlossen und vorausgesetzt. In all diesen Etappen offenbart er sich, verbirgt sich aber auch. Denker sein im radikalen Sinn ist kein ausschließliches Attribut von ein paar Leuten. Alle Menschen sind Denker, insofern der Mensch ein denkendes Wesen ist. Nur: Nicht alle Menschen üben die *Funktion* von Denkern aus, vor allem in unserer Klassengesellschaft.[2] Was aber ist dann die *spezifische* Funktion des Denkers? Um das herauszufinden, müssen wir diese Funktion von anderen Funktionen unterscheiden, in die auch Denken mit einfließt. Wir unterscheiden den Denker von anderen Figuren.

Der *Wissenschaftler*. Dieser ist der Produzent eines spezialisierten Wissens, das wir – als System organisiert – Wissenschaft nennen.

Jede Wissenschaft hat ihren eigenen theoretischen Gegenstand, den sie sich mit Hilfe eines geregelten Wissens aneignet. Wissenschaft entsteht dann, wenn es angesichts unmittelbarer Evidenz zu einem epistemologischen Bruch kommt, das theoretische Feld abgegrenzt wird und der Begriff entsteht, mittels dessen der Gegenstand des Erkennens konstruiert wird.[3] Wesentlich für die Wissenschaft ist die Analyse, welche jene Gesetze erfaßt, die in der Wirklichkeit walten. Die moderne Wissenschaft stellt sich als ein operatives Wissen dar; geschichtlich betrachtet, entstand sie als Erfordernis der kapitalistischen Produktion;[4] denn diese konnte ihre wirtschaftlichen, politischen und ideologischen Vorstellungen nur mit Hilfe des großen wissenschaftlich-technischen Unternehmens verwirklichen. Die Väter der modernen Wissenschaft maßen ihr Ideal noch am klassischen Begriff der Vernunft; danach galt die Vernunft als eine Eigenschaft alles Realen, die sich in besonders hervorragender Weise im Menschen als vernunftbegabtem Wesen realisierte. In dem Maße jedoch, in dem die herrschenden Klassen die Vernunft all-

---

[2] Bekannt ist der Satz von *Antonio Gramsci:* »Alle Menschen sind Intellektuelle . . ., aber nicht alle Menschen üben in der Gesellschaft die Funktion von Intellektuellen aus« (Gli Intellettuali e l'Organizzazione della Cultura, Werke 3, Turin 1955, 6).

[3] Vgl. *G. Bachelard,* La Formation de l'Esprit Scientifique: Contribuition à une Psychanalyse de la Connaissance Objective, Paris 1972; *H. Japiassu,* Para ler Bachelard, Rio de Janeiro 1976, 33–48.

[4] Vgl. *L. Mumford,* Técnica y Civilización, Buenos Aires 1971, insbesondere die Kapitel 4–6.

mählich für ihren Gesellschaftsprozeß nutzten, verstand man sie zunehmend als eine subjektive Eigenschaft des Menschen ohne Bezug zur Objektivität des Realen. Die individuelle Vernunft richtet sich nicht mehr nach der universalen Vernunft, sondern nach der Macht, die entscheidet, was als vernünftig anzusehen sei oder nicht. Vernunft ist fortan eine Funktion der herrschenden Macht, die das wissenschaftliche Wissen produziert, lagert, kauft, verkauft und kommerzialisiert – in Einklang mit den Bedürfnissen der herrschenden Klassen.[5] Jeder Bindung an die objektive Rationalität beraubt und des Anspruchs entkleidet, jene Instanz zu sein, die das Reale zu beurteilen hat, verkommt sie zu einer ausführenden Agentur der Macht. Der Wissenschaftler hat sich ganz und gar dem riesigen Produktionsapparat, der die moderne Gesellschaft ist, angepaßt. Er weiß immer mehr von immer weniger. Da er zunehmend formaler vorgeht und die Wirklichkeit immer weiter aufspaltet, läuft er Gefahr, zu einem Fachidioten zu werden. Nur noch in seinem Fachgebiet kennt er sich aus, bis er die Fähigkeit verliert, zu lernen oder die Anstöße, die er von der objektiven Wirklichkeit erhält, in Erkenntnis, Sprache und menschliche Kommunikation umzusetzen. Die Vernunft ist zur Stumpfheit entartet (Horkheimer).[6]

Der *Gelehrte*. Darunter verstehen wir jemanden, der ein enzyklopädisches Wissen aus den verschiedenen Wissensgebieten hat. Neues Wissen bringt er nicht eigentlich hervor, allenfalls daß er mit Hilfe einer Ars combinatoria, einer Kombinationskunst, bereits bekannte Elemente miteinander verbindet. Ein Gelehrter ist ein Bücherwurm, ein Mensch der intellektuellen

---

[5] Vgl. *M. Horkheimer*, Eclipse of Reason, Oxford 1947, Kap. I: Means and Ends: 3–57, bes. 23 ff.

[6] Man beachte, wie irrational – einer Darstellung von *Philippe Saint-Marc* in »Le Sauvage« zufolge – die operationale Vernunft sein kann: »Wenn alle Franzosen in diesem Jahr [1974] einem Verkehrsunfall zum Opfer fielen und sich ein Bein amputieren lassen müßten, wären sie – nach den offiziellen Wirtschaftsfachleuten – viel glücklicher, denn diese Unglücke würden das Wirtschaftswachstum beschleunigen. Man müßte ja dann fünfzig Millionen Holzbeine produzieren – was zu einer starken industriellen Expansion führen würde – und sie sodann anmontieren, woraus sich viele zusätzliche medizinische und chirurgische Eingriffe ergäben. In der heutigen Wirtschaftsordnung sind die Verkehrsunfälle, die Luftverschmutzungen, der Alkoholismus, die Arbeitsunfälle und der Drogenkonsum Motoren des Wachstums und somit der ›Prosperität‹. Je unglücklicher wir sind, je mehr sich das Bruttonationalprodukt erhöht, desto ›reicher‹ sind wir: eine gewaltige Mystifikation, von der sich übrigens nur noch unsere Regierungsmänner täuschen lassen« (zitiert nach *M. Rioux*, Die Intellektuellen und die Freiheit, in: Concilium 11 [1975] 36–41, hier: 40 f).

Neugierde, ein nimmersatter Konsument auf dem Markt der symbolischen Güter.

Der *Gebildete.* Der Gebildete ist nicht nur gelehrt, sondern vermag auch die Dinge zu werten und zu beurteilen. Er kostet das Wissen in allem, was Humanismus und Sinn für Leben verrät. Bildung und Kultur haben es mit einer Dimension des Desinteresses zu tun, aber auch mit der Anerkennung des Wertes des Wissens, und zwar des Wissens, insofern es die Manifestation der Wahrheit ist und eine Betrachtung des Sinns der Wirklichkeit ermöglicht.

Der *Lehrer.* Der Lehrer verwaltet zusammengetragenes Wissen. Er braucht kein Wissen zu produzieren, wohl aber muß er es vermitteln, obgleich viele Produzenten von Wissen auch Lehrer sind.

Der *Technokrat.* Dieser operationalisiert das Wissen in Funktion der Macht. Jede Gesellschaft verfügt über einen Stab von Fachleuten, die dem Establishment die Entscheidungsfindung ermöglichen sollen, und zwar sowohl dem Staatsapparat als auch den großen Produktivapparaten der zivilen Gesellschaft. Der Technokrat ist ein Mensch des Know how, der den Akzent auf den Aspekt des Machens und der Operativität setzt und dem es um Wirkung geht, sei es, um etwas zu erhalten, sei es, um es zu verändern.

Der *Philosoph.* Wer Philosoph ist, denkt über das Sein nach, das sich in allen konkreten Dingen zu erahnen gibt. Die westliche Tradition kennt zwei große Linien philosophischen Fragens: eine ontologische und eine ethische. Bei seinen Überlegungen sieht der Philosoph von den konkreten Bestimmungen der Dinge ab (was nicht heißt, daß er sie – wie etwa das Verhältnis zwischen Unternehmer und Arbeiter oder die Zuordnung zwischen Substanz und Akzidenz – nicht kennt) und versucht, das Sein als Sein zu denken (Ontologie). Ist es nicht großartig, daß überhaupt etwas ist?! Die Wirklichkeit ist nicht nur Vielfalt, sondern vor allem Identität eines Geheimnisses, des Seins, das sich in der Vielfalt gibt und verbirgt. In der Gestalt der Ontologie erreicht philosophisches Denken den höchsten Abstraktionsgrad, den menschlicher Geist überhaupt zu erreichen vermag. Immer hat sich die Philosophie auch um das rechte Verhältnis des Menschen (Ethik) zum Sein und zu den verschiedenen Seienden (Welt, Gesellschaft, Mitmensch, Gott) bemüht. Nicht nur die Höchste Wahrheit, sondern auch das Höchste Gut faszinieren den philosophierenden Geist. Und der Mensch fühlt sich nur dann glücklich, wenn seine Beziehungen auf dem Pfad der Ethik stimmig sind. Dies ist die Überzeugung aller großen Meister philosophischen Denkens.

Der *Intellektuelle*. Intellektueller ist, wer dem Sinn nachspürt, der in jeder menschlichen – ob persönlichen, gesellschaftlichen, wissenschaftlichen oder religiösen – Tätigkeit steckt bzw. realisiert wird. Der Intellektuelle hat es mit Intelligenz (intellectus) zu tun. Aber Intelligenz ist nicht ohne weiteres gleichbedeutend mit Vernunft im Sinn von Ratio. Ratio ist wortgeschichtlich mit »reor« – rechnen, zählen, analysieren und, metaphorisch, meinen – verwandt. Ratio/Vernunft ist eine der Funktionen des Geistes, die vor allem der Neuzeit mit ihrem Bemühen um Erfassung und Erklärung der analysierbaren Phänomene wichtig ist. Intelligenz bezieht sich auf etwas Tieferes, auf die Fähigkeit nämlich, im Innern der Wirklichkeit einen Sinn und einen Wert zu spüren (lateinisch: intus-legere). Der Intellektuelle ist ein Mensch des Ganzen und nicht so sehr des Fragments, der Synthese und nicht so sehr der Analyse. In den verschiedenen historischen Praktiken sieht er den Menschen mit seinem Los, wie er sich verwirklicht oder auch scheitert. Wenn er seinen Ort auch jenseits der analytischen Vernunft hat, verzichtet er gleichwohl nicht auf Vernunft oder wissenschaftliche Erkenntnisse. Ganz im Gegenteil: Er braucht sie, und zwar unbedingt; zwar ist er kein Spezialist, aber er findet sich in den verschiedenen Bereichen des Wissens sicher zurecht. Trotzdem muß er durch Rationalität und Macht in Unabhängigkeit und Freiheit hindurch; die Wahnsinntaten der Vernunft hat er anzuprangern, und menschlichen Sinn bzw. Sinnverlust in der Geschichte, so wie seine Zeit- oder Klassengenossen sie leben, muß er aufzeigen.

Drei Elemente lassen sich m. E. benennen, die den Intellektuellen ausmachen.[7] Nicht jeder Wissenschaftler, Künstler oder

---

[7] Zu dem Thema gibt es eine umfängliche Literatur: *L. Bondin,* Les Intellectuels, Paris 1962; *K. Hoffmann* (Hrsg.), Macht und Ohnmacht der Intellektuellen, Hamburg 1968; *F. Bon / A. Burnier,* Les Nouveaux Intellectuels, Paris 1971; *Th. Geiger,* Intelligenz, in: Handwörterbuch der Sozialwissenschaften V, 1956, 302–304; *J. Le Goff,* Les Intellectuels du Moyen Age, Paris 1957; *P. Rieff* (Hrsg.), On Intellectuals. Theoretical Studies, Case Studies, New York 1969; das ganze Heft 1 von Concilium 11 (1975), das unter dem Thema »Die Intellektuellen und die Kirche« steht und reiche Literatur bietet.

Priester ist schon ohne weiteres ein Intellektueller. Dazu muß er die drei folgenden Eigenschaften besitzen:

a. *Distanz zu den Dingen.* Ein Charakteristikum des Intellektuellen ist ein gewisses Losgelöstsein von der Wirklichkeit, in der er lebt. Er tritt sozusagen einen Schritt von ihr weg und betrachtet sie von einer höheren Warte aus. So überwindet er das Inseldasein der verschiedenen Wissensarten und erkennt, wieweit sie auf einen menschlichen Sinn hingeordnet sind oder nicht. Der Intellektuelle ist nicht nur Kind seiner Zeit, sondern aller Zeiten. Er betrachtet die Wirklichkeit nicht nur aus der Perspektive des Interessenspiels der Gegenwart, sondern auch von ihren Wurzeln in der Vergangenheit her und unter dem Blickwinkel ihrer Offenheit auf die Zukunft hin. Dank diesem Abstand hat er »die Möglichkeit eines unverfälschten sozialen Denkens«[8].

b. *Kritikfähigkeit.* Ein wesentliches Merkmal des Intellektuellen ist, daß er unabhängig denkt und eine Freiheit besitzt, die es ihm ermöglicht, die Basis seiner Informationen und Urteile zu erweitern. Der Intellektuelle ist grundsätzlich ein kritischer Mensch. Ohne seine Kritik wäre er nichts anderes als ein Pseudodiener des Intellectus in Funktion einer pharaonenhaften Ideologie oder ein Höfling der Mächtigen, die die Ratio nicht brauchen, weil sie die Raisons d'état haben. Das Erwachen des kritischen Bewußtseins im 11. Jahrhundert ließ den Intellektuellen auf den Plan treten.[9] Die Intelligenz, die bis dato dem Chor der Kirche untergeordnet war, entfaltet sich jetzt in den Kathedralschulen. Hier herrscht die Unabhängigkeit des Denkens; die »magistri« treten auf den Plan. Ihr Prototyp ist Abaelard (1079–1142). Der Magister zeichnet sich aus durch wissenschaftlich-vernunftmäßige Reflexion und durch Engagement für die Wahrheit über alle bestehenden Interessen hinaus. Als kritischer Mensch urteilt, unterscheidet und entlarvt er. Vorwände subjektiver Gründe (Macht) deckt er im Namen objektiver Gründe (Wirklichkeit) auf. Kritik muß nicht notwendig destruktiv sein. Das Element der Läuterung ist nur ein – notwendiges – Moment im Prozeß des Entwurfs einer Sicht, die gültiger als die der Gruppe ist. Aus diesem Grund ist der Intellektuelle der Mensch der zweiten Unschuld (Hegel); die erste Unschuld hat das kriti-

[8] *R. Marton,* Social Theory and Social Structure, London 1957, 507.
[9] Vgl. *A. Weiler,* Intellektuelle in der Kirche. Eine geschichtliche Übersicht, in: Concilium 11 (1975) 3–10.

sche Denken zunichte gemacht. In der Sprache Gramscis, der sich intensiv mit der Aufgabe von Intellektuellen beschäftigt hat, arbeitet der Intellektuelle kritisch jene intellektuelle Aktivität aus, die in jedem Menschen steckt.[10]

c. *Engagement.* Der Intellektuelle lebt nicht im luftleeren Raum. Er ist ein gesellschaftlich Handelnder und hat an der Zusammensetzung der sozialen Kräfte teil. Er hat seinen gesellschaftlichen Ort, und von dort aus erarbeitet er sich seine Sicht der Dinge.[11] Hier hat sein historisches Engagement seinen Sitz im Leben. Jede Klasse bzw. Gruppe hat ihre Intellektuellen, das heißt: Menschen, die das Selbstverständnis dieser Klasse oder Gruppe samt ihren Interessen, Werten und Forderungen entwerfen. Auch die Proletarier haben ihre Intellektuellen, selbst wenn sie nicht studiert haben. Distanz zu den Dingen und Kritikfähigkeit zeichnen nicht nur die theoretische Praxis aus, sondern möglicherweise ebensogut auch die praktische Praxis. Auch Praxis und Kampf lehren und gebären einen Typ von Intellektuellen.

Anzunehmen, es gebe einen reinen Intellektuellen, abgehoben von den Kräften der Gesellschaft, ist naiv. Das Problem besteht nicht darin, ob er sich von ihnen lösen will; allein die Tatsache, daß er handelt, taucht ihn in die objektive Konstellation der Gesellschaft ein, ob er will oder nicht. So gibt es Intellektuelle, die mit ihrer intellektuellen (symbolischen) Praxis den Bestand bzw. die Reform des Status quo erhärten, und es gibt andere, die gesellschaftlich alternative, revolutionäre und befreiende Bewegungen unterstützen. Die einen wie die anderen können organisch mit ihrer jeweiligen Klasse verbunden sein. Als kritischem Menschen obliegt es dem Intellektuellen, sich von seinen realen Verpflichtungen gegenüber bestimmten Gruppen und deren Optionen, einschließlich der christlichen, Rechenschaft zu geben.

Es dürfte deutlich geworden sein, daß der Intellektuelle so etwas wie ein Bündel der verschiedenen Betätigungsformen der Vernunft ist. So kann er Wissenschaftler, Gelehrter, Gebildeter, Lehrer und Philosoph sein. In gewissem Sinn überschreitet er alle diese Beschreibungen. Er zeigt, wozu der Geist als Fähigkeit zur Synthese, zur Zusammenschau und zum Aufdecken mensch-

[10] *A. Gramsci,* Gli Intellettuali, 7.
[11] Vgl. *J. Barros,* Função dos intelectuais numa sociedade de classes, Porto Alegre 1977.

lichen und ethischen Sinns in allen geschichtlichen Unternehmungen fähig ist.[12]

Was aber ist nun ein *Denker?* Ein Denker ist ein philosophierender (eventuell auch theologisierender) Intellektueller. Als Intellektueller lebt der Denker in kritischer Distanz zu den Dingen und in konkretem Engagement dafür, daß der Lebensweg des Menschen einen Sinn hat; als Philosoph sucht er in allem einen transzendenten letzten Sinn. Dem Intellektuellen geht es um eine Sicht, dem Denker um Betrachtung. Der Denker ist der Mensch des Geistes. Aber Geist ist nicht gleichbedeutend mit Vernunft. Das Ineinssetzen von Geist und Vernunft führte zum Rationalismus, dessen verhängnisvolle Konsequenzen uns erst heute richtig klar werden.[13] Die Vernunft ist – um mit Pascal zu sprechen – »esprit de géometrie«, während der Geist es mit »finesse« zu tun hat. Der Geist weiß alle Bekundungen von Leben, auch die irrationalen und arationalen, zu würdigen. Der Geist ist Transzendenz, Ethik, Ästhetik und Metaphysik, er hat ein feines Gespür für den Sinn des Geheimnisses, für die Größe und für das Elend des Menschen, und er vermag die Wirklichkeit als Symbol eines Geheimnisses zu verstehen, das ihm selbst innewohnt. Aus diesem Grund eignet dem Geist eine gewisse Sakralität. Dem Geist obliegt es, nach Sinn und Zweck zu fragen und sich nicht bloß in den Mitteln zu verlieren. In dieser Dimension tritt dann die ethische Position zutage, die für jeden Denker konstitutiv ist. So ist der Denker der Wächter über die großen Ideale der Menschheit. Was ihn beschäftigt, ist nicht so sehr das *Wie* als vielmehr das *Warum.* Ein Denker ist jemand, der nicht nur korrekt im Sinne der Grammatik denkt, sondern vor allem jemand, dessen Geist stets offen ist, zu lernen und die Wirklichkeit anzunehmen, sich zu eigen zu machen und in menschliche Sprache zu übersetzen. Da der Denker den Sinn der Geschichte tiefer erfaßt, ist er imstande, im Gegensatz zu den herrschenden Ideen die Wahrheit zu verkünden und zu bezeugen, das Gegenteil von dem zu tun, was den Menschen gefällt, und schließlich von der Menschheit auch Ablehnung zu erfahren. Allein der Denker kann zum Märtyrer und zum Zeugen einer Wahrheit

---

[12] Vgl. J. *Ladrière,* Les Enjeux de la Rationalité, Paris 1977, 137–159.
[13] Vgl. L. *Kolakowski,* Der Rationalismus als Ideologie, in: ders., Traktat über die Sterblichkeit der Vernunft, München 1977, 206–267, bes. 244–252.

werden, die niemandes Eigentum, wohl aber jene Instanz ist, unter deren Urteil alle – einschließlich seiner selbst – stehen.

Denker gibt es nicht nur in der Namenlosigkeit der aufgeklärten Kultur. Da Denken ein Attribut eines jeden Menschen ist, gibt es Denker auch im einfachen Volk. Im Rahmen einer symbolischen und erzählenden Grammatik bemühen sie sich um den Sinn der Dinge und bringen ihn mit gleicher, wenn nicht – was gar nicht so selten ist – mit noch größerer Kraft als klassische Denker zum Ausdruck. Parallel zur Mobilisierung des Volkes treten gegenwärtig zahlreiche populare Denker auf den Plan. Sie sind die natürlichen Organe, durch welche die Unterdrückten ihre Sehnsüchte und Kämpfe vermitteln, die Art von Gesellschaft in Frage stellen, unter der wir alle leiden, und uns Werte eröffnen, die der Volkskultur noch nicht abhanden gekommen sind.

2. Der Ort des Denkers und die Gattung seines Diskurses

Wie jeder sozial Engagierte hat natürlich auch der Denker seinen (gesellschaftlichen) Ort. Sein Denken ist zwangsläufig geortet: Wie jede gesellschaftliche Gruppierung ihre Intellektuellen besitzt, so besitzt sie auch ihre Denker. Auch in einer Klassengesellschaft hat der Denker seine organische Funktion; gleichwohl geht er nie vollends in einer Klassenbestimmung auf; sein Engagement gilt der Wahrheit, die opportune et inopportune, gelegen oder ungelegen, unabhängig von jeder Form des Zusammenlebens gedacht und bezeugt sein will. Unwissenheit und Vertuschen helfen niemandem, sondern schaden allen. Es gibt eine Instanz, die nicht in die Interessen der gesellschaftlichen Gruppen hineinpaßt, die auf der großen Bühne des Lebens ihre Rolle spielen. Diese schaffen weder die Wahrheit, noch können sie sie auf längere Zeit nach ihrem Gutdünken interpretieren. Vielmehr stehen sie selbst unter dem Urteil der höchsten Wahrheit. Diese wird nicht von der Geschichte beurteilt, sondern die Geschichte muß sich von ihr beurteilen lassen. Die Wahrheit auf diese Weise zu denken ist der Mut des Denkers. Deshalb ist seine gesellschaftliche Stellung unbequem, läßt sie sich doch nicht ganz mit den Kriterien eines einzigen Ortes messen. Sein spezifischer Ort ist der des Philosophierenden, der die Tradition des westlichen Denkens in charakteristischer Weise prägt: Der Philosophierende denkt immer wieder über seine Grundlagen nach, hinterfragt seine Voraussetzungen, stellt den Circulus vitiosus allen Denkens fest und übt sich darin ein, aus dem Circulus vitiosus einen Circulus virtuosus zu machen, indem er ständig auf die alten Fragen zurückkommt, die aber immer wieder neu werden, sobald er sie überhaupt stellt.[14] Mit anderen Worten: Der Denker beweist, daß der Geist trotz seines konkreten Eingebundenseins in einen bestimmten gesellschaftlichen und erkenntnismäßigen Ort nie in dieser Bestimmung aufgeht, sondern immer seine Universalität erreicht und bewahrt. Aus diesem Grund sind gewisse Fragen schlechthin menschlich und erschöpfen sich nicht in ihren Bezügen zur bürgerlichen oder zur proletarischen, zur führenden oder zur unteren Klasse. Die Existenz des Denkers führt uns stets aufs neue vor die fundamentale Frage: Was ist der Geist des Menschen? Was vermag er? Wozu ist er berufen? Ist er ein Überbau der wirtschaftlichen Basis? Eine Funktion des Willens zur Macht? Ein Auswuchs des Lebens? Oder besitzt er nicht vielmehr seine eigene Identität? Seine eigene Nichtrückführbarkeit? Ist er nicht vielmehr das Höchste, was es im Menschen gibt? Das Licht, in dem wir das Licht sehen?

Welche Art von Diskurs produziert im Regelfall der Denker? Was der Denker sagt, ist weder die Rede des Wissenschaftlers noch des Philosophen; beide haben ihre eigene Grammatik. Ebensowenig ist es die Sprache der Macht mit ihren Imperativen und ihrer Ausdruckskraft. Ohne die Frage hier groß ausbreiten zu wollen, können wir soviel sagen: Der Denker gibt sich nicht mit einem regionalen Ausschnitt des Wissens und dessen besonderem Sprachspiel zufrieden, sondern bewegt sich in den verschiedensten Wissensgebieten. Seine Rede bildet, im guten Sinne des Wortes, eine semantische *Mischung*. Er bringt Diskurse miteinander in Verbindung und kombiniert Spiele zu einer Einheit. Was ihn aber vor einer semantischen *Verwirrung* bewahrt, ist die Funktion, die er den verschiedenen Diskursen beimißt: Sie dienen alle der Vermittlung des Universale humanum, des Allgemeinmenschlichen; da er sich auf der Ebene von grundsätzlichen Fragen bewegt, philosophiert er einmal wie ein Philosoph, spielt ein andermal auf Dinge an wie ein Dichter,

---

[14] Zu dieser Frage vgl. die ausgezeichneten Überlegungen von *C. Boff:* »Das soziale Engagement des Theologen«, in: ders., Theologie und Praxis. Die erkenntnistheoretischen Grundlagen der Theologie der Befreiung, München – Mainz 1983, 256–277.

schlußfolgert ein drittes Mal wie ein Spezialist, warnt wie ein Moralist, verallgemeinert wie ein Humanist, schlägt einen Ton an wie ein Priester oder extrapoliert schließlich wie ein Mystiker. Seine Rede ist wie die eines jeden Lehrers des Geistes: sie lehrt, ermahnt, ruft auf, schlägt einen prophetischen Ton an und hält sich doch stets als Tonus firmus an die Fragen, die es mit dem Sinn zu tun haben, ohne den das Leben seine Würde und seinen Lebenswert verlöre.

3. Alceu Amoroso Lima als Denker und Zeuge des Geistes

Nachdem wir in etwas mühseliger Kleinarbeit diese semantischen Abgrenzungen vorgenommen haben, möchten wir uns nunmehr einem der ganz bedeutenden Denker und Intellektuellen zuwenden, dessen ganze weltbezogene und an der Moderne orientierte Erfahrung das christliche Volk weithin geprägt hat: Alceu Amoroso Lima (oder mit literarischem Pseudonym Tristão de Athayde). Wie gesagt, Alceu Amoroso Lima ist für uns eine außergewöhnlich glückliche Gestaltwerdung des christlichen Bildes eines Denkers und Intellektuellen und seines Auftrags in der gegenwärtigen Klassengesellschaft.[15]

Alceu Amoroso Lima wurde am 11. Dezember 1893 in Rio de Janeiro geboren. Er studierte Rechtswissenschaft, legte 1913 das Examen ab und war drei Jahre als Rechtsanwalt tätig. 1917 finden wir ihn für kurze Zeit beim brasilianischen Außenministerium. Von 1918 bis 1937 ist er Vorsitzender des Spinnerei- und Webereiunternehmens »Cometa«. Doch bereits 1919 beginnt er, sich mit Artikeln in »O Jornal« als Literaturkritiker zu betätigen. 1938 wird er Rektor der Universität des Bundesgebietes (Rio de Janeiro), an deren Philosphischer Fakultät er Soziologie liest. Außerdem hat er den Lehrstuhl für Brasilianische Literatur an der Brasilianischen Universität inne. Von 1951 bis 1953 leitet er in Washington die Abteilung Kultur der Panamerikanischen Union. Er schreibt für verschiedene brasilianische und ausländische Zeitungen, und während der letzten Jahre seines Lebens bringen sowohl »O Jornal do Brasil« als auch »Folha de São Paulo« jede Woche einen Artikel von ihm. Von verschiedenen europäischen und nordamerikanischen Universitäten wird er zu

---

[15] Vgl. *E. de Araújo*, O Leigo na Igreja. Um Precursor do Vaticano II: Alceu Amoroso Lima, Petrópolis 1971.

Vorträgen eingeladen. Als führender katholischer Kopf leitet er lange Jahre das Dom-Vital-Zentrum, ist Vorsitzender des Nationalverbandes der Katholischen Aktion und bekleidet den Posten des Generalsekretärs der Katholischen Wahlliga. Schließlich ist er auch einer der Gründer der Christlich-Demokratischen Bewegung in Lateinamerika. Alceu Amoroso Lima war der brasilianische Intellektuelle und Denker, welcher der mit der Machtübernahme durch die Militärs 1964 etablierten Willkür am deutlichsten mit Kritik und Widerstand entgegentrat.

Von den mehr als hundert Werken aus seiner Feder können hier nur einige aufgelistet werden, die der brasilianischen Kirche geholfen haben, ihr bekanntes soziales Gewissen noch besser zu definieren: Skizze einer Einführung in die moderne Wirtschaft; Probleme des Bürgertums; Einführung in das moderne Recht; An der Schwelle der neuen Zeit; Der Geist und die Welt; Alter, Geschlecht und Zeit; Meditation über die moderne Welt; Die Kirche und die neue Welt; Revolution als Selbstmord; Improvisierte Memoiren; Alles ist Geheimnis.

Er starb am 14. August 1983 in Petrópolis (Staat Rio de Janeiro).

Alceu Amoroso Lima verwirklichte in hohem Maße nahezu alles, was wir zuvor vom Gelehrten und Gebildeten, vom Lehrer und Philosophen, vom Intellektuellen und insbesondere vom Denker sagten.[16] Nachdem er »lange Jahre auf der Suche nach sich selbst – wie ein Halbblinder tastend – über die Wege der Juristerei, der Diplomatie und des Journalismus, ja selbst der Industrie hin geirrt war«,[17] bekehrte er sich (bekehrte er sich *wieder,* wie er lieber sagt) zum Katholizismus und erwies sich schon bald als ein fertiger Denker. Von jung an hauste eine Frage in ihm, die der Virus eines jeden Denkers ist: das Verlangen nach Ganzheit, Gesamtheit, nach voller Wahrheit, nach einer grundlegenden Entscheidung.[18] Zur christlichen Wahrheit zurückge-

---

[16] In seinem Vorwort zu den »Improvisierten Memoiren« von Alceu Amoroso Lima schreibt *A. Houaiss:* »Am Bild – nicht so sehr des Körpers als vielmehr – des ganzen Geistes von Alceu Amoroso Lima springt auf diesen Seiten ein Aspekt ins Auge: der des Denkers … Mann ohne Fachgebiet, Fachmann umfassender Ideen – das ist in der Tat eine mögliche Definition Alceu Amoroso Limas, die er nicht zögerte für sich selbst zu formulieren, allerdings nicht ohne eine ironische oder selbstkritische Spitze – in diesem unzutreffenden Fall« (Petrópolis 1973, 13).

[17] *A. Amoroso Lima,* Adeus à Disponibilidade e Outros Adeuses, Rio de Janeiro 1969, 273.

[18] Vgl. *A. Amoroso Lima,* João XXIII, Rio de Janeiro 1966, 157.

kehrt (1928), nahm er Abschied von der Verfügbarkeit[19] und machte sich in Theorie und Praxis auf den wahrlich nicht leichten Weg des Glaubensengagements: »Mit meiner Bekehrung zog ich mich nicht in einen sicheren Hafen zurück, sondern fuhr aufs offene Meer hinaus. Meine frühere Verfügbarkeit, mein Dilettantismus waren Verantwortungslosigkeit gewesen. Heute bin ich davon überzeugt, daß die größte Herausforderung, vor der Brasilien steht, nicht nur Entwicklung, sondern auch und vor allem Freiheit ist. Menschenwürde verlangt Freiheit, und Freiheit verlangt Gerechtigkeit. Freiheit und Gerechtigkeit verlangen Verantwortung. Meine Bekehrung ließ mir nicht nur die politischen und gesellschaftlichen Probleme als nicht unwichtig erscheinen, sondern war mir Anlaß, mein Bewußtsein von ihnen noch weiter zu vertiefen.«[20]

Zum Denker kommt der katholische Christ hinzu. Wie aus dem zitierten Text erhellt, bedeutete der Glaube für Tristão de Athayde keine Eingrenzung, sondern Öffnung für das Grenzenlose, kein Hindernis auf dem Weg, sondern Anbrechen einer Fülle.[21] Der Glaube ist für ihn so etwas wie ein Resonanzkasten. Der Glaube verändert das Gewebe des Geschehens nicht; wohl aber befähigt er den Glaubenden, die transzendente Modulation, die sich durch alles Geschehen hindurchzieht, zu erfassen. Was dieses Hinhorchen anbelangt, erweist sich Alceu Amoroso als Meister, als Weiser, ja als Heiliger. Wie nur wenige in Brasilien hatte er ein Gespür für die Herausforderungen, die all die Entmenschlichten, all die »wirtschaftlichen Nullen« (Houaiss), all die Gedemütigten der Erde bedeuten, und er vermochte es, die Herausforderungen in Anfragen an das humanistische und christliche Gewissen umzumünzen. So ist er ein Geist der Ganz-

---

[19] Amoroso Lima tut das in seinem berühmt gewordenen Brief an Sérgio Buarque de Holanda, den er mit genau dieser Überschrift versieht: »Abschied von der Verfügbarkeit« (vgl. in Adeus à Disponibilidade, 15–20).

[20] Vgl. Memórias Improvisadas de Alceu Amoroso Lima. Diálogos com Medeiros Lima, Petrópolis 1973, 117.

[21] Vgl. den mit »Metánoia« überschriebenen Artikel von *Tristão de Athayde* in: Jornal do Brasil vom 17. 8. 1978: »Der Glaube, der alles andere als ein in vier dogmatische Wände eingeschlossenes Gemach ist, erweist sich, wenn er von innen heraus gelebt wird, als eine Fülle. Wie die Fenster einer Kathedrale (auf die schon Leonel Franca zum Vergleich hingewiesen hat) nichts sagen, wenn man sie von außen betrachtet, aber voller wunderbarer Schönheit sind, wenn man sie von innen sieht, so offenbarte mir die Erfahrung den Glauben nicht als einen Kerker, sondern als einen Gefängnisschlüssel, der mir die Wege zur freien Luft und zum wahren Leichtwerden des Geistes öffnete.«

heit, des Umfassenden, der jeder Art von partikulärer und kleinlicher Sehweise abhold ist. Allerdings ist diese Ganzheit nie abstrakt; Amoroso Lima ging stets davon aus, daß man nur auf dem Weg des Besonderen zu ihr findet – auf dem Weg des Kampfes für Gerechtigkeit und Freiheit, für Unterdrückte und Gefolterte wie für all die Opfer des Sichgroßtuns der Mächtigen.

Im Folgenden möchte ich in ein paar Punkten die Bedeutung Alceu Amoroso Limas als (katholischen) Denkers für die Theologie skizzieren. Zunächst ein persönliches Zeugnis – aus der schlichten Routine eines Studienklosters in Petrópolis. Wenigstens seit fünfzig Jahren wird im dortigen Franziskanerkonvent jeden Tag – mit einer Pünktlichkeit, die wir von den deutschen Gründern unseres Hauses geerbt haben und zu der uns der Schlag der Turmuhr anhält – um sieben Uhr eine Messe gefeiert. Die Beteiligung des Volkes ist gering. Seitdem ich als junger Frater und Theologe in Petrópolis war, wußte ich, daß dies die Messe von Tristão de Athayde war. An der Messe konnten wir ablesen, ob er sich in Petrópolis aufhielt oder ob er verreist war. Denn nachdem er sich als Professor zur Ruhe gesetzt hatte, war er von Rio nach Petrópolis gezogen. Und – mochte die Sonne scheinen, oder mochte es regnen, mochten wir vor der Kälte des Gebirges zittern oder uns über das schöne Wetter freuen – immer war er da, immer in derselben Bank, mit seinem Missale in der Hand, die alte Tasche neben sich, diese aufrechte, kräftige Gestalt, mit weißem Haar und heiterem Gesicht. So kam er Tag für Tag zur Messe. Ich erinnere mich: Wir jungen Theologiestudenten gingen auf die Orgelbühne der Kirche, um aus der Ferne und von hinten den zu bewundern, den wir aus seinen Büchern und Artikeln kannten. Die Artikel schnitten wir uns übrigens aus den Zeitungen aus. Doch die Hochachtung hielt uns zurück, ihm begegnen zu wollen. Und wir waren bereichert, wenn wir ihn nur gesehen hatten, ohne selbst gesehen worden zu sein.

Eine alltägliche Szene. Aber vielleicht ist gerade sie der Schlüssel zum Geheimnis der Vitalität dieses Mannes, der ohne Zweifel eine der vollkommensten Intelligenzen Brasiliens in diesem Teil des 20. Jahrhunderts und einer der gefeiertsten Namen in Lateinamerika ist. Aus dem Kontakt mit dem Geheimnis, das Amoroso Lima in den zahllosen Winkeln des Wissens sah, die er erlebt hatte, speiste er nicht trotz, sondern wegen seiner fast neunzig Jahre seine überraschende Jugend, so daß er sagen konnte: »Jetzt im Alter fühle ich mich jünger, als ich in der Jugend war.«[22]

a. Einklang zwischen Glauben und Verstand

Zunächst einmal beleuchten der Weg und die Gestalt Alceu Amoroso Limas eines der Probleme, das sich gegenwärtig intern der Kirche stellt. Die Kirche – und das Zweite Vatikanische Konzil hat dazu einen außergewöhnlichen Impuls gegeben – kämpft mit dem Problem der Versöhnung, des Zusammengehens und des gegenseitigen Sichdurchdringens von Glauben und Geist der Moderne, so widersprüchlich sich dieser auch zu jenem verhalten mag. Die institutionelle Kirche hatte für den Geist der Neuzeit samt den Paradoxen, von denen wir bereits sprachen, historisch gesehen nur Ablehnung; denn die Moderne stellte ja einen neuen Gesamtentwurf dar, der sich vom Gesamtbild des Mittelalters insofern unterschied, als dieses harmonisch zum Glauben paßte, mit ihm jene berühmte Synthese bildete und auf ihn zutiefst eingestellt war. Der Geist der Neuzeit hingegen ist der Geist der Autonomie der Vernunft, des Gebrauchs der wissenschaftlichen Rationalität auf allen Gebieten, der Errungenschaft größerer Freiheiten für die Menschen, des Abenteuers der Technik mit ihren pharaonischen Werken. Außerhalb der Kirche, ohne sie und mitunter auch gegen sie entstand eine ganze neue Kultur. Erst in unserem Jahrhundert hat man sich gründlicher und sachgemäßer um eine Synthese mit dieser eminent unkirchlichen und auf Befreiung hin angelegten Kultur bemüht, die neben großen Idealen freilich auch beträchtliche Risiken der Unterdrückung in sich birgt.

Alceu Amoroso Lima ist ein Sproß dieser Kultur. Eine kirchliche Ausbildung mit ihrem Autoritätssinn, ihrer Vorliebe für die Tradition und ihrer Bindung an eine mittelalterliche Vergangenheit hat er nicht kennengelernt. Er ist ein Mann der Moderne. Als er zum Glauben zurückfand, brachte er sein kulturelles Erbe

---

[22] So äußerte er sich anläßlich seines 80. Geburtstages (Memórias Improvisadas, 333). Im Jahre 1929 konnte er in seinem »Tentativa de Itinerário« (Versuch eines Weges) schreiben: »Für uns, die wir wissen, daß die Wahrheit bis zur Vollendung der Jahrhunderte, einsam und unveränderlich, auf der Höhe eines tragischen Hügels strahlt, für uns gibt es keine altersmäßigen Jungen und Alten, für uns gibt es nur Junge und Alte dem Herzen nach« (Adeus à Disponibilidade, 20). Dieses Thema kehrt bei Amoroso Lima immer wieder; der Glaube bedeutet ihm Heiterkeit und Jugend des Lebens.

mit in den Horizont ein, auf den er sich jetzt eingelassen hatte. Keinen einzigen der ererbten Werte gab er auf.[23] Er bereicherte sie mit der Erfahrung und der Weisheit des Christentums. Sein ganzes Leben – so schätzen wir es jetzt aus der Distanz ein – bedeutete nichts anderes als ein Bemühen um eine lebendige Synthese zwischen modernem Geist und christlichem Leben. Aber diese Synthese war nicht theoretisch, sondern konkret und persönlich. In seiner Person wird die beinahe mystische Einheit dieser beiden großen Traditionen mit ihren besten Werten sichtbar. Amoroso Lima ist ein Mann des Glaubens, der den Glauben aber mit dem Verstand ehrt. Er ist ein Mann des Verstandes, der es dem Verstand aber ermöglicht, sich im Glauben mitsamt der Weisheit, die dieser vermittelt, zu entfalten.

Ohne den Glauben und ohne die Welt zu verraten, ist er ein Beweis dafür, daß man ein Mensch des 20. Jahrhunderts und zugleich ein Mensch des einen alten Glaubens sein kann. Aber seine Synthese besteht nicht in bloßen Parallelschaltungen oder in einer wenig gelungenen Zweisprachigkeit, sondern sie ist das Werk eines Herzens, das glaubt und den Glauben unter den Bedingungen des neuzeitlichen Geistes artikuliert.

Nach meiner Ansicht ist in der brasilianischen Geschichte wie im gesamten intellektuellen Spektrum Lateinamerikas niemandem eine so treffend artikulierte und mit einer so großen öffentlichen Glaubwürdigkeit verbundene Synthese gelungen wie Alceu Amoroso Lima. So stellt er heute ein Denkmal des Glaubens und der weltlichen Kultur dar.

b. Konvergenz der Sinnelemente im höchsten Sinn

An Alceu Amoroso Lima können wir noch eine andere schwierig zu erreichende Synthese bewundern, die nur wenigen privilegierten Geistern gelingt: die Vereinigung der verschiedenen wissenschaftlichen Diskurse in einer weisheitlichen Sicht der Existenz. Die Wissenschaft arbeitet unter ihrem je spezifischen Gesichtspunkt an regionalen Diskursen (Sinnelementen). Amoroso Lima beherrschte etliche dieser regionalen Diskurse. Auf praktisch alle großen Wissensgebiete hat er sich begeben: Religions-

---

[23] Vgl. Memórias Improvisadas, 120: »Die Bekehrung und der vielfältige Einfluß, den Jackson de Figueiredo auf mich hatte, konnten jedoch meine früheren Ideen nicht verändern. Ich war nach wie vor derselbe Mensch, für den die Idee der Freiheit Hand in Hand mit der Idee der Gerechtigkeit ging« (vgl. auch 117).

geschichte, Soziologie, Wirtschaft, Politik, Rechtswissenschaft und Pädagogik, von Ästhetik und Literaturkritik ganz zu schweigen. Aber er langte über die je eigenen Dialekte der Wissenschaften hinaus und rührte an eine Gesamtschau (Sinn der Sinnelemente), in der er die Existenz und die Bestimmung des Menschen in der Sache der Sachen der Wissenschaft betrachtete. Er verstand es, einen Diskurs zu formulieren, in dem immer auch Platz für den höchsten Sinn der Geschichte war. Dazu bediente er sich des aristotelisch-thomistischen Instrumentariums – aber nicht im Sinne eines sklavenhaften Verwalters eines bereits fertigen Wissensgebäudes, sondern im Sinne eines authentischen Denkers, der weniger Wörter und theoretische Instrumente als vielmehr die Wirklichkeiten selbst sieht und sprechen läßt. Amoroso Lima bedeutet im brasilianischen Denken die glückliche Begegnung zwischen wissenschaftlichem Denken und dessen Verflochtenheit mit der Philosophie[24] – mit dem Ziel, das menschliche Problem in seiner persönlichen, gesellschaftlichen, geschichtlichen und religiösen Dimension zu erklären. Doch damit gab er sich nicht zufrieden. Vielmehr näherte er sich der Weisheit noch auf dem Weg der Theologie, die die Probleme in einem weiteren und transzendenten Horizont sieht und an Gott und seine Inkarnation in Jesus Christus rührt.

Das religiöse Moment kommt bei Amoroso Lima nicht von außen, ex abrupto, wie bei einem falschen Fideismus. Es findet seine Vermittlungen im Durchgang durch alle Diskurse. So kommt es, daß sein Wort nicht nach Gefühlsduselei oder Mystifizierung klingt, sondern wie ein Wort der Weisheit, das – da es aus einer Weisheit des Geistes und des Herzens erwächst – alles erfaßt und integriert.

c. Das Allgemeine, konkret geworden im Besonderen
Eine weitere Dimension beeindruckt an Leben und Tun Alceu Amoroso Limas. Wir meinen das Brasilianische an seinem Denken. Seiner Herkunft nach gehört er zur intellektuellen und sozialen Elite. Von Gesellschaft und Natur, von Bildung und Stu-

---

[24] Vgl. *H. Vaz,* O pensamento brasileiro hoje, in: L. Franca (Hrsg.), Noções de História da Filosofia, 367: »Der außergewöhnlich scharfe Blick Tristão de Athaydes und das ihm angeborene geistige Gleichgewicht richteten ihn sozusagen von Natur aus auf den Thomismus aus – als auf die lebendigste und wirksamste Form des klassischen metaphysischen Denkens.«

dium erhielt er das Beste, was die Welt Brasiliens ihm überhaupt bieten konnte. Trotzdem wurde aus ihm kein Ideologe des Wissens oder seiner Klassenmitgliedschaft. Obwohl aus der kognitiven Elite stammend, wechselte er in die organische (das heißt: organisch mit dem verarmten Volk verbundene) Elite über und machte sich die Probleme und Sehnsüchte der Zukurzgekommenen, die die Mehrheit der brasilianischen Gesellschaft bilden, zu eigen. Die traditionelle brasilianische Intelligenz war kosmopolitisch und elitistisch, hatte mit den wirklichen Problemen des Landes nichts zu tun und war – wenn sie mit den Beinen auch brasilianischen Boden berührten – mit dem Kopf in Frankreich, in England oder in den USA. An Amoroso Lima wird die gelungene Einheit zwischen Theorie und Praxis sichtbar. Seine Kenntnis der brasilianischen Literatur – war er doch ein meisterhafter Literaturkritiker – brachte ihn in einen Gleichklang mit dem Leiden unseres die ganze brasilianische Geschichte hindurch »immer wieder zur Ader gelassenen und immer wieder kastrierten Volkes« (Capistrano de Abreu). Er brachte die schwierige Synthese zustande zwischen universalem Denken, das die Probleme in den gebührenden Problemhorizont jenseits aller Regionalismen stellt, und der geschichtlichen Konkretion eines Volkes.

Der christliche Glaube half ihm, sich von der partikulären und interessenorientierten Verfügbarkeit zu verabschieden und sich den großen nationalen Fragen zur Verfügung zu stellen, von denen einige wahrlich messianische Tragweite haben: wie das Problem der Menschenrechte und der unverletzlichen Würde der menschlichen Person gegen die Übermacht der polizeilichen Repression. So glaube ich, sagen zu können: Heute – auch nach seinem Tode – verkörpert Tristão de Athayde das Beste von dem, was brasilianisches Denken im Sinne einer bleibenden und umfassenden Präsenz im Laufe von mehr als fünfzig Jahren hervorgebracht hat.

d. Denken, das zu Prophetie wird

Unter theologischem Gesichtspunkt beeindruckt an Amoroso Lima schließlich der prophetische Mut, den er seit 1964[25] in seinen Beiträgen zum Ausdruck bringt. Die Theologie kennt einen

---

[25] Am 1. April 1964 fand in Brasilien der Militärputsch statt (Anm. des Übersetzers).

Terminus technicus, den bereits die Apostel, die gesamte Urkirche und die in den Verfolgungen geprüfte Märtyrerkirche gebrauchten: »parrhesia«, will sagen: das souveräne und mutige Sprechen, das kompromißlose Sagen der Wahrheit, Ankündigen und Anklagen, das selbst persönliche Risiken auf sich nimmt.[26] Mit seinen Artikeln, die er jede Woche im »Jornal do Brasil« (Tageszeitung in Rio de Janeiro) veröffentlichte, stellte er das humanistische und christliche Gewissen der Nation dar, soweit es noch nicht unterdrückt und vor Scham vergangen war. Gleich in der ersten Stunde prangerte er den kulturellen Terrorismus an, der sich nunmehr ausbreitete, die sich ständig wiederholenden Versuche, die Intelligenz zum Schweigen zu bringen, die Knebelung der Freiheit sowie die Selbstherrlichkeit einer Macht, die sich zur letzten Instanz aufschwang, jedermann richtete und es nicht duldete, von irgend jemandem selbst gerichtet zu werden. Gerade dieses prophetische Auftreten im Namen der elementaren Werte des Humanum war während der letzten zwanzig Jahre das hervorstechendste Merkmal der Persönlichkeit und des Engagements des Meisters Alceu Amoroso Lima. So lieh er sein Prestige und seine moralische Autorität den zum Schweigen gebrachten Stimmen, damit sie dennoch vernehmbar wurden – angefangen mit den Müttern, deren Kinder verschwunden waren, bis hin zu den Bischöfen, denen man das Wort verboten hatte und die verfolgt wurden. Überraschend nur, daß er von Bestrafung verschont blieb. Kein Wunder! »Tristão de Athayde, c'est aussi le Brésil!«[27] Selbst die autoritäre Macht schrak vor einer Macht zurück, die – obschon schwach an Mitteln – eine Autorität war, die sie beschämte. Seine Anklage verlor nie ihr hohes Niveau. Immer verstand er es, sich in einem unanfechtbaren, offenen, ideologiefreien und der Tagesmode enthobenen Horizont zu bewegen, ohne jedes Eingeständnis

---

[26] Unter der (diktatorischen) Regierung von Getúlio Vargas (1930–1945 und 1950–1954) bestand die Vorschrift, daß, wer beim Verlassen Rio de Janeiros Bücher oder sonstige Schriften mitführen wollte, einer Erlaubnis bedurfte. Als Vargas die »Brasilianische Akademie der Wissenschaften« besuchte, erhob Amoroso Lima heftigen Protest gegen diese Bestimmung. Vargas hörte schweigend zu. Am folgenden Tag wurde die Vorschrift aufgehoben. »Nicht immer ist es unnütz und gefährlich, den Mächtigen die Wahrheit zu sagen« (Memórias Improvisadas, 103–104).

[27] Als während der Konflikte um Algerien De Gaulle der Vorschlag gemacht wurde, J. P. Sartre zu verhaften, soll der General gesagt haben: »Sartre, c'est aussi la France!« *(J. Améry,* Jean-Paul Sartres Engagement, in: *K. Hoffmann* (Hrsg.), Macht und Ohnmacht der Intellektuellen, 76).

an Groll oder Wehklagen.[28] Wenn er angegriffen oder gar verleumdet wurde, verteidigte er sich nie. Wahrheit strahlt kraft des eigenen und nicht kraft eines geliehenen Lichts; sie selbst übernimmt es, Lügen zu widerlegen. Seine Stellungnahmen sind voller heiterer Gelassenheit und Hoffnung gegen alle Hoffnung. Amoroso Lima ist kein Don Quijote voller Illusionen, sondern ein Streiter für ein Mindestmaß an Würde, ohne das keine Gesellschaft und keine Nation ihre Größe findet.

Das Schlüsselwort zum Verständnis der Gedankenwelt Tristão de Athaydes ist vielleicht der Begriff *Gegenwart*.[29] Aber für Amoroso Lima ist – wie er selbst in »Betrachtung über die ganze Welt« (1955) sagt – Gegenwart nicht einfach das Gegenteil von Abwesenheit. Gegenwart ist Koexistenz, mehr noch: ist Zusammenleben, ist »eine Steigerung der Intensität des Seins ... ist die Fülle des Seins«[30]. Sein ganzes Leben war ein Zusammenleben des Glaubens mit der Welt, des Geistes mit der dramengeladenen Erde der Menschen, des Menschen mit Gott. Und so kommen wir zu einer weiteren Dimension an dem Denker Alceu Amoroso Lima, zur Kontemplation.

4. Offenheit für die Kirche an der Basis und für die Befreiungstheologie

Alceu Amoroso Lima war stets bemüht, die Zeichen der Zeit zu erkennen. Für Änderungen trat er ein, wenn Änderungen fällig waren. Die letzten Jahre, ehe ihn der Vater am Vorabend des Festes der Aufnahme Mariens in den Himmel zu sich rief, begleitete er voller Liebe den Weg der Kirche an der Basis – das heißt: in den kleinen kirchlichen Gemeinden, in Bibelkreisen und in der Volkspastoral. So interessierte er sich für die Theologie der Befreiung und schrak nicht davor zurück, sich an der Diskussion um sie in einem weiten und positiven Sinn zu beteiligen.

---

[28] Vgl. den herrlichen Artikel zur Erinnerung an Gustavo Corção, der im Juli 1978 starb: Per Umbram Lux, in: Jornal do Brasil, 20. 7. 1978.

[29] Vgl. Memórias Improvisadas, 329: »Gegenwart (für mich haben die theologische Vorstellung Christi als der *Gegenwart* Gottes in der Geschichte und der philosophische Begriff der *Gegenwart* als einer metaphysischen Kategorie – so wie sie von Gabriel Marcel vorgeschlagen worden ist – größtes Gewicht) ist, gerade in ihrem Vorrang vor der Zukunft wie vor der Vergangenheit, möglicherweise einer der Schlüssel zu einem geheimnis- und bedeutungslosen Leben wie dem meinen.«

[30] Meditação sobre o Mundo Interior, Rio de Janeiro 1955, 101.

Ihm war klar, daß da eine neue Synthese zwischen Kirche und Volk und nicht mehr zwischen Kirche und Regierung im Entstehen war. Die brasilianische Theologie, die aus dem Weg der Kirche mit den Unterdrückten erwächst, wußte er zu schätzen und sah in ihr sogar einen Beitrag für die klassische Theologie, die in enger Verbindung mit der herrschenden akademischen Kultur steht.

Ich hatte das Privileg eines letzten langen Gespräches mit ihm am 21. Juni 1983, dem Tag, an dem man ihn in das St.-Theresa-Hospital in Petrópolis brachte, von wo aus er dann unmittelbar in die bergenden Arme des Vaters hinüberging. Im wesentlichen aus zwei Gründen war er zu mir gekommen: Zunächst einmal wollte er direkte und verläßliche Informationen über die Kirchlichen Basisgemeinden und ihr Engagement in der Gesellschaft. Über ihre befreiende Funktion kraft des religiösen Elements und des Umgangs mit der Bibel wollte er Einzelheiten wissen. Ob sie denn nicht möglicherweise von linken oder rechten politischen Gruppen manipuliert würden, fragte er mich. Wie froh war er, meine Erklärungen zu hören. Er sah nicht nur seine Bedenken ausgeräumt, sondern unterstrich selbst noch einmal, wie wichtig der Glaube als Sauerteig und als Faktor gesellschaftlicher Veränderung ist.

Sodann wollte er von mir eine Liste der wichtigsten Bücher zur Theologie der Befreiung. Er hatte die Diskussion in der Presse verfolgt. So beklagte er Verzerrungen und äußerte sich positiv über die evangelisatorische und soziale Tragweite dieser Art von christlicher Reflexion. Auch seinerseits wollte er in die Diskussion einsteigen und die Rechtmäßigkeit und Notwendigkeit solchen Denkens im Kontext der Unterdrückung, unter der das Volk lebt, verteidigen. Also richtete ich ihm ein Paket mit entsprechenden Büchern her. Tags darauf ließ er das Bündel durch seinen Fahrer abholen und begann die Bücher im Krankenhaus zu lesen. Als ihm die sich verschärfende Krankheit das Lesen unmöglich machte, bat er seine Tochter, die Benediktinerin Mutter Maria Teresa, alle Texte aufzubewahren. Später sollte sie sie ihm laut vorlesen, damit er dann Artikel für die brasilianische Presse verfassen könnte. Offen gestand er mir, daß er in der Befreiungstheologie eine Alternative zum Marxismus sehe. Immer mehr junge Menschen fragten ihn nach der Theologie der Befreiung als Form des sozialen Engagements an der Seite der Unterdrückten. Der Großteil dieser jungen Menschen, die sich in den geschichtlichen Prozeß einmischen wollten, habe ihm anvertraut: Entweder schließen wir uns dem Marxismus an oder lassen uns auf die Theologie der Befreiung ein. Uns Theologen erinnerte er an unseren geschichtlichen Auftrag: Auf keinen Fall dürften wir es zulassen, daß das weltweite Echo auf diese Theologie uns in den Kopf steige oder aber daß uns die Kritik verbittere und lähme, überhaupt noch irgend etwas zu tun. Die geistige Wachheit dieses beinahe Neunzigjährigen, seine Lernfähigkeit und seinen Willen, sich einzusetzen und zu engagieren, konnte ich nur bewundern. Offenbar bedeutet das Alter nicht automatisch ein Hindernis, zu wachsen, sich neuen Herausforderungen der Geschichte zu stellen und sich in laufende Diskussionen einzuschalten.

a. Der Höhepunkt des Denkens: Betrachtung, Weisheit und Lebensfreude

Seit seiner Rückkehr zum Glauben tritt in Leben und Werk Alceu Amoroso Limas immer deutlicher die betrachtende Dimension zutage. Ein kontemplativer Mensch sein heißt: das Leben, seine Dramatik und seine Lichtseiten sub specie aeternitatis betrachten und leben können, will sagen: unter dem Blickwinkel der höchsten Wirklichkeit, die Gott ist, der alles durchwirkt und in allem erstrahlt. Alceu steht dem großen modernen Mystiker Thomas Merton sehr nahe, dessen Freund er war und von dem er etliche Bücher ins Portugiesische übersetzt hat. Beide waren auf derselben Suche gewesen, und beide hatten sich auf den Weg desselben Glaubens gemacht. Der eine ging mit allen Ängsten der Welt im Gepäck ins Kloster, während der andere in der Welt blieb, aber sie mit dem Geist des Klosters erfüllte. Amoroso Lima hatte eine wahre »Verehrung für das Schweigen«[31]. Aber Schweigen besteht – wie die Gegenwart – nicht aus der Abwesenheit von Wörtern. Schweigen ist Hinhorchen im aufmerksamen Lauschen auf das Wort, das in allen Wörtern und allen Ereignissen widerhallt, das sich freilich nur von Ge-horsamen wahrnehmen läßt. »Nur das Schweigen vermittelt das Tiefste in unserem Leben«,[32] konnte er bekennen.

---

[31] Memórias Improvisadas, 122.
[32] Ebd. 124.

Der Artikel, den er 1978 zur Erinnerung an die fünfzigste Wiederkehr des Jahrestages seiner »Metánoia« veröffentlichte,[33] ist voll kontemplativer Elemente. Hier tritt uns der Denker entgegen, der den glücklichen Hafen bereits erreicht hat und auf die vergangenen Tage zurückblickt. Drei Lehrstücke hat er in Erinnerung: »es gelernt zu haben, die Einsamkeit zu besiegen, die Freiheit zu lieben und den Wert des Schweigens zu verstehen«[34]. Die Einsamkeit ist so unumgänglich wie der Tod. Gleichwohl ist sie nichts Unabänderliches, kann sie doch auch Ort echter Begegnung und Weg zu wahrer Gemeinschaft sein. In seinen »Improvisierten Memoiren« zitiert Amoroso Lima einen Satz von Thomas Merton: »Die Einsamkeit hat ihre eigene, spezielle Arbeit; die Vertiefung der Bewußtwerdung, die die Welt so nötig hat. Es geht um einen Kampf gegen die Entfremdung. Wahre Einsamkeit ist sich zutiefst der Bedürfnisse der Welt bewußt. Sie hält die Welt nicht von sich fern.«[35] Der Glaube war keine Bedrohung für seine Freiheitsliebe, sondern steigerte sie, weil er sie zu einer Fülle brachte, die nur im Engagement für den anderen zu erreichen ist: »Aus diesem Grund betrachte ich den Kampf gegen Elend, Unterdrückung, Betrug und Machtüberschreitung als volle Verwirklichung der großen johannischen Zusage ›Veritas liberabit vos‹ (8,32). Die Wahrheit wird euch frei machen – mittels der Gerechtigkeit.«[36] Das Verständnis des Schweigens »lehrte mich, daß jede Art von verbalem Proselytismus unnütz ist. Nur durch sein Beispiel bekehrt man jemanden. Nur ein gut gelebtes Leben vermag andere zu lehren, gut zu leben.«[37] Im Schweigen kehren wir zu den Ursprüngen und zur Offenheit für das letzte Ziel, für das Ziel aller Ziele, zurück. Der Denker, der bis zum Ende denkt, endet schließlich in der Betrachtung. Die Worte verstummen ihm. Er schaut, er schaut einfach. Wer einfach schaut, sagt ein alter Meister des Geistes, ist schon in das Tao eingegangen. Es ist die tägliche Geisteshaltung eines jeden. Wenn wir müde sind, schlafen wir; wenn wir Hunger haben, essen wir. Bis zu ihm gelangen wir nie, und nie kommen wir aus ihm heraus. Wir sind und bewegen uns in ihm.

[33] Jornal do Brasil vom 17. 8. 1978: »Metánoia«.
[34] Ebd.
[35] Memórias Improvisadas, 194.
[36] Metánoia, a. a. O.
[37] Ebd.

Weise ist, wer in seiner Erfahrung den Geschmack der Dinge zu kosten gelernt hat. Weise ist, wer das rechte Maß für jeden Impuls des Lebens hat. Aus diesem Grund ist der Weise immer ein Virtuose, in dem das Beieinander der Gegensätze kein totes Gleichgewicht bedeutet, sondern ein Gleichgewicht voller Möglichkeiten und Schaffenskraft. Diese Weisheit spricht aus Amoroso Limas letztem Buch »Tudo é Mistério« (Alles ist Geheimnis; 1983).[38] Wie die alten Weisen spricht auch er von Tugenden und Lastern. Freilich kann er das nur, weil er die volle Reife des Lebens hat, in der die Erfahrungen bereits gefiltert sind und der Saft dessen, was man genießen möchte, schon abgegossen ist. Das Buch ist ein Juwel der Weisheit, der Geistesschärfe und der angeborenen Ausgeglichenheit. Schon der göttliche Platon wußte, daß höchste Weisheit nur in höchster Güte bestehen kann. Im selben Sinn sagt Amoroso Lima: »Die Güte, die alles andere als eine Frucht der Unwissenheit ist, ist der Same der Weisheit, die ihrerseits die edelste Frucht des Wissens sein soll ... Kultur ist nur dann ein Gut, wenn sie ganz von Güte durchdrungen ist. Religion wird nur dann nicht zum Fanatismus, wenn sie Gutes tut.«[39] Es ist festzustellen, daß jeder religiöse, ekklesiologische oder politische Fanatismus an einem erheblichen Mangel leidet: Er kennt weder Herzlichkeit, noch tut er Gutes. Manche Leute starten Feldzüge für die Wahrheit; doch was sie wollen, ist Licht, das blendet, das außerstande ist, Wärme auszustrahlen, die birgt und wachsen läßt. Weise war Paulus, und weise war Alceu Amoroso Lima. Beide wollten stets die Wahrheit in der Liebe (Eph 4,15).

Amoroso Lima war kein ernst dreinblickender, sondern ein heiterer Weiser. Von seiner Bekehrung an durchzieht eine Konstante sein ganzes Werk: die Freude am Leben. Doch meinen wir damit nicht die Freude von Genießern und Schwelgern, die für die Not und die Tränen der großen Mehrheit kein Gespür haben. Amoroso Limas Freude erwächst aus dem Glauben, der die eigentlichen Dimensionen des Lebens offenbart. Sie ist Impuls in alle Richtungen, ist Beisammensein und Zusammenleben. Aber sie ist auch begrenzt und sterblich. Im Rahmen dieser Sterblichkeit und ohne Bitternis, wohl aber als Herausforde-

---

[38] Tudo é mistério, Petrópolis 1983.
[39] Ebd. 181.

rung, das Beste und das Höchste zu tun, akzeptiert und gelebt, schenkt sie sich und wird unsterblich. Das Leben bringt Mißerfolge und Frustrationen. Von ihnen – sagte Tristão de Athayde – »haben wir die Pflicht und mitunter sogar das Vergnügen, uns zu erlösen. Deshalb besteht der Kern der Botschaft Christi in der Erlösung.«[40]

Eine solche Freude am Leben fühlt sich vom Tod nicht bedroht; denn »Leben ist Sterben … damit wir besser, ganzheitlicher, ja unsterblich leben«[41]. Es gibt kein echtes Leben ohne Bruder Tod; er öffnet uns die Tür zur Wohnung des ewigen Lebens.

b. Die Heiligkeit des Natürlichen

Immer hat Alceu Amoroso Lima die Heiligkeit des Denkens gepflegt und in seinen Schriften auch verbreitet. Vor allem jedoch strahlte er eine Heiligkeit des Lebens aus, die auch in seinem natürlichen und freien Lächeln aufleuchtete. Leider verbinden wir in unserer Vorstellung Heiligkeit sofort mit Wundern und Zeichen. Zwar gibt es so etwas im Leben von Heiligen, aber eben nur im Leben von ein paar Heiligen. In ihrer übergroßen Mehrzahl sind die Heiligen Heilige des Natürlichen; die Heiligkeit bringt uns dazu, daß wir die Natürlichkeit und die ursprüngliche Güte unserer Natur wiedergewinnen. Mit Recht hielt Tristão de Athayde die *Natürlichkeit* für die Königin der Tugenden. »Sie ist die komplexeste und bescheidenste Tugend. Mit allen anderen Tugenden kann und muß sie koexistieren, und zwar nicht nur neben ihnen her existieren, sondern mit ihnen zusammen. Natürlichkeit ist ein Ambiente, eine Atmosphäre, in die alle Tugenden getaucht sind. Da sie die einfachste, die angeborenste und die konkreteste aller Tugenden ist, muß sie der Boden sein, in dem alle anderen verwurzelt sind.«[42] Alceu Amoroso Lima war ein natürlicher Heiliger, dessen Natürlichkeit sich immer wieder aus den Quellen speiste, die uns Leben und Heil bringen.

Seine Heiligkeit erwies Amoroso Lima auch darin, wie er die Kritiken seitens des konservativsten, ja reaktionärsten Flügels der nachkonziliaren Kirche ertrug. In »O Globo« (Tageszeitung in Rio de Janeiro) geißelte ihn Gustavo Corção, der fünfund-

---

[40] Memórias Improvisadas, 333.
[41] Tudo é mistério, 82.
[42] Ebd. 143.

zwanzig Jahre lang sein Weggefährte gewesen war, wie ein rasender Ritter aus einer alten und in unserer Zeit verlorenen Welt. Nie erwiderte er irgendeine Kritik, und zwar nicht, weil er seinen Widerpart überlegen verachtet hätte, sondern weil er daran glaubte, daß Güte mehr als Groll überzeugt und daß die Wahrheit aus eigener Kraft strahlt und keiner Einheizer bedarf, die ihr Feuer immer am Glühen halten. Als Gustavo Corção starb, schrieb Alceu unter dem Titel »Per Umbram Lux« einen bewegenden Artikel. Darin heißt es: »Aus unseren Reibereien und Streitereien müssen und können wir Motive machen, die ebenso stark sind, uns zusammenzuführen, wie die unserer wechselseitigen Übereinstimmungen. Die Nacht von fünfzehn Jahren, die sich über die innigen Freunde von fünfundzwanzig Jahren senkte, minderte in nichts, im Gegenteil: steigerte nur noch die Bewunderung, die Achtung, die Dankbarkeit und das außerordentliche Schuldgefühl, das ich vor Gott gegenüber diesem schwierigen, aber außergewöhnlich begabten Mann habe, von dessen Positionen ich mich radikal entfernt, an dessen Seite ich jedoch lange Jahre gedient habe, dessen Abwesenheit mir heute eine unausfüllbare Leere bedeutet und dessen Erinnerung mich begleiten wird, bis der Tod uns ein für allemal im ›Herzen Jesu‹ wiedervereinen wird.«[43]

Für einen Heiligen kann alles Weg nach oben sein. Menschliche Makel können das Gold der Qualitäten und Tugenden, die sich jemand in hartem Ringen erworben hat, nicht beflecken.

Jede Generation hat ihre großen Geister. Groß sind sie aufgrund der Treue, mit der sie in ihrer Zeit auf den Geist hören. Wie Pfeile, die nach oben zeigen, sind sie Zeugen des Geistes. Viele, die im Tal ihren Weg gehen, erheben ihretwegen den Blick und halten Ausschau nach dem Gipfel des Gebirges, wo der Hohe noch höher ist. Alceu Amoroso Lima ist auch weiterhin für die Generation der Jüngeren dieses ausgehenden Jahrhunderts ein solcher Pfeil, der auf jene Anliegen weist, die dem Menschen Würde verleihen und derentwegen es sich lohnt, zu leben, sich aufzuopfern und zu sterben.

[43] Jornal do Brasil vom 20. 7. 1978.

Abkürzungen

AAS	Acta Apostolicae Sedis, Rom
CCL	Corpus Christianorum. Series latina, Turnhout/Paris
DBS	Dictionnaire de la Bible. Supplément, Paris
EThL	Ephemerides theologicae Lovanienses, Löwen
Friedberg	Corpus Iuris Canonici. Hrsg. v. E. Friedberg, Pars I–II, Leipzig 1879, Repr. Graz 1955/59
HerKorr	Herder Korrespondenz, Freiburg/Br.
JLW	Jahrbuch für Liturgiewissenschaft, Münster
JThS	Journal of Theological Studies, London
LG	Zweites Vatikanisches Konzil, Dogmatische Konstitution über die Kirche »Lumen gentium«
LQF	Liturgiegeschichtliche Quellen und Forschungen, Münster
LThK.E	Lexikon für Theologie und Kirche, 2. Aufl., Ergänzungsbände I–III: Das Zweite Vatikanische Konzil, hrsg. v. H. S. Brechter u. a., Freiburg/Br. – Basel – Wien 1966–68
MD	Maison-Dieu, Paris
MySal	Mysterium Salutis. Grundriß heilsgeschichtlicher Dogmatik, hrsg. v. J. Feiner / M. Löhrer; Einsiedeln – Zürich – Köln 1965 ff
PG	Patrologia graeca, hrsg. v. J. P. Migne, Paris 1857–66
PL	Patrologia latina, hrsg. v. J. P. Migne, Paris 1844–55
QuSchr	Franziskanische Quellenschriften, Werl
RSR	Recherches de science religieuse, Paris
RThPh	Revue de théologie et de philosophie, Lausanne
SChr	Sources chrétiennes, Paris
SEDOC	Servicio de Documentación, Salamanca 1968 ff Serviço de Documentação, Petrópolis 1968 ff
ThStKr	Theologische Studien und Kritiken, Hamburg – Gotha

ThWNT	Theologisches Wörterbuch zum Neuen Testament, hrsg. v. G. Kittel, fortges. von G. Friedrich, Stuttgart
VigChr	Vigiliae Christianae, Amsterdam
WA	Martin Luther, Werke. Kritische Gesamtausgabe (»Weimarer Ausgabe«) 1883 ff
ZNW	Zeitschrift für die neutestamentliche Wissenschaft, Berlin